浙江省高职院校"十四五"重点教材
"互联网+"新形态智能财会类精品系列教材

财务机器人开发与应用实战

蔡梦颖 主 编
陈阳广 陆家寅 周 芳 副主编

电子工业出版社·
Publishing House of Electronics Industry
北京·BEIJING

内 容 简 介

本书是以阿里云 RPA 为操作实践平台，与北京融智国创科技有限公司校企合作，共同编写的。

本书内容包括准备篇、基础篇和综合篇共 3 部分，准备篇主要讲解 RPA 机器人的基础知识及阿里云 RPA 的安装方法；基础篇主要讲解核心的 RPA 技术，包括 Excel、Word、E-mail、Web 人机交互自动化及 OCR 智能识别自动化等；综合篇主要讲解网银付款机器人、银企对账机器人、财务报表分析机器人及发票开具机器人等财会场景下的常见应用。

本书提供配套的课程标准、教学课件、开发案例素材、操作及运行视频、课后练习及答案等多元立体化的教学资源，并且提供线上线下混合式教学平台，可以作为应用型本科和高等职业院校财经类专业的教材，也可以作为企业财务人员和管理人员学习 RPA 财务机器人相关知识的参考书。

未经许可，不得以任何方式复制或抄袭本书之部分或全部内容。
版权所有，侵权必究。

图书在版编目（CIP）数据

财务机器人开发与应用实战 / 蔡梦颖主编．—北京：电子工业出版社，2024.3

ISBN 978-7-121-47467-5

Ⅰ.①财… Ⅱ.①蔡… Ⅲ.①财务管理－专用机器人－高等学校－教材 Ⅳ.①F275②TP242.3

中国国家版本馆 CIP 数据核字（2024）第 052790 号

责任编辑：贾瑞敏
印　　刷：三河市鑫金马印装有限公司
装　　订：三河市鑫金马印装有限公司
出版发行：电子工业出版社
　　　　　北京市海淀区万寿路 173 信箱　　邮编：100036
开　　本：787×1092　1/16　印张：15.5　字数：396.8 千字
版　　次：2024 年 3 月第 1 版
印　　次：2025 年 1 月第 2 次印刷
定　　价：49.50 元

凡所购买电子工业出版社图书有缺损问题，请向购买书店调换。若书店售缺，请与本社发行部联系，联系及邮购电话：（010）88254888，88258888。

质量投诉请发邮件至 zlts@phei.com.cn，盗版侵权举报请发邮件至 dbqq@phei.com.cn。

本书咨询联系方式：（010）88254019，jrm@phei.com.cn。

前　　言

党的二十大报告提出，要"坚持把发展经济的着力点放在实体经济上，推进新型工业化，加快建设制造强国、质量强国、航天强国、交通强国、网络强国、数字中国"。随着大数据、人工智能、移动互联网、云计算、物联网和区块链等信息技术的快速发展，数智化转型已经渗透到了各行各业，数据俨然成了企业的核心资产。财务部门作为企业运营的关键部门，应该积极探索并尝试新技术，优化组织流程，提高财务运作效率，进一步加深与业务之间的紧密联系，通过更广泛、更智能地收集、处理和分析数据，为企业洞察商机、预测未来、提升经营能力提供强大的数据支持和保障，最终实现财务的数智化转型。

财务机器人通过模拟人类的操作和判断，可以实现对数据的收集和整理、验证和分析、记录和管理、计算和决策、沟通和报告等一系列功能。它能够代替或协助人们完成许多重复性高、规则性强的任务，从而大幅度提高财务工作的效率和准确性。因此，财务机器人成为很多企业数智化转型的切入点，对财务机器人的应用和开发也成为智能时代会计人才不可或缺的技能。为了满足数智化财务时代对RPA技术人才的迫切需求，响应《国家职业教育改革实施方案》中"及时将新技术、新工艺、新规范纳入教学标准和教学内容"的号召，编者与北京融智国创科技有限公司、阿里云RPA产品与技术团队校企合作，共同编写了本书。本书的特色如下。

1. 立德树人，注重价值引领

落实立德树人根本任务。本书在讲深讲透技能的同时，注重让学生树立正确的价值观，培养学生的社会责任感。以智能化、数字化为重点，设计系列思政育人小故事，引导学生深入思考现代科技（如人工智能、数字技术等）对社会和个人在价值观和社会责任等方面产生的影响，激发学生的创新意识，培养学生的民族自豪感和爱党爱国之心。

2. 内容新颖，层级递进分明

本书包括3部分，分别是准备篇、基础篇和综合篇。准备篇主要介绍阿里云RPA的安装与使用方法；基础篇以日常工作中常见的 Excel 人机交互自动化、Word 人机交互自动化、E-mail 人机交互自动化、Web 人机交互自动化及 OCR 智能识别自动化等规则明确、流程清晰、重复率高的任务为情境，开发特定业务的人机交互机器人；综合篇聚焦财务岗位常见的网银付款、银企对账、财务报表分析及发票开具等场景，开发相应业务的财务机器人。

3．任务驱动，过程导向编写

本书在人机交互自动化任务中采用"任务情境"—"任务痛点"—"任务描述"—"知识准备"—"任务实施"—"课后练习"的模式编写。在"任务情境"部分给出具体的任务场景；在"任务痛点"部分引导读者思考应用 RPA 技术的必要性与可行性；在"任务描述"部分明确财务机器人的开发要求；在"知识准备"部分详细介绍与当前任务有关的各组件的相关知识；在"任务实施"部分依次讲解流程设计、操作过程及流程运行，从而完成财务机器人的开发。为了帮助读者巩固所学知识，提高技能，在"课后练习"部分给出与当前任务相似的开发任务，该部分为实现分层分类教学提供了可能。

4．资源丰富，满足教学需求

本书提供了课程标准、教学课件、开发案例素材、操作及运行视频、课后练习及答案等多元立体化的教学资源，线下可以通过扫描书中的二维码获取；线上配套建设了学银在线（超星学习通）课程平台，可以同步 MOOC 和院校 SPOC 的共享资源，为课程提供配套的整体服务，满足线上线下混合式教学的需求。

5．校企合作，体现产教融合

本教材由丽水职业技术学院大数据与会计专业中高职一体化教学团队联合企业共同编写，适用于中等职业、高等职业及应用型本科院校财经、管理类相关专业。其中，蔡梦颖为主编，负责设计教材框架、编写书稿并完成定稿；陈阳广为副主编，负责开发配套教学资源；中广电器集团股份有限公司周芳和北京融智国创科技有限公司陆家寅为副主编，负责设计业务场景与机器人开发；阿里云计算有限公司提供平台技术支持；电子工业出版社贾瑞敏编辑对教材出版给予了大力支持。

本书中采用的所有个人信息及企业信息均为虚拟信息。由于编者水平有限，书中难免存在疏漏之处，敬请广大读者批评指正！

目　　录

准备篇

任务一　RPA 认知 1
　一、什么是 RPA 1
　二、RPA 的功能 2
　三、RPA 的特点和优势 2
　四、RPA 在财务领域的应用 4
　五、RPA 的发展趋势 7

任务二　阿里云 RPA 编辑器的安装与使用 9
　一、阿里云 RPA 概述 9
　二、阿里云 RPA 编辑器的安装与相关配置 10
　三、阿里云 RPA 编辑器的界面介绍 13
　四、阿里云 RPA 编辑器的使用 16

基础篇

任务三　Excel 人机交互自动化 20
　一、任务情境 20
　二、任务痛点 21
　三、任务描述 22
　四、知识准备 22
　五、任务实施 48
　六、课后练习 58

任务四　Word 人机交互自动化 60
　一、任务情境 60
　二、任务痛点 62
　三、任务描述 62
　四、知识准备 62
　五、任务实施 69

六、课后练习 ... 77

任务五　E-mail 人机交互自动化 ... 79

　　一、任务情境 ... 79
　　二、任务痛点 ... 80
　　三、任务描述 ... 81
　　四、知识准备 ... 81
　　五、任务实施 ... 96
　　六、课后练习 ... 107

任务六　Web 人机交互自动化 ... 108

　　一、任务情境 ... 108
　　二、任务痛点 ... 108
　　三、任务描述 ... 109
　　四、知识准备 ... 109
　　五、任务实施 ... 122
　　六、课后练习 ... 145

任务七　OCR 智能识别自动化 ... 146

　　一、任务情境 ... 146
　　二、任务痛点 ... 147
　　三、任务描述 ... 148
　　四、知识准备 ... 148
　　五、任务实施 ... 159

综合篇

任务八　网银付款机器人 ... 183

　　一、任务情境 ... 183
　　二、任务痛点 ... 185
　　三、任务描述 ... 185
　　四、任务实施 ... 185

任务九　银企对账机器人 ... 196

　　一、任务情境 ... 196
　　二、任务痛点 ... 198
　　三、任务描述 ... 199
　　四、任务实施 ... 199

任务十　财务报表分析机器人 210
　　一、任务情境 210
　　二、任务痛点 213
　　三、任务描述 213
　　四、任务实施 214

任务十一　发票开具机器人 228
　　一、任务情境 228
　　二、任务痛点 229
　　三、任务描述 231
　　四、任务实施 231

准备篇

RPA 认知

扫一扫

德技并修：RPA 数字员工

知识目标： 1. 了解 RPA 的基本概念、功能和技术优势。
2. 熟悉 RPA 技术的财务应用场景。
3. 了解 RPA 技术的发展趋势。

能力目标： 1. 能够识别哪些业务流程适合使用 RPA 技术实现自动化。
2. 能够认识 RPA 技术在财务领域的实际价值和好处。
3. 能够意识到 RPA 技术带来的挑战和机遇。

素质目标： 1. 具备自动化思维和财务转型意识。
2. 培养持续学习、终身学习的理念。
3. 培养良好的职业道德和专业素养。

一、什么是 RPA

RPA（Robotic Process Automation，机器人流程自动化）是一种软件技术，它通过模拟人工操作计算机，可以代替人工执行有规则且具有重复性的工作，从而大幅度提升业务效率和准确性。由于 RPA 技术能够在现有系统条件下为企业实现业务流程自动化，因此备受企业青睐。结合 AI 技术，使用 RPA 技术还能够处理文本、语音、图像等非结构化数据，进而成为新一代的"数字员工"。

二、RPA 的功能

RPA 通过模拟人与计算机的交互过程，可以实现在各种应用程序上进行鼠标点击、键盘输入、读取信息等自动化操作，具体如下。

1．数据检索与记录

RPA 能够跨系统进行数据的检索与记录。例如，RPA 可以通过多个财务系统和报告，收集数据并完成报告的基本数据整理任务。RPA 可以自动下载各个账户的银行对账单，并且将余额和交易明细自动输入核心财务系统。

2．平台上传与下载

RPA 可以按照预先设计的路径上传和下载数据，完成数据流的自动接收与发送。例如，RPA 可以自动接收邮件，将企业的标准化日记账自动发送给 ERP 系统。

3．图像识别与处理

RPA 可以利用 OCR 技术访问不同站点并获取信息，并且可以在此基础上审查和分析文字。

4．数据加工与分析

数据加工与分析包括数据检查、数据筛选、数据计算、数据整理、数据校验和数据分析。例如，RPA 可以自动下载企业的详细月度销售数据，并且基于规则计算佣金。在企业账户对账方面，RPA 可以对账户的异常数据进行验证，并且进行基础研究。

5．信息监控与产出

RPA 可以通过模拟人类判断，实现工作流分配、标准报告出具、基于明确规则做出决策、自动信息通知等功能。

三、RPA 的特点和优势

RPA 可以代替人工在用户界面中执行重复、标准化、规则明确且大量的日常事务操作。它具有以下几个显著的特点。

1．模拟人工操作，让用户"眼见为实"

RPA 可以模拟人工操作，人工打开什么页面，RPA 就打开什么页面；人工需要几步，RPA 就需要几步；人工点击什么按钮，RPA 就点击什么按钮。整个模拟过程对用户可见。

2．基于既定的业务规则执行任务

RPA 没有自己的思维，它模拟的只是人的行为，只会按照人类预先设计好的业务规则执行任务。

3. 带来确定的执行过程和执行结果

RPA 只会按照既定的业务规则执行任务，不会随意调整，并且操作过程中不会出现人类常犯的错误，如敲错键盘、选错位置、按错按钮等，从而确保结果的一致性和准确性。这意味着 RPA 的输出可以被信任和依赖，无须引入额外的机器人或复核步骤来验证其结果，从而节省时间和资源。

4. 提供全程操作行为记录

RPA 可以在自动化处理过程中留下所有操作痕迹，包括任务的开始时间、结束时间、与哪些信息系统或桌面软件进行了交互、操作的软件数量、每个操作的耗时等。这些日志可以提供丰富的信息和数据支持，帮助管理者了解业务的执行情况和效率，并且为内控管理和审计提供必要的数据依据。

5. 促进企业业务流程的优化和再造

RPA 的关键目标之一是提高业务流程的效率和质量。因此，在引入 RPA 前，通常会对现有流程进行审查和分析，以便识别潜在的瓶颈、瑕疵和改进机会。在优化和再造业务流程后，RPA 在自动化处理过程中可以实现更高的效率、更高的质量和更好的用户体验。

6. 符合人类的工作组织特征

RPA 的具体工作是由运行于 RPA 平台上的自动化脚本定义和决定的。RPA 只提供一个基础的技术运行平台，用于支持底层的技术实现，如模拟操作、屏幕抓取等。一套能够连续执行的脚本称为一个自动化任务（Task）。一个独立的小的运行平台，也是操作系统中的一个进程，称为一个机器人（Bot）。一个机器人在指定时间点只能运行一个自动化任务，就像人在指定时间点只能做一件事情一样。因此，当有多个自动化任务时，需要为机器人配置工作日程表，时间安排越紧凑，机器人做的事情越多，进而将人力从繁重、重复的操作中解放出来。

7. 可以 24×7×365 不间断地执行任务

RPA 是基于软件的自动化系统，它可以在没有人类干预的情况下持续执行任务，无论是白天还是夜晚，是工作日还是节假日。这种不间断执行任务的能力使企业能够进行持续、高效的自动化处理，为业务运作提供灵活性和便利性。

8. 提供非侵入式的系统表层集成方式

RPA 可以与现有的系统和应用程序进行集成，并且无须对它们进行任何修改或重建。通过模拟人在用户界面上的操作，与各种应用程序进行交互。非侵入式的系统表层集成方式具有部署快速、灵活性高、风险低、兼容性高等优势，在实现自动化处理的同时，可以最大限度地保证现有系统的完整性和安全性。

基于以上特点，RPA 具有成本低、效率高、合规、可扩展等优势，成为当代众多企业在提升效率、降低成本和提高竞争力等方面的重要工具。

四、RPA 在财务领域的应用

RPA 技术适用于具有清晰定义、量大且重复的流程。财务属于强规则领域，在业务流程中存在大量重复且规则明确的工作，这些工作的业务特点与 RPA 技术的应用条件高度匹配。此外，在原本人力资源耗费量大、时间成本高且人工操作出错率高的业务流程中，应用 RPA 技术可以形成规模效应，从而最大限度地实现企业财务流程的高效运转和低成本运行。

目前，RPA 技术已广泛应用于费用报销、采购到付款、订单到收款、固定资产管理、存货到成本、总账到报表、资金管理、税务管理等常见的财务流程中，如图 1-1 所示。

图 1-1　RPA 技术在企业财务流程中的应用

1. 费用报销

费用报销流程是财务共享服务中心普遍实施的流程，也是财务机器人广泛使用的流程，具体包括的子流程如图 1-2 所示。

图 1-2　RPA 技术在费用报销流程中的应用

（1）报销单据接收：财务机器人对多种渠道采集而来的各类发票和单据进行自动识别、分类汇总和分发传递，自动生成报销单据并发起审批申请。

（2）费用报销智能审核：人工设定费用报销审核规则，将其内嵌至费用报销系统中。财务机器人按照设定的逻辑执行审核操作，如对发票查重验真、控制预算和审查报销标准、记录检查结果并反馈等。

（3）自动付款：报销单在通过审核后，自动生成付款单；付款单在进入待付款中心后，财务机器人依据付款计划执行付款操作。

（4）财务处理及报告出具：付款单依据记账规则自动生成凭证，自动提交、过账，并且将生成的财务报告汇报至管理层。

2．采购到付款

准确的订单信息处理、及时的付款触发是采购到付款流程的重点，具体包括的子流程如图 1-3 所示。

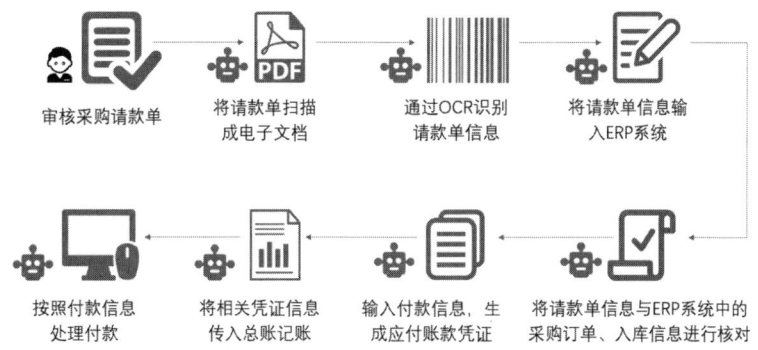

图 1-3　RPA 在采购到付款流程中的应用

（1）请款单处理：财务机器人通过 OCR 扫描请款单，将识别到的相关信息自动录入ERP 系统，并且对订单信息、发票信息、入库单信息进行匹配校验。

（2）采购付款：财务机器人自动提取付款申请系统的付款信息（付款账号、户名等），并且将其提交给网银等资金付款系统进行付款操作。

3．总账到报表

总账到报表流程中标准记账分录处理、对账、关账、财务报表出具等工作可以借助财务机器人完成，具体包括的子流程如下。

（1）标准记账分录处理：根据财务核算规则，财务机器人周期性地对账务分录进行记录和结转。

（2）对账、关账：在期末，财务机器人自动进行各项对账、关账工作，如现金盘点、银行对账、销售收入确认、应收账款对账、应付款项对账、存货的确认和暂估等。如果发现异常，则发送预警报告；如果对账无误，则自动进行账务处理。RPA 在期末对账、关账流程中的应用如图 1-4 所示。

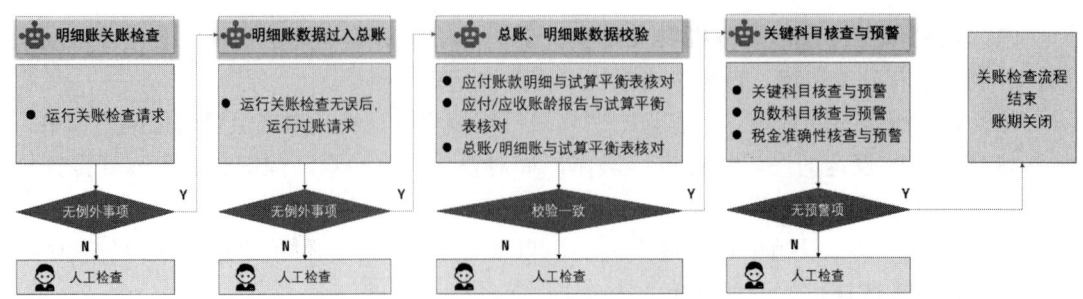

图 1-4　RPA 在期末对账、关账流程中的应用

（3）财务报表出具：财务机器人自动完成数据汇总、合并抵销、邮件数据催收、系统数据的导出和处理等工作，并且自动出具模板化的财务报表。

4．资金管理

资金管理是日常性、重复性高的工作，适合财务机器人完成的具体子流程如下。

（1）银企对账：财务机器人首先取得银行交易流水、银行日记账财务数据，然后进行银行账和财务账的核对，最后自动出具银行余额调节表，如图 1-5 所示。

图 1-5　RPA 在银企对账流程中的应用

（2）现金管理：财务机器人根据设定的现金上限进行现金归集、现金计划信息的采集与处理等；引入智能算法，按照预设的规则，根据支付方式、支付策略、支付金额等因素，计算最优化组合，自动完成资金安排；动态监控资金收支，帮助企业实时掌握集团资金状况。

（3）收付款处理：财务机器人根据订单信息和供应商信息，自动完成收款查询与付款操作。

5．税务管理

税务管理是目前财务机器人运用较成熟的领域，具体子流程如下。

（1）纳税申报准备：在期末，财务机器人自动登录账务系统，按照税务主体批量导出财务数据、增值税认证数据等税务申报的基础业务数据。

（2）涉税数据的获取与维护：财务机器人获取事先维护好的企业基础信息，用于生成纳税申报表底稿。

（3）涉税数据核对校验：财务机器人通过预设好的规则调整税务差异项，并且利用预置的校验公式对报表进行校验。

(4)纳税申报：财务机器人根据特定的逻辑，将工作底稿自动生成申报表，并且在税局端系统中自动填写纳税申报表，如图1-6所示。

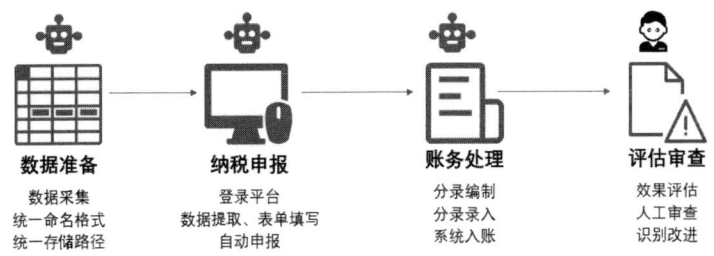

图1-6　RPA在纳税申报流程中的应用

(5)涉税账务处理：财务机器人根据纳税、缴税信息完成系统内税务分录的编制，自动进行递延所得、资产或负债的计算，完成系统内的入账工作，并且通过邮件提醒相关责任人。

(6)发票验真：财务机器人可以基于发票票面信息自动校验发票真伪，将增值税发票提交到国税总局查验平台进行验证和认证，并且反馈和记录结果。

除了以上流程，财务机器人在订单到收款、固定资产管理、存货到成本等重复性高、业务量大的流程中也被广泛应用。通过预先设置模型和算法，财务机器人还可以为预算管理、绩效管理、管控与合规等依赖人工判断的流程提供决策参考。财务机器人的应用大幅度减少了企业的人力投入、降低了风险，可以更高效地支撑业务发展和经营决策。

五、RPA的发展趋势

RPA最初只能模拟人类可见的操作，但随着RPA技术的不断发展，现在，RPA可以自动化执行更复杂的任务了。未来，RPA技术的发展趋势主要包括以下几方面。

1. 进一步融合人工智能

RPA与人工智能的进一步结合将成为未来的发展趋势。通过结合机器学习和自动化技术，RPA可以自动学习和适应新的业务规则和变化，形成更加智能化和自适应的自动化流程。

2. 与其他系统无缝集成

未来的RPA将提供更强大的集成能力，与企业现有的软件系统、数据源和服务进行集成，包括ERP系统、CRM系统、数据库等。通过与其他系统无缝集成，RPA可以直接与其他系统进行数据交换、调用API、执行任务和触发事件，从而实现数据的实时同步，提高自动化的效率和准确性。

3. 无代码/低代码平台

无代码/低代码平台提供了一个可视化的开发环境，降低了RPA的开发门槛，使非技术人员也可以快速理解和应用 RPA 技术，参与自动化任务的创建和部署工作，推动 RPA 技术在各行各业的落地和普及。

4．更广阔的应用领域

RPA 的应用将扩展到更多领域，如客户服务、人力资源、供应链管理等。RPA 将实现更大范围的自动化，为这些领域带来更高的效率、准确性和可靠性。

任务二

阿里云 RPA 编辑器的安装与使用

知识目标： 1．了解阿里云 RPA 的发展历程。
2．掌握阿里云 RPA 编辑器的安装过程。
3．熟悉阿里云 RPA 编辑器的界面构成。
4．掌握阿里云 RPA 编辑器的流程设计过程。

能力目标： 1．能够正确安装阿里云 RPA 编辑器并完成软件配置。
2．能够熟悉阿里云 RPA 编辑器的用户界面和操作流程。
3．能够创建和配置基础的机器人任务。
4．能够对创建的机器人任务进行调试和测试。

素质目标： 1．培养对新技术的敏感性和好奇心。
2．具备清晰的流程逻辑思维和发散的创新思维。
3．培养良好的时间管理能力。

扫一扫

德技并修： 中国数字化转型为全球带来机遇

一、阿里云 RPA 概述

2011 年，阿里巴巴集团的业务迅速发展，各部门的工作变得日益繁杂，员工们在进行计算机操作时，经常需要面对流程复杂、效率低下的问题。为了提升工作效率，帮助员工从烦琐的任务中解放出来，集中精力处理更有价值的工作，阿里巴巴推出了码栈，并且在集团内部广泛应用，凭借其强大的功能和稳定的表现，码栈的用户数量日益增长，至 2015 年，集团内部用户数量突破 4000 人，累计执行任务近 2.5 亿次。

2017 年下半年，码栈开启了正式的商业化进程，在公有云方面发力淘宝、天猫等电商平台用户，通过开发通用场景中的电商解决方案和应用迅速推广，累计注册用户数突破了 30 万人；在私有云方面，通过线下订阅的方式，基于企业业务流程，定制开发 RPA 机器人应用及解决方案，累计已服务蚂蚁金服、菜鸟网络、安踏、渤海财险、京博石化、中国进出口银行、百草味等 50 多家客户。

2018 年 3 月，码栈正式更名为"阿里云 RPA"，并且与人工智能、机器学习、大数据、图像识别、智能语音、移动互联网和云平台等技术深度结合。利用 RPA 技术开发的机器人可以取代更广泛的、现有的业务流程操作，成为企业数智化中不可或缺的重要组成部分。阿里云 RPA 的具体发展历程如图 2-1 所示。

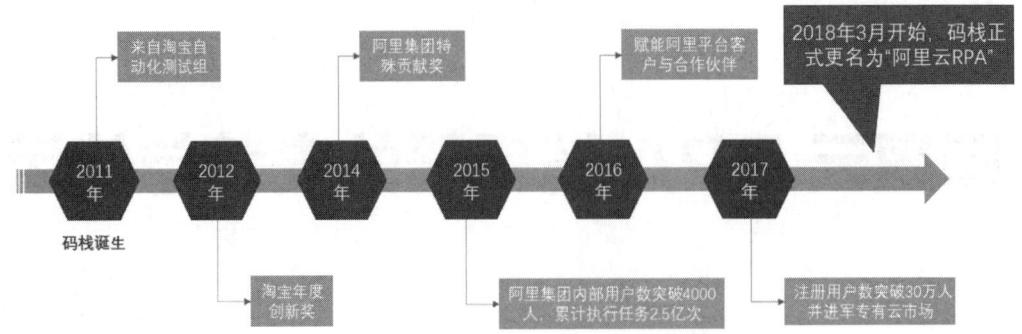

图 2-1 阿里云 RPA 的发展历程

二、阿里云 RPA 编辑器的安装与相关配置

1. 下载阿里云 RPA 编辑器安装包

登录 RPA 控制台，即可下载最新的阿里云 RPA 编辑器安装包，如图 2-2 所示。

图 2-2 下载阿里云 RPA 编辑器安装包

2. 安装阿里云 RPA 编辑器

在安装阿里云 RPA 编辑器的过程中，选择"编辑器 用于编写和发布应用"选项，并且勾选"同意许可条款"、"Chrome 插件"及"Edge 插件"复选框，如图 2-3 所示。

图 2-3　安装阿里云 RPA 编辑器

3. 相关配置说明

1）浏览器的配置说明（启用插件）

下面以 Chrome 浏览器为例，讲解浏览器的配置。打开 Chrome 浏览器，单击右上角的更多按钮（3 个点），在弹出的下拉菜单中选择"更多工具"→"扩展程序"命令，启用阿里云 RPA 插件，如图 2-4 和图 2-5 所示。

图 2-4　Chrome 浏览器启用插件路径

图 2-5　Chrome 浏览器启用 RPA 插件

2）阿里云 RPA 编辑器的配置说明

（1）打开阿里云 RPA 编辑器，单击"切换服务器"超链接，如图 2-6 所示。

图 2-6　单击"切换服务器"超链接

（2）进入"切换服务器"界面，单击"编辑地址"按钮，新增服务器地址"http://alirpa.chinaive.com"，单击"测试连接"超链接，如图 2-7 所示，在显示"连接成功"后，单击"保存"按钮。该服务器为北京融智国创科技有限公司的私有云服务器。

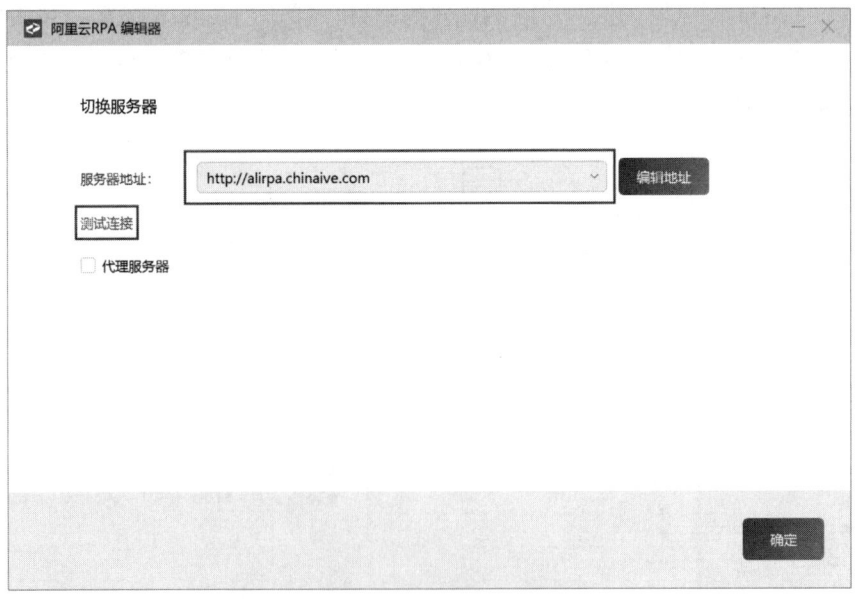

图 2-7　切换服务器地址

（3）在配置完成后，使用"融智数智化会计实践平台"的用户名和密码登录即可，如图 2-8 所示。

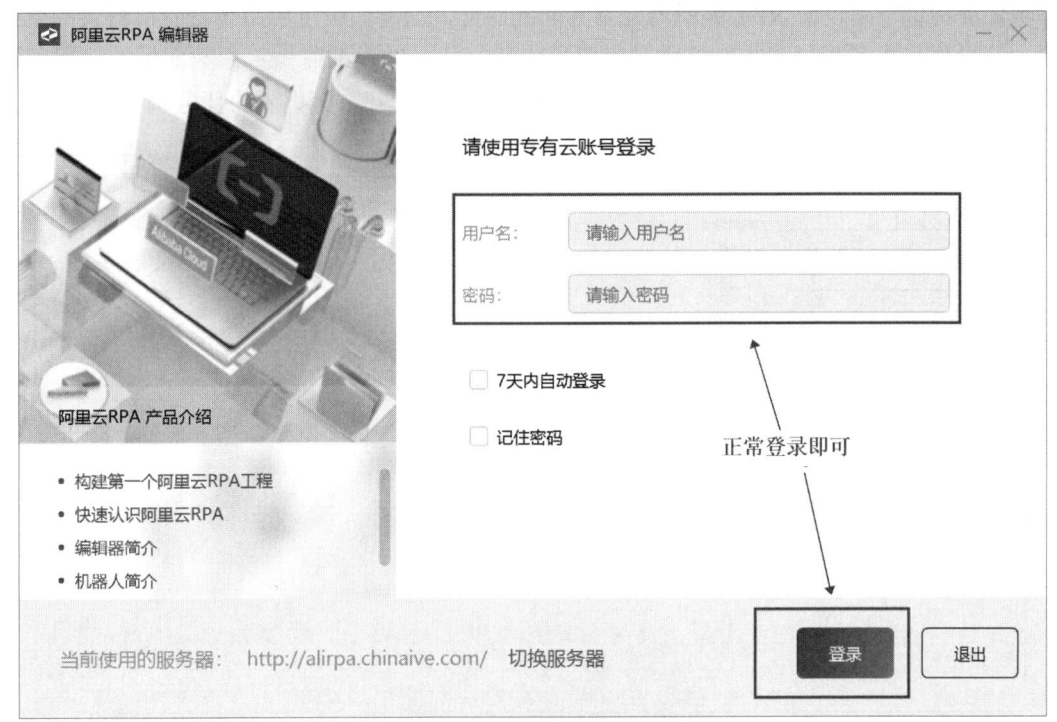

图 2-8　登录阿里云 RPA 编辑器

三、阿里云 RPA 编辑器的界面介绍

1. 开始界面

在阿里云 RPA 编辑器的开始界面中，可以根据实际需要选择"新建本地工程"、"新建云端工程"、"打开本地工程"或"打开云端工程"选项，如图 2-9 所示。选择"新建本地工程"选项，弹出"新建本地工程"对话框，该对话框提供了两套工程模板供开发者选择。其中，"基础可视化工程模板"是以直观可视化的方式进行开发的，适用于非 IT 从业人员，如业务人员、财务人员；"基础编码工程模板"则是以代码的形式进行开发的，适用于 IT 从业人员。本书的目标受众为非 IT 从业人员，因此选择"基础可视化工程模板"进行开发，如图 2-10 所示。

2. 开发界面

阿里云 RPA 编辑器的开发界面呈现两栏、两区和三面板的布局，如图 2-11 所示。两栏分别为菜单栏和工具栏，位于阿里云 RPA 编辑器开发界面的顶部。两区分别为组件、控件、变量列表区和流程编辑区，分别位于阿里云 RPA 开发界面的左侧和中部。其中，流程编辑区是 RPA 流程开发的核心工作区。三面板分别为属性面板、日志面板及参数面板。属性面板位于阿里云 RPA 编辑器开发界面的右侧，主要用于设置各组件的属性。日志面板和参数面板均位于阿里云 RPA 编辑器开发界面的底部，日志面板主要用于查看机器人的系统日志、操作日志及调试日志，提供了对机器人运行状态的详细监控；参数面板主要用于设置和调整机器人的各项参数，以便定制机器人的行为，使其适应不同的任务和业务需求。

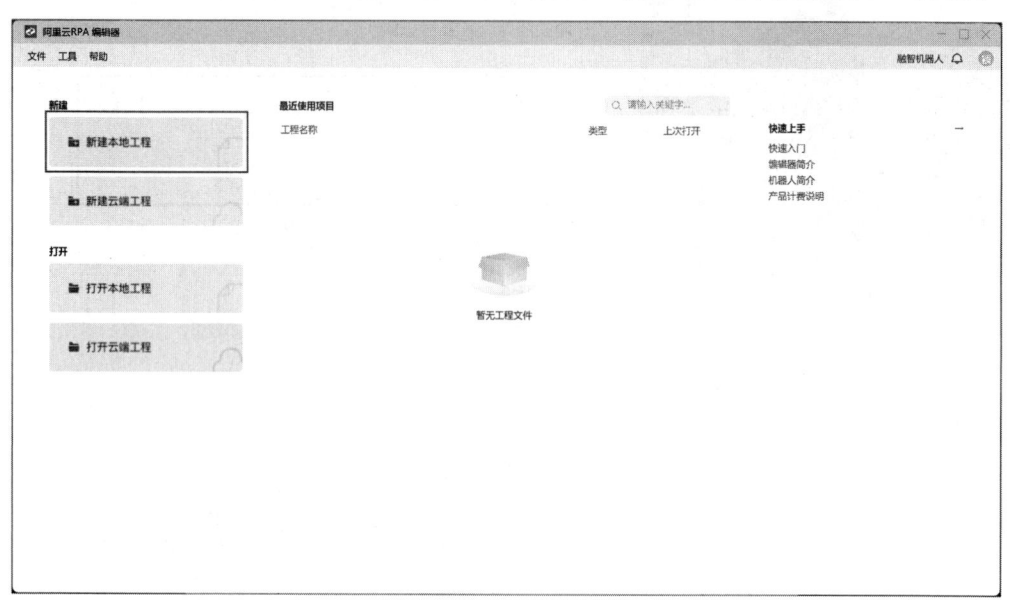

图 2-9　阿里云 RPA 编辑器的开始界面

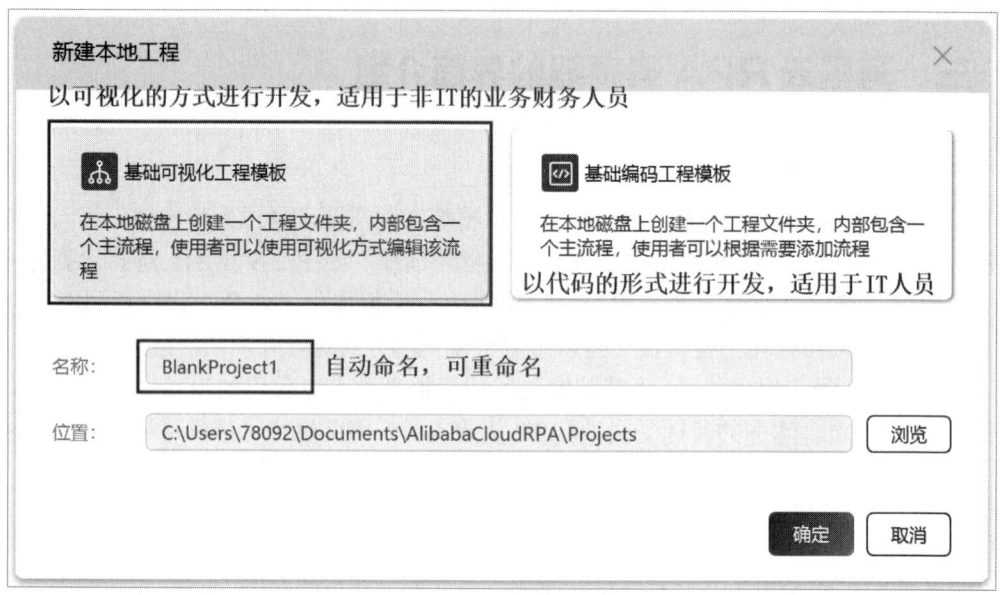

图 2-10　工程模板选择

◎ 任务二 阿里云 RPA 编辑器的安装与使用

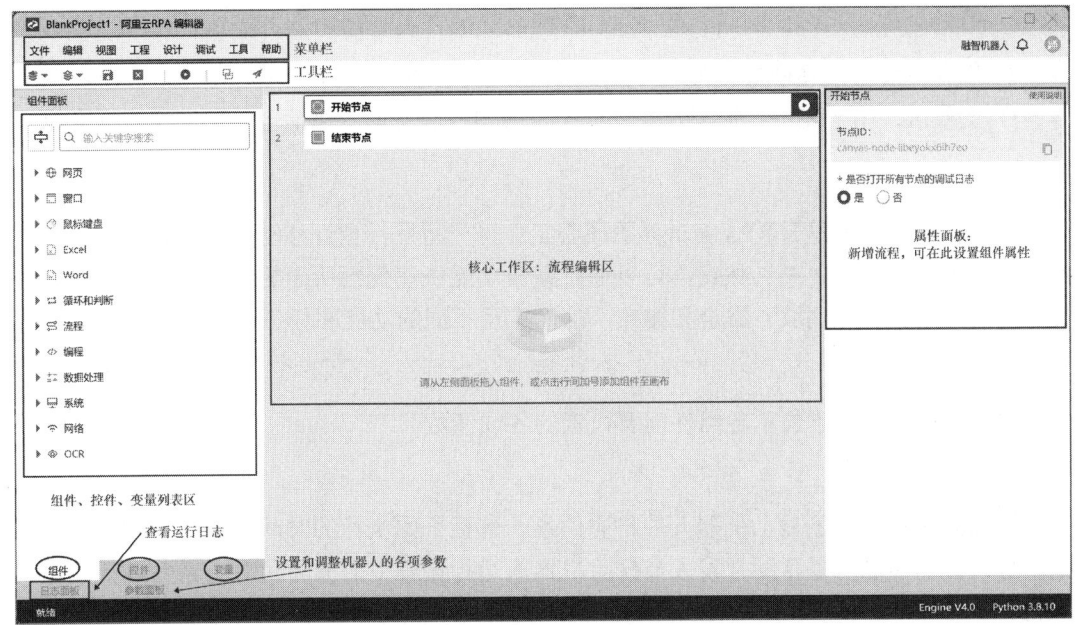

图 2-11 阿里云 RPA 编辑器的开发界面

1）菜单栏

- 文件：包括新建、打开、保存、关闭等功能。
- 编辑：包括复制、剪切、粘贴等功能。
- 视图：用于显示或隐藏参数面板、日志面板等界面，以及自定义工具栏中显示的常用工具。
- 工程：用于进行组件管理，以及将本地开发的机器人应用程序发布到互联网上。
- 设计：用于捕捉控件。
- 调试：用于启动机器人的调试过程。
- 工具：包括系统设置、快捷键设置、控件录制等功能。
- 帮助：提供了查看帮助、访问 RPA 社区和收集日志等功能，旨在帮助用户解决在使用过程中遇到的问题。

2）工具栏

工具栏是开发者常用工具的快速访问栏，默认包括一些常用的工具，如"新建工程""打开工程""保存工程""关闭工程""启动调试""组件管理""发布"等工具。可以通过"视图"菜单中的"工具栏"命令管理和配置工具栏中显示的常用工具。

3）组件、控件、变量列表区

组件、控制、变量列表区主要用于管理和配置机器人流程中的组件、控件和变量。

- 组件区：包括网页、窗口、鼠标键盘、Excel、Word、循环和判断、流程、编程、

• 15 •

数据处理、系统、网络、OCR 共 12 类已集成在编辑器中的各类组件。
- 控件区：用于存储和管理已捕获并保存的控件列表。
- 变量区：用于显示和管理开发过程中生成的各类变量，包括全局变量和流程变量。

4）流程编辑区

流程编辑区是阿里云 RPA 编辑器的核心工作区。将鼠标指针移动到【开始节点】组件的下方，单击出现的"⊕"按钮，可以通过搜索功能快速找到所需的组件，通过添加、拖曳等方式对组件进行调取、组合和排布，从而实现不同的功能和任务。

5）属性面板

属性面板主要用于显示各组件需要设置的各项参数。

6）日志面板

日志面板主要用于显示机器人的日志信息，包括开始执行的时间、执行的动作及执行结果等。日志信息可以帮助开发人员排除机器人运行过程中的故障，对机器人进行调试和优化。

7）参数面板

参数面板主要用于对机器人的各项参数进行管理，例如选择参数类型、设置参数值、修改参数名称等。

四、阿里云 RPA 编辑器的使用

1. 流程设计

根据任务情境，RPA 的设计流程如表 2-1 所示。

表 2-1 RPA 的设计流程

序号	步骤	活动	内容
1	新建本地工程	打开阿里云 RPA 编辑器，选择"新建本地工程"选项，在弹出的"新建本地工程"对话框中选择"基础可视化工程模板"选项	将文件重命名为"Hello-RPA"，选择工程文件的存放位置
2	【弹出提示框】组件设置	单击"⊕"按钮，搜索"弹出提示框"，添加【弹出提示框】组件，进行相关的属性设置	输入：Hello Aliyun RPA! You are my first robot. 你好阿里云 RPA！你是我的第一个机器人。可以直接输入字符串，无须添加英文双引号
3	运行程序	单击"运行"按钮	—

2. 流程开发

（1）登录阿里云 RPA 编辑器，在开始界面中选择"新建本地工程"选项，弹出"新建本地工程"对话框，选择"基础可视化工程模板"选项，在"名称"文本框中输入工程名称"Hello-RPA"，单击"确定"按钮，如图 2-12 和图 2-13 所示，进入阿里云 RPA 编辑器的开发界面。

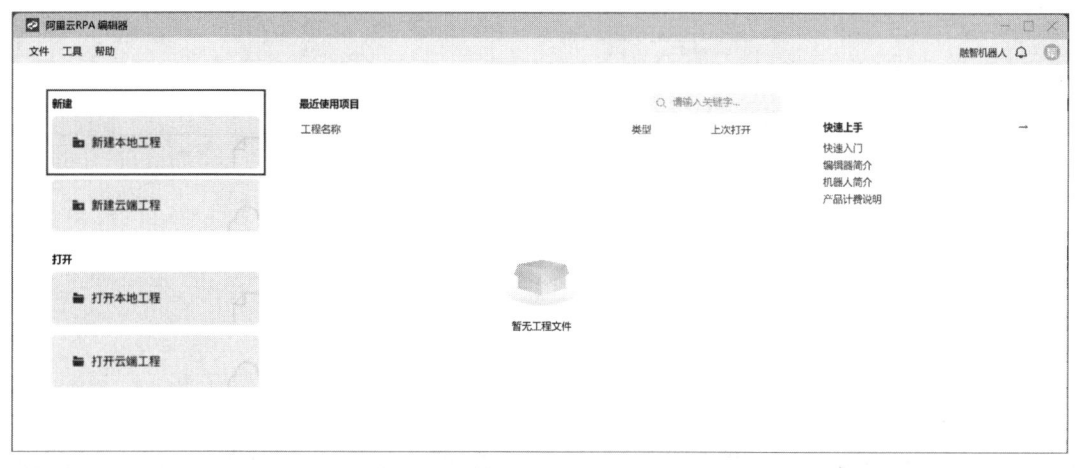

图 2-12　选择"新建本地工程"选项

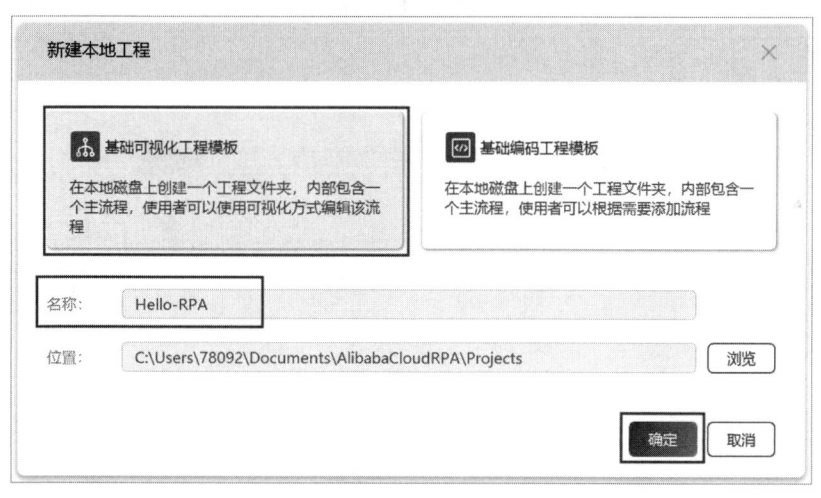

图 2-13　"新建本地工程"对话框中的参数设置

（2）将鼠标指针移动至流程编辑区中的【开始节点】组件下方，单击出现的"⊕"按钮，在弹出的下拉列表中选择【弹出提示框】组件，如图 2-14 所示。在右侧的属性面板中设置【弹出提示框】组件的属性，在"输入"属性中，在"信息等级"下拉列表中选择"信息"选项，在"提示内容"文本框中输入"Hello Aliyun RPA! You are my first robot. 你好阿里云 RPA！你是我的第一个机器人。"，其他属性采用默认设置，如图 2-15 所示。

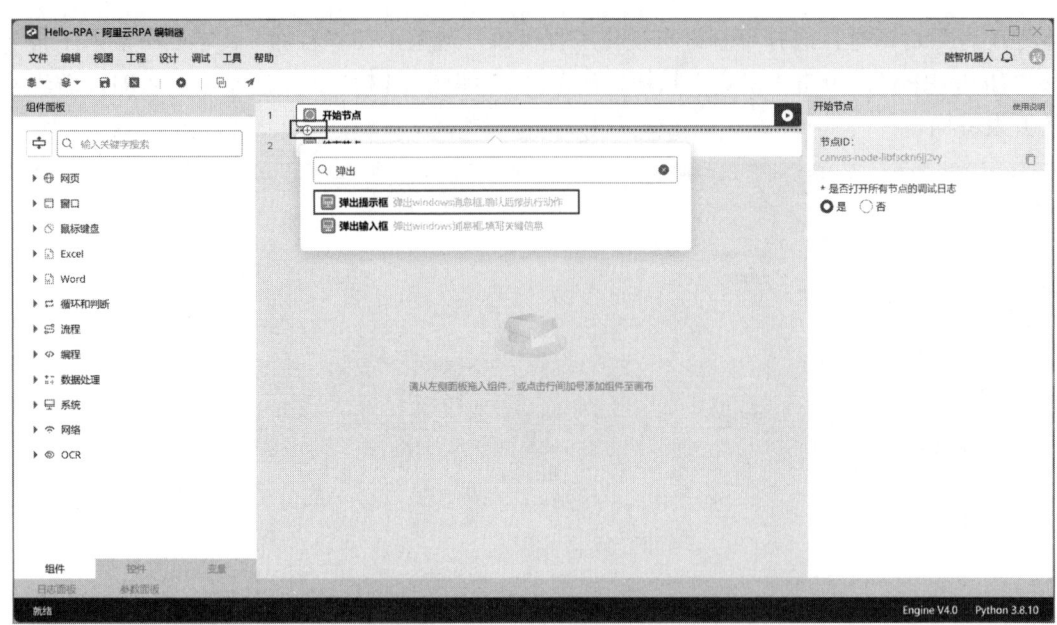

图 2-14　选择【弹出提示框】组件

图 2-15　【弹出提示框】组件的属性设置

3. 流程运行

单击工具栏中的"运行"按钮，即可运行机器人，组件右侧会显示"√"，并且弹出消息框，显示"Hello Aliyun RPA! You are my first robot. 你好阿里云 RPA！你是我的第一个机器人。"，如图 2-16 所示。此外，开发者还可以在日志面板中查看机器人的运行状态，如图 2-17 所示。

◎ 任务二 阿里云 RPA 编辑器的安装与使用

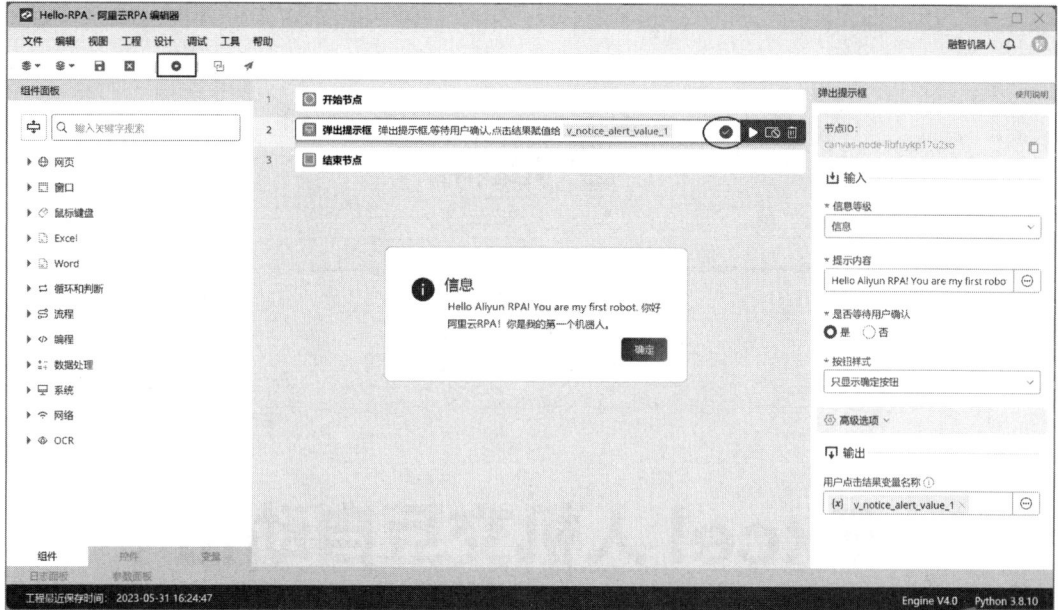

图 2-16 流程运行

图 2-17 在日志面板中查看机器人的运行状态

基础篇

Excel 人机交互自动化

知识目标： 1. 掌握 Excel 操作的基本流程。
2. 掌握 Excel 常用组件的属性设置及应用方法。
3. 了解变量和数据存储。
4. 了解查看日志面板的方法。

能力目标： 1. 能够根据具体任务梳理手工操作流程。
2. 能够分析并提炼手工操作任务痛点。
3. 能够根据具体任务设计 RPA 开发流程。
4. 能够根据具体任务灵活选择并应用 Excel 相关组件。

素质目标： 1. 培养良好的流程自动化设计思维。
2. 具备坚韧不拔、精益求精的工作态度。
3. 遵循诚实守信的职业道德。
4. 具备正确的数据思维和良好的逻辑能力。

扫一扫

德技并修："数字经济"是什么

一、任务情境

星辰全方位生活科技公司是一家专注于满足消费者全方位生活需求的公司。小杰是公司的销售数据分析师，每个工作日结束，他都需要收集并合并全公司销售人员的销售日报表，以便进行销售数据分析和报告生成，并且在次日的晨会上向团队成员做出详细说明。

◎ 任务三 Excel 人机交互自动化

以 2023 年 6 月 18 日的销售数据为例，当日共收到 50 份各销售人员的销售日报表，详细记录了所销售的产品类型、产品型号、销售单价、销售数量、销售额、销售日期、销售人员、销售渠道及客户反馈等内容，如图 3-1 和图 3-2 所示。将其合并汇总为指定格式的汇总销售日报表，如图 3-3 所示。

产品类型	笔记本电脑
产品型号	LP-002
销售单价	4000
销售额	28000
销售数量	7
销售日期	2023.6.18
销售人员	邓凤
销售渠道	电子商务平台
客户反馈	客户对笔记本电脑的键盘舒适度和音响效果给予了积极评价

图 3-1 销售日报表详情示例

图 3-2 50 份销售人员的销售日报表

产品类型	产品型号	销售单价	销售额	销售数量	销售日期	销售人员	销售渠道	客户反馈

图 3-3 汇总销售日报表

二、任务痛点

在手工汇总销售数据的过程中，工作人员小杰需要依次打开 50 份销售日报表，复制表中的产品类型、产品型号、销售单价、销售额、销售数量、销售日期、销售人员、销售渠道、客户反馈共 9 项信息，将其依次粘贴至汇总销售日报表中。在完成以上工作后，关闭销售日报表，最后将汇总销售日报表存储于指定路径下。重复"复制"—"粘贴"—"关闭"的操作，直到 50 份销售日报表汇总完毕。本任务的手工操作流程如图 3-4 所示。

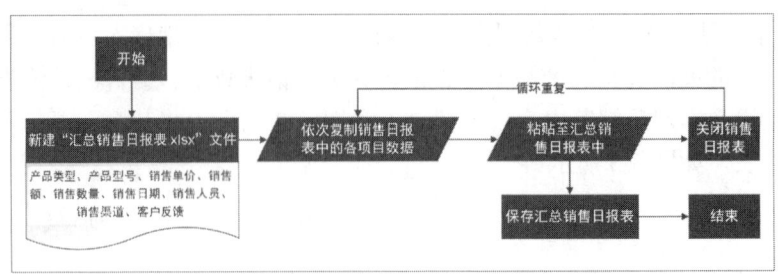

图 3-4　本任务的手工操作流程

任务痛点如下。
- 对于高度重复性操作，如复制、粘贴和关闭操作，需要反复执行多次。
- 操作误差风险高，容易出现复制错位、粘贴错误或遗漏。
- 频繁开关多个 Excel 文件，容易导致程序崩溃、文件损坏或意外关闭，使数据丢失。

三、任务描述

设计一个销售数据合并助手机器人，要求其能够自动读取每位销售人员的销售日报表，将所有销售数据合并为一个统一格式的汇总销售日报表，格式采用图 3-3 中的格式，并且将其存储于指定存储路径下。

注意：在操作过程中不要覆盖原有的数据。

四、知识准备

1．Excel 操作的基本流程

在使用 Excel 的相关组件时，通常可以按照图 3-5 所示的步骤进行操作。

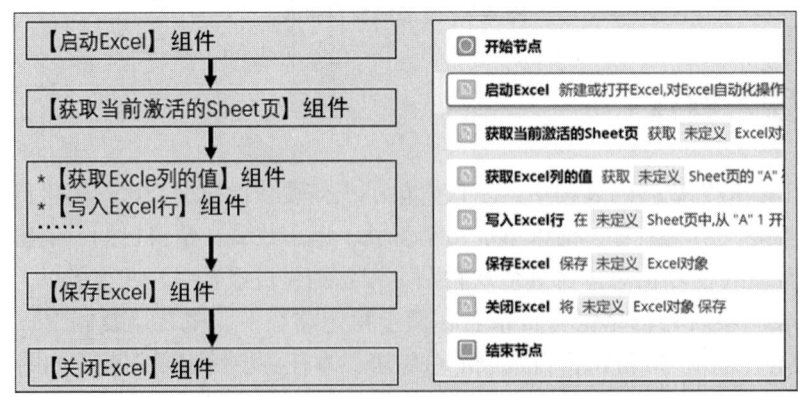

图 3-5　Excel 操作的基本流程

其中，【启动 Excel】组件、【获取当前激活的 Sheet 页】组件、【保存 Excel】组件、

【关闭 Excel】组件的相关流程是必需的基本流程，对于加"*"符号的组件的相关流程，需要根据业务的实际情况进行选择。

2．Excel 操作组件应用介绍

1）【启动 Excel】组件

①功能

利用【启动 Excel】组件可以打开指定的 Excel 文件，包括打开已有的 Excel 文件和新建 Excel 文件。

②位置与语句

【启动 Excel】组件的位置与语句如表 3-1 所示。

表 3-1　【启动 Excel】组件的位置与语句

位置	语句
Excel 　启动Excel 　获取已打开的Excel	启动Excel　新建或打开Excel,对Excel自动化操作的起始动作

③属性与说明

【启动 Excel】组件的属性与说明如表 3-2 所示。

表 3-2　【启动 Excel】组件的属性与说明

	属性	当前值	说明
输入 1	启动方式	打开 Excel	—
	Excel 文件路径	单击□按钮，在弹出的对话框中选择需要打开的 Excel 文件的路径	—
	是否只读打开	否	如果选择"是"单选按钮，则只能打开和浏览指定的 Excel 文件，不能编辑该 Excel 文件
输入 2	启动方式	新建 Excel	—
	新建 Excel 文件路径	单击□按钮，在弹出的对话框中选择需要新建 Excel 文件的存储路径	在给文件命名时，需要添加文件后缀".xlsx" 文件名(N): ***.xlsx 保存类型(T):
	是否增加文件名后缀	可以根据需要选择"是"或"否"单选按钮	如果选择"是"单选按钮，则可以在文件名后额外添加日期后缀 * 是否增加文件名后缀 ● 是　○ 否 * 文件名后缀格式 ● 日期时间（年月日时分） ○ 日期（年月日）
	是否只读打开	否	如果选择"是"单选按钮，则只能打开和浏览指定的 Excel 文件，不能编辑该 Excel 文件

续表

属性		当前值	说明
输出	Excel 对象	v_excel_obj_1（默认）	以变量的形式保存 Excel 对象，变量名称由系统默认生成，也支持用户以满足变量命名规范的方式自定义变量
	Excel 文件路径	v_file_path_1（默认）	以变量的形式保存 Excel 文件的存储路径，变量名称由系统默认生成，也支持用户以满足变量命名规范的方式自定义变量

2)【获取已打开的 Excel】组件

①功能

利用【获取已打开的 Excel】组件可以获取已打开的指定 Excel 文件。

②位置与语句

【获取已打开的 Excel】组件的位置与语句如表 3-3 所示。

表 3-3 【获取已打开的 Excel】组件的位置与语句

位置	语句
▼ Excel 　获取已打开的 Excel	获取已打开的 Excel 根据"测试1.xlsx"查找已打开的 Excel 文件名,将查找到的 Excel 对象赋值给 v_excel_obj_2

③属性与说明

【获取已打开的 Excel】组件的属性与说明如表 3-4 所示。

表 3-4 【获取已打开的 Excel】组件的属性与说明

属性		当前值	说明
输入	查找方式 1	文件名	根据文件名查找当前已打开的 Excel 文件
	查找方式 2	文件路径	根据文件路径查找当前已打开的 Excel 文件
	查找内容	文件名或文件路径	* 查找内容（相等方式查找） 测试1.xlsx
输出	Excel 对象	v_excel_obj_1（默认）	以变量的形式保存 Excel 对象，变量名称由系统默认生成，也支持用户以满足变量命名规范的方式自定义变量

3)【保存 Excel】组件

①功能

利用【保存 Excel】组件可以自动保存 Excel 文件中的内容。

②位置与语句

【保存 Excel】组件的位置与语句如表 3-5 所示。

表 3-5 【保存 Excel】组件的位置与语句

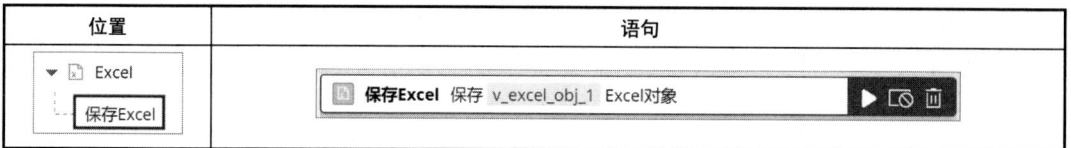

③属性与说明

【保存 Excel】组件的属性与说明如表 3-6 所示。

表 3-6 【保存 Excel】组件的属性与说明

	属性	当前值	说明
输入	已打开的 Excel 对象	v_excel_obj_1	在该下拉列表中选择一个相关前置组件（如【启动 Excel】组件、【获取已打开的 Excel】组件）中输出的 Excel 对象，代表要操作的目标 Excel 对象
	保存方式 1	保存	选择"保存"单选按钮，表示按原路径保存
	保存方式 2	另存为	选择"另存为"单选按钮，需要指定另存文件的路径，并且对文件进行命名。在对文件进行命名时，需要添加文件后缀".xlsx"
	是否增加文件名后缀	否	可以根据需要选择"是"或"否"单选按钮
输出	Excel 文件路径	v_file_path_1（默认）	以变量的形式保存 Excel 文件的存储路径，变量名称由系统默认生成，也支持用户以满足变量命名规范的方式自定义变量

4）【关闭 Excel】组件

①功能

利用【关闭 Excel】组件可以自动关闭 Excel 文件。

②位置与语句

【关闭 Excel】组件的位置与语句如表 3-7 所示。

表 3-7 【关闭 Excel】组件的位置与语句

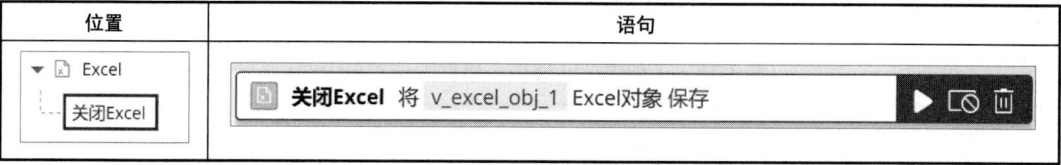

③属性与说明

【关闭 Excel】组件的属性与说明如表 3-8 所示。

表 3-8 【关闭 Excel】组件的属性与说明

	属性	当前值	说明
输入	已打开的 Excel 对象	v_excel_obj_1	在下拉列表中选择一个相关前置组件（如【启动 Excel】组件、【获取已打开的 Excel】组件）中输出的 Excel 对象，代表要操作的目标 Excel 对象
	关闭时是否保存	是	如果选择"否"单选按钮，则表示在关闭时不保存文件中的内容

5)【获取当前激活的 Sheet 页】组件

①功能

利用【获取当前激活的 Sheet 页】组件可以获取当前激活的 Sheet 页。

②位置与语句

【获取当前激活的 Sheet 页】组件的位置与语句如表 3-9 所示。

表 3-9 【获取当前激活的 Sheet 页】组件的位置与语句

位置	语句
▼ Excel 　　操作Sheet页 　　　　获取当前激活的Sheet页	启动Excel 新建或打开Excel,对Excel自动化操作的起始动作 获取当前激活的Sheet页 获取 v_excel_obj_1 Excel对象当前激活的Sheet页,将对应的Sheet页...

③属性与说明

【获取当前激活的 Sheet 页】组件的属性与说明如表 3-10 所示。

表 3-10 【获取当前激活的 Sheet 页】组件的属性与说明

	属性	当前值	说明
输入	已打开的 Excel 对象	v_excel_obj_1	在下拉列表中选择一个相关前置组件（如【启动 Excel】组件、【获取已打开的 Excel】组件）中输出的 Excel 对象，代表要操作的目标 Excel 对象
输出	Excel Sheet 对象	v_sheet_obj_1	以变量的形式保存 Excel Sheet 对象，变量名称由系统默认生成，也支持用户以满足变量命名规范的方式自定义变量

6)【创建 Sheet 页】组件

①功能

利用【创建 Sheet 页】组件可以创建新的 Sheet 页。

②位置与语句

【创建 Sheet 页】组件的位置与语句如表 3-11 所示。

表 3-11 【创建 Sheet 页】组件的位置与语句

③属性与说明

【创建 Sheet 页】组件的属性与说明如表 3-12 所示。

表 3-12　【创建 Sheet 页】组件的属性与说明

	属性	当前值	说明
输入	已打开的 Excel 对象	v_excel_obj_1	在下拉列表中选择一个相关前置组件（如【启动 Excel】组件、【获取已打开的 Excel】组件）中输出的 Excel 对象，代表要操作的目标 Excel 对象
	Sheet 页名称	创建新 Sheet 测试	在文本框中直接输入拟创建的 Sheet 页名称
	Sheet 页位置	第一个	默认选择"第一个"选项，如果选择"最后一个"选项，那么创建的 Sheet 页位置在最后
输出	Excel Sheet 对象	v_sheet_obj_1	以变量的形式保存 Excel Sheet 对象，变量名称由系统默认生成，也支持用户以满足变量命名规范的方式自定义变量

④应用示例

在已打开的 Excel 文件中新建 Sheet 页，并且在该页面的表格中写入"HELLO RPA"，具体流程如图 3-6 所示。

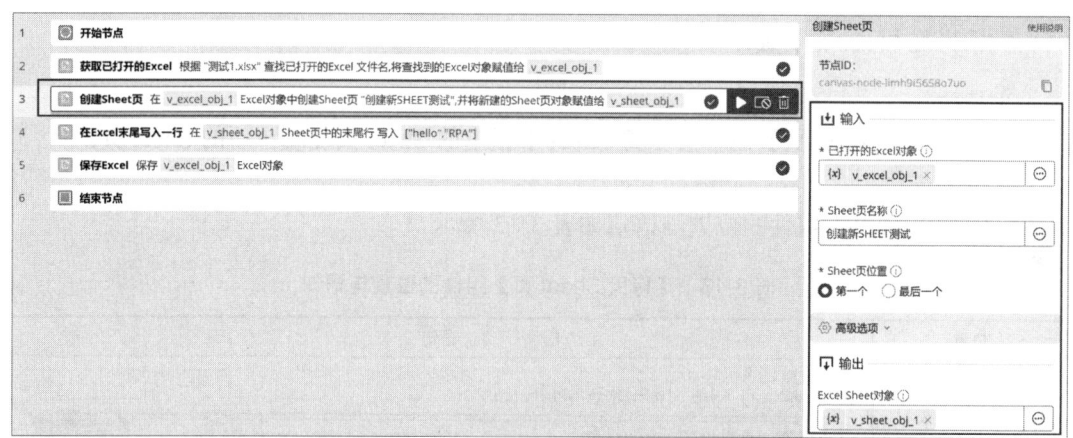

图 3-6　【创建 Sheet 页】组件应用示例的具体流程

（1）利用【获取已打开的 Excel】组件获取已打开的 Excel 文件。

（2）利用【创建 Sheet 页】组件创建一个新的 Sheet 页。

（3）利用【在 Excel 末尾写入一行】组件在指定 Sheet 页的末尾写入"["HELLO","RPA"]"。

（4）利用【保存 Excel】组件保存 Excel 文件中的内容。

执行结果：在成功执行上述流程后，会自动获取已打开的 Excel 文件，创建一个新的 Sheet 页，在第一行写入指定内容并保存，如图 3-7 所示。

图 3-7　【创建 Sheet 页】组件应用示例流程的执行结果

7）【拷贝 Sheet 页】组件

①功能

利用【拷贝 Sheet 页】组件可以将 Excel 中指定的 Sheet 页复制至新的 Sheet 页。

②位置与语句

【拷贝 Sheet 页】组件的位置与语句如表 3-13 所示。

表 3-13　【拷贝 Sheet 页】组件的位置与语句

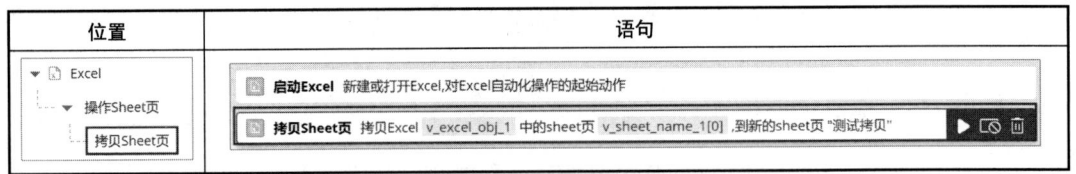

③属性与说明

【拷贝 Sheet 页】组件的属性与说明如表 3-14 所示。

表 3-14　【拷贝 Sheet 页】组件的属性与说明

	属性	当前值	说明
输入	已打开的 Excel 对象	v_excel_obj_1	在下拉列表中选择一个相关前置组件（如【启动 Excel】组件、【获取已打开的 Excel】组件）中输出的 Excel 对象，代表要操作的目标 Excel 对象
	待拷贝的 Sheet 页名称	待拷贝的测试素材	通过在文本框中直接输入、选择变量等方式填写源 Sheet 页名称

◎ 任务三　Excel 人机交互自动化

续表

	属性	当前值	说明
输入	拷贝方式	拷贝到当前 Excel 文件	默认选择"拷贝到当前 Excel 文件"选项，如果选择"拷贝到另外的 Excel 文件"选项，则可以将指定 Sheet 页中的内容复制到指定的新 Sheet 页中
	新 Sheet 页名称	测试拷贝	通过在文本框中直接输入、选择变量等方式填写复制后的新 Sheet 页名称

④应用示例

将 Excel 文件 1 的第一个 Sheet 页中的内容复制到 Excel 文件 2 的指定的新 Sheet 页中，具体流程如图 3-8 所示。

图 3-8　【拷贝 Sheet 页】组件应用示例的具体流程

（1）利用【启动 Excel】组件打开 Excel 文件 1。

（2）利用【获取 Sheet 页名称】组件获取 Excel 文件 1 中第一个 Sheet 页的名称。

（3）利用【启动 Excel】组件打开 Excel 文件 2。

（4）利用【拷贝 Sheet 页】组件，将 Excel 文件 1 的第一个 Sheet 页中的内容复制到 Excel 文件 2 的指定的新 Sheet 页中。

执行结果：在成功执行上述流程后，会将 Excel 文件 1 的第一个 Sheet 页中的内容复制到 Excel 文件 2 的 Sheet 页"测试拷贝"中。

8）【重命名 Sheet 页】组件

①功能

利用【重命名 Sheet 页】组件可以对指定的 Sheet 页进行重命名。

②位置与语句

【重命名 Sheet 页】组件的位置与语句如表 3-15 所示。

表 3-15 【重命名 Sheet 页】组件的位置与语句

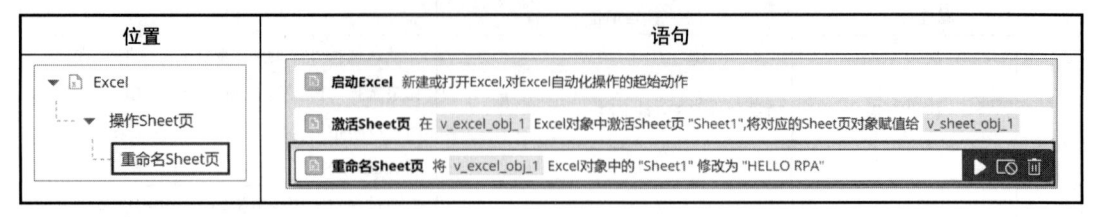

位置	语句
Excel > 操作Sheet页 > 重命名Sheet页	启动Excel 新建或打开Excel,对Excel自动化操作的起始动作 激活Sheet页 在 v_excel_obj_1 Excel对象中激活Sheet页 "Sheet1",将对应的Sheet页对象赋值给 v_sheet_obj_1 重命名Sheet页 将 v_excel_obj_1 Excel对象中的 "Sheet1" 修改为 "HELLO RPA"

③属性与说明

【重命名 Sheet 页】组件的属性与说明如表 3-16 所示。

表 3-16 【重命名 Sheet 页】组件的属性与说明

属性		当前值	说明
输入	已打开的 Excel 对象	v_excel_obj_1	在下拉列表中选择一个相关前置组件（如【启动 Excel】组件、【获取已打开的 Excel】组件）中输出的 Excel 对象，代表要操作的目标 Excel 对象
	旧 Sheet 页名称	Sheet1	通过在文本框中直接输入、选择变量等方式填写源 Sheet 页名称
	新 Sheet 页名称	HELLO RPA	通过在文本框中直接输入、选择变量等方式填写重命名后的新 Sheet 页名称

④应用示例

将指定 Sheet 页的名称 "Sheet1" 重命名为 "HELLO RPA"。具体流程如图 3-9 所示。

图 3-9 【重命名 Sheet 页】组件应用示例的具体流程

（1）利用【启动 Excel】组件打开指定的 Excel 文件。

（2）利用【激活 Sheet 页】组件激活指定名称的 Sheet 页。

（3）利用【重命名 Sheet 页】组件将指定 Sheet 页的名称 "Sheet1" 重命名为 "HELLO RPA"。

（4）利用【保存 Excel】组件保存 Excel 文件。

执行结果：在成功执行上述流程后，会将指定 Sheet 页的名称 "Sheet1" 重命名为 "HELLO RPA"，如图 3-10 所示。

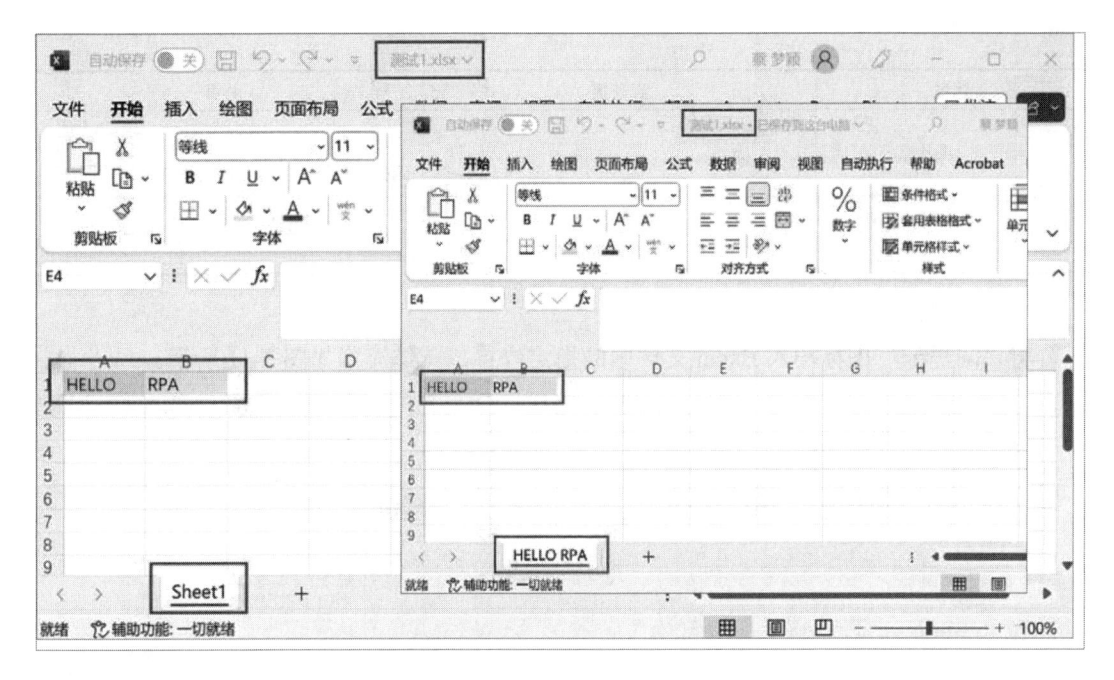

◎ 任务三 Excel 人机交互自动化

图 3-10 【重命名 Sheet 页】应用示例流程的执行结果

9)【向 Excel 中插入图片】组件

①功能

利用【向 Excel 中插入图片】组件可以向 Excel 文件中的指定位置插入图片。

②位置与语句

【向 Excel 中插入图片】组件的位置与语句如表 3-17 所示。

表 3-17 【向 Excel 中插入图片】组件的位置与语句

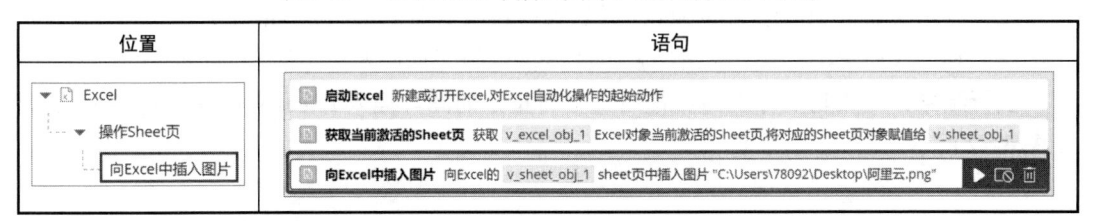

位置	语句
▼ Excel ▼ 操作Sheet页 向Excel中插入图片	启动Excel 新建或打开Excel,对Excel自动化操作的起始动作 获取当前激活的Sheet页 获取 v_excel_obj_1 Excel对象当前激活的Sheet页,将对应的Sheet页对象赋值给 v_sheet_obj_1 向Excel中插入图片 向Excel的 v_sheet_obj_1 sheet页中插入图片 "C:\Users\78092\Desktop\阿里云.png"

③属性与说明

【向 Excel 中插入图片】组件的属性与说明如表 3-18 所示。

表 3-18 【向 Excel 中插入图片】组件的属性与说明

属性		当前值	说明
输入	已打开的 Sheet 对象	v_sheet_obj_1	在下拉列表中选择一个相关前置组件（如【启动 Excel】组件、【获取已打开的 Excel】组件、【获取当前激活的 Sheet 页】组件）中输出的 Sheet 对象，代表要操作的目标 Sheet 页

· 31 ·

续表

属性		当前值	说明
输入	图片路径	*图片路径 C:\Users\78092\Desktop\阿里云.	通过在文本框中直接输入、选择变量、选择文件路径等方式填写需要插入的图片
	左边距/上边距/宽度/高度	—	根据需要设置图片插入的位置和大小

④应用示例

将"阿里云"图标插入 Excel 文件中的指定位置，具体流程如图 3-11 所示。

图 3-11 【向 Excel 中插入图片】组件应用示例的具体流程

（1）利用【启动 Excel】组件打开指定的 Excel 文件。
（2）利用【获取当前激活的 Sheet 页】组件获取当前已激活的 Sheet 页。
（3）利用【向 Excel 中插入图片】组件将指定的图片插入指定的 Sheet 页。

执行结果：在成功执行上述流程后，会将指定的图片插入 Excel 文件的指定 Sheet 页，如图 3-12 所示。

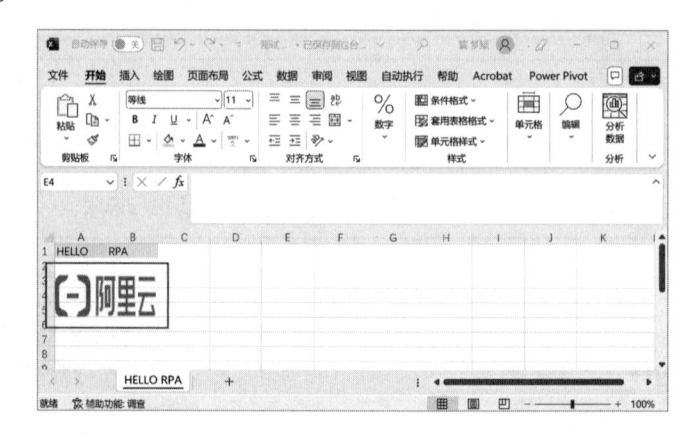

图 3-12 【向 Excel 中插入图片】组件应用示例流程的执行结果

10)【获取 Excel 单元格的值】组件

①功能

利用【获取 Excel 单元格的值】组件可以获取指定单元格中的内容。

②位置与语句

【获取 Excel 单元格的值】组件的位置与语句如表 3-19 所示。

表 3-19　【获取 Excel 单元格的值】组件的位置与语句

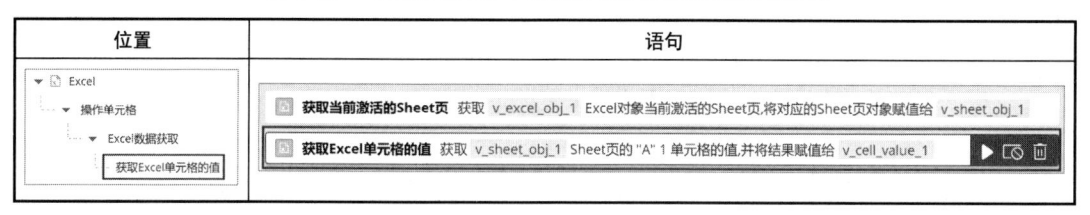

位置	语句
Excel / 操作单元格 / Excel数据获取 / 获取Excel单元格的值	获取当前激活的Sheet页　获取 v_excel_obj_1 Excel对象当前激活的Sheet页,将对应的Sheet页对象赋值给 v_sheet_obj_1 获取Excel单元格的值　获取 v_sheet_obj_1 Sheet页的 "A" 1 单元格的值并将结果赋值给 v_cell_value_1

③属性与说明

【获取 Excel 单元格的值】组件的属性与说明如表 3-20 所示。

表 3-20　【获取 Excel 单元格的值】组件的属性与说明

属性		当前值	说明
输入	已打开的 Sheet 对象	v_sheet_obj_1	在下拉列表中选择一个相关前置组件（如【获取当前激活的 Sheet 页】组件）中输出的 Sheet 对象，代表要操作的目标 Sheet 页
	单元格行号	1	默认值为 1，可以通过在文本框中直接输入、选择变量等方式输入要读取的单元格行号
	单元格列号	A	默认值为 A，可以通过在文本框中直接输入、选择变量等方式输入要读取的单元格列号
输出	单元格的值	v_cell_value_1	以字符串变量的形式保存单元格中的内容，变量名称由系统默认生成，也支持用户以满足变量命名规范的方式自定义变量

④应用示例

获取指定 Excel 单元格中的内容，并且利用【记录日志】组件将其打印出来，具体流程如图 3-13 所示。

图 3-13　【获取 Excel 单元格的值】组件应用示例的具体流程

(1)利用【启动 Excel】组件打开指定的 Excel 文件。
(2)利用【获取当前激活的 Sheet 页】组件获取当前激活的 Sheet 页对象。
(3)利用【获取 Excel 单元格的值】组件获取指定单元格中的内容。
(4)利用【记录日志】组件打印指定单元格中的内容。

执行结果：在成功执行上述流程后,会自动打开 Excel 文件,获取指定单元格中的内容并将其打印出来,如图 3-14 所示。

```
开始执行时间: 2023-06-08 13:54:18, 组件名称: 记录日志
节点执行结果: 成功
节点中的变量值
v_cell_value_1: HELLO
--------------------------
```

图 3-14　【获取 Excel 单元格的值】组件应用示例流程的执行结果

11)【获取 Excel 行的值】组件和【获取 Excel 列的值】组件

①功能

利用【获取 Excel 行的值】组件可以获取 Excel 文件指定行的单元格中的内容,利用【获取 Excel 列的值】组件可以获取 Excel 文件指定列的单元格中的内容。

②位置与语句

【获取 Excel 行的值】组件和【获取 Excel 列的值】组件的位置与语句如表 3-21 所示。

表 3-21　【获取 Excel 行的值】组件和【获取 Excel 列的值】组件的位置与语句

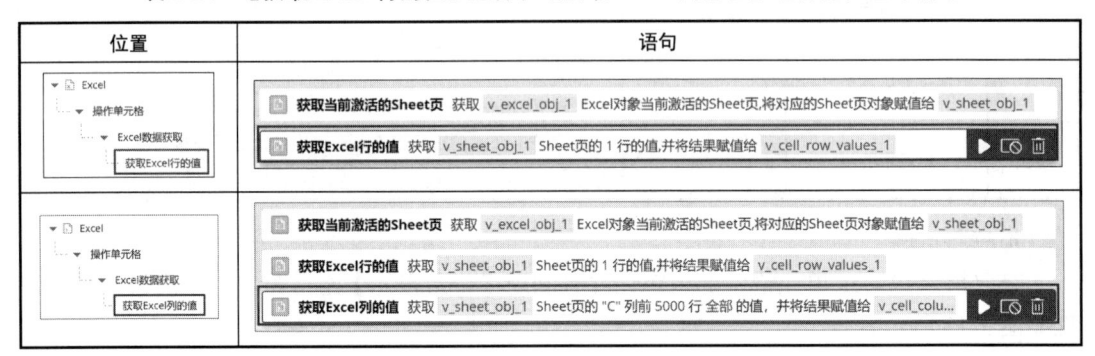

位置	语句
▼ Excel 　▼ 操作单元格 　　▼ Excel数据获取 　　　获取Excel行的值	获取当前激活的Sheet页 获取 v_excel_obj_1 Excel对象当前激活的Sheet页,将对应的Sheet页对象赋值给 v_sheet_obj_1 获取Excel行的值 获取 v_sheet_obj_1 Sheet页的 1 行的值,并将结果赋值给 v_cell_row_values_1
▼ Excel 　▼ 操作单元格 　　▼ Excel数据获取 　　　获取Excel列的值	获取当前激活的Sheet页 获取 v_excel_obj_1 Excel对象当前激活的Sheet页,将对应的Sheet页对象赋值给 v_sheet_obj_1 获取Excel行的值 获取 v_sheet_obj_1 Sheet页的 1 行的值,并将结果赋值给 v_cell_row_values_1 获取Excel列的值 获取 v_sheet_obj_1 Sheet页的 "C" 列前 5000 行 全部的值,并将结果赋值给 v_cell_colu...

③属性与说明

【获取 Excel 行的值】组件的属性与说明如表 3-22 所示。

表 3-22　【获取 Excel 行的值】组件的属性与说明

	属性	当前值	说明
输入	已打开的 Sheet 对象	v_sheet_obj_1	在下拉列表中选择一个相关前置组件(如【获取当前激活的 Sheet 页】组件)中输出的 Sheet 对象,代表要操作的目标 Sheet 页
	行号	1	通过在文本框中直接输入、选择变量等方式填写目标操作的行号(数字)
	取值最大列数	1000	默认值为 1000,可以通过在文本框中直接输入、选择变量等方式填写目标操作区域的取值最大列数

续表

属性		当前值	说明
输出	行数据变量名称	v_cell_row_values_1	以变量的形式将返回结果保存为列表类型，每项都代表该行的一个单元格中的内容，如['a','b','c']，变量名称由系统默认生成，也支持用户以满足变量命名规范的方式自定义变量

【获取 Excel 列的值】组件的属性与说明如表 3-23 所示。

表 3-23 【获取 Excel 列的值】组件的属性与说明

属性		当前值	说明
输入	已打开的 Sheet 对象	v_sheet_obj_1	在下拉列表中选择一个相关前置组件（如【获取当前激活的 Sheet 页】组件）中输出的 Sheet 对象，代表要操作的目标 Sheet 页
	列号	C	通过在文本框中直接输入、选择变量等方式填写目标操作的列号（数字）
	取值最大行数	5000	默认值为 5000，通过在文本框中直接输入、选择变量等方式填写目标操作区域的取值最大行数
输出	列的值	v_cell_column_values_1	以变量的形式将返回结果保存为列表类型，每项都代表该列的一个单元格中的内容，如['a','b','c']，变量名称由系统默认生成，也支持用户以满足变量命名规范的方式自定义变量

④应用示例

获取 Excel 文件指定行的单元格中的内容和指定列的单元格中的内容，并且利用【记录日志】组件将其打印出来，具体流程如图 3-15 所示。

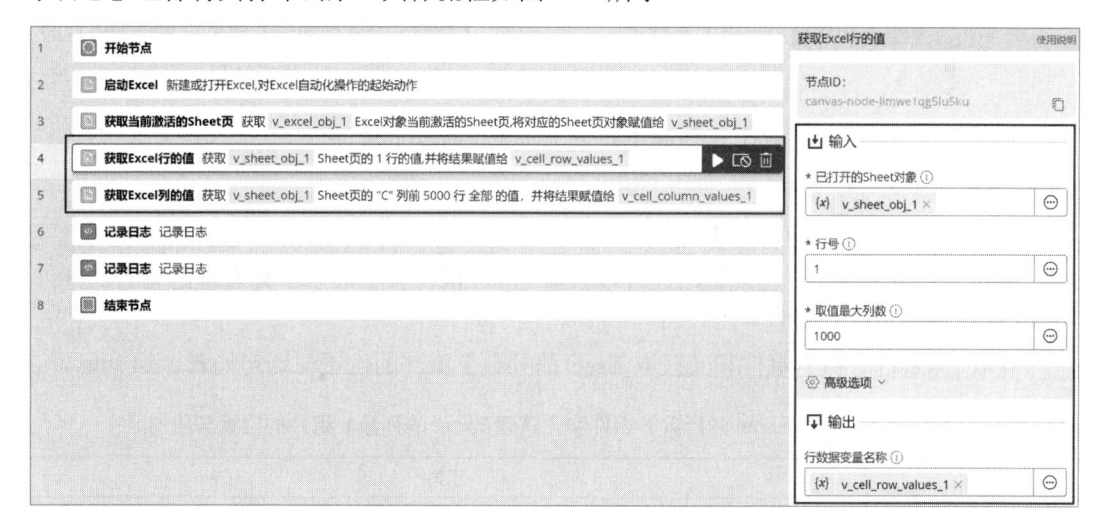

图 3-15 【获取 Excel 行的值】组件和【获取 Excel 列的值】组件应用示例的具体流程

（1）利用【启动 Excel】组件打开指定的 Excel 文件。
（2）利用【获取当前激活的 Sheet 页】组件获取当前激活的 Sheet 页。
（3）利用【获取 Excel 行的值】组件获取指定行的单元格中的值。

（4）利用【获取 Excel 列的值】组件获取指定列的单元格中的值。

（5）利用【记录日志】组件打印指定行的单元格中的内容。

（6）利用【记录日志】组件打印指定列的单元格中的内容。

执行结果：在成功执行上述流程后，会自动打开 Excel 文件，获取指定行的单元格中的内容和指定列的单元格的内容并将其打印出来，如图 3-16 和图 3-17 所示。

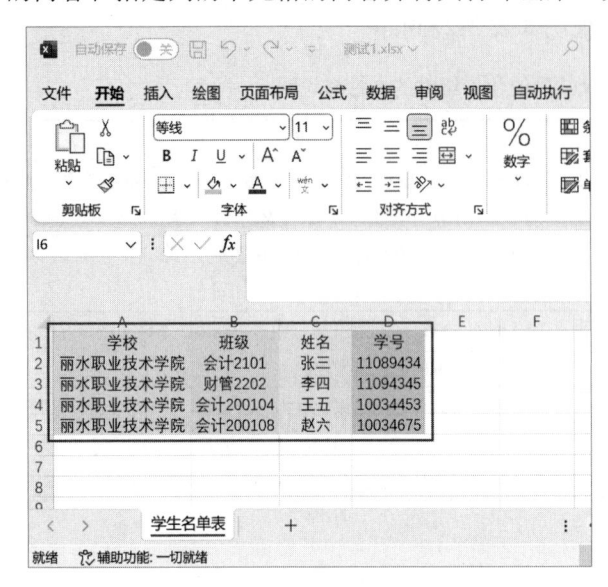

图 3-16　【获取 Excel 行的值】组件和【获取 Excel 列的值】组件应用示例的素材

图 3-17　【获取 Excel 行的值】组件和【获取 Excel 列的值】组件应用示例流程的执行结果

12）【获取 Excel 的行数】组件和【获取 Excel 的列数】组件

①功能

利用【获取 Excel 的行数】组件可以获取当前 Sheet 页中最后一行有值的行号（行数），利用【获取 Excel 的列数】组件可以获取当前 Sheet 页中最后一列有值的列号。

②位置与语句

【获取 Excel 的行数】组件和【获取 Excel 的列数】组件的位置与语句如表 3-24 所示。

表 3-24　【获取 Excel 的行数】组件和【获取 Excel 的列数】组件的位置与语句

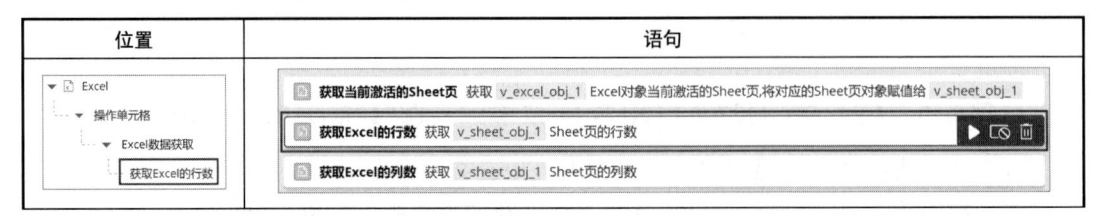

位置	语句
▼ Excel 　└ 操作单元格 　　└ Excel数据获取 　　　└ 获取Excel的行数	获取当前激活的Sheet页　获取 v_excel_obj_1 Excel对象当前激活的Sheet页,将对应的Sheet页对象赋值给 v_sheet_obj_1 获取Excel的行数　获取 v_sheet_obj_1 Sheet页的行数 获取Excel的列数　获取 v_sheet_obj_1 Sheet页的列数

续表

位置	语句
▼ Excel 　▼ 操作单元格 　　▼ Excel数据获取 　　　　获取Excel的列数	获取当前激活的Sheet页 获取 v_excel_obj_1 Excel对象当前激活的Sheet页,将对应的Sheet页对象赋值给 v_sheet_obj_1 获取Excel的行数 获取 v_sheet_obj_1 Sheet页的行数 获取Excel的列数 获取 v_sheet_obj_1 Sheet页的列数

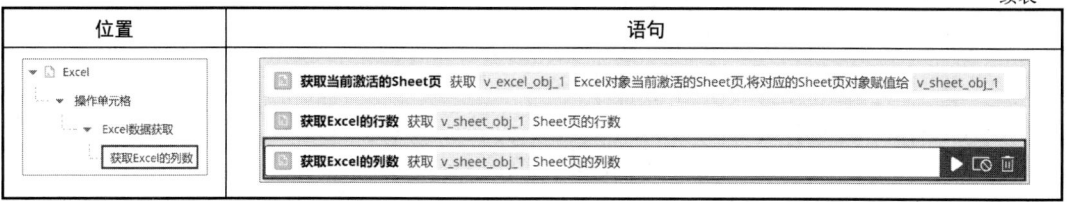

③属性与说明

【获取 Excel 的行数】组件的属性与说明如表 3-25 所示。

表 3-25 　【获取 Excel 的行数】组件的属性与说明

	属性	当前值	说明
输入	已打开的 Sheet 对象	v_sheet_obj_1	在下拉列表中选择一个相关前置组件（如【获取当前激活的 Sheet 页】组件）中输出的 Sheet 对象，代表要操作的目标 Sheet 页
输出	Excel 行数	v_cell_row_cnt_1	以变量的形式保存 Excel 行数，变量名称由系统默认生成，也支持用户以满足变量命名规范的方式自定义变量

【获取 Excel 的列数】组件的属性与说明如表 3-26 所示。

表 3-26 　【获取 Excel 的列数】组件的属性与说明

	属性	当前值	说明
输入	已打开的 Sheet 对象	v_sheet_obj_1	在下拉列表中选择一个相关前置组件（如【获取当前激活的 Sheet 页】组件）中输出的 Sheet 对象，代表要操作的目标 Sheet 页
输出	Excel 列数	v_cell_column_cnt_1	以变量的形式保存 Excel 列数，变量名称由系统默认生成，也支持用户以满足变量命名规范的方式自定义变量

④应用示例

获取指定 Excel 文件中的行数和列数，具体流程如图 3-18 所示。

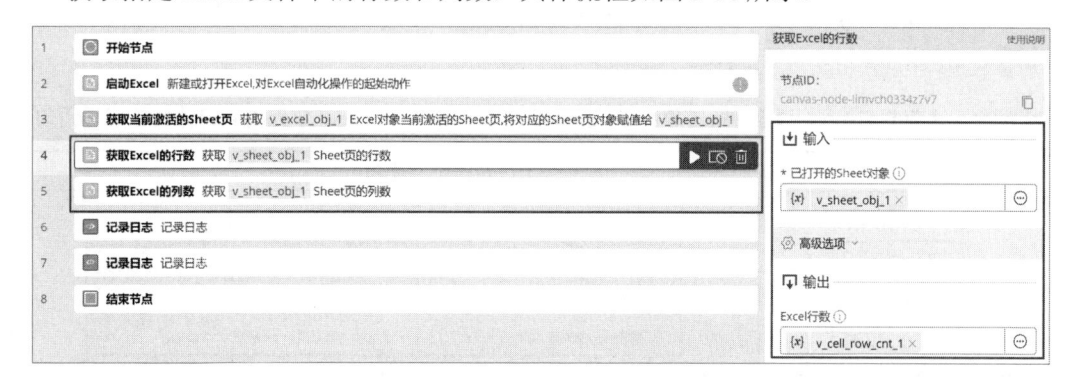

图 3-18 　【获取 Excel 的行数】组件和【获取 Excel 的列数】组件应用示例的具体流程

（1）利用【启动 Excel】组件打开指定的 Excel 文件。
（2）利用【获取当前激活的 Sheet 页】组件获取当前激活的 Sheet 页。
（3）利用【获取 Excel 的行数】组件获取最后一行有值的行号（行数）。

（4）利用【获取Excel的列数】组件获取最后一列有值的列号（列数）。

（5）利用【记录日志】组件打印行数。

（6）利用【记录日志】组件打印列数。

执行结果：在成功执行上述流程后，会自动打开Excel文件，获取当前Sheet页中的行数与列数并将其打印出来，如图3-19和图3-20所示。

图3-19 【获取Excel的行数】组件和【获取Excel的列数】组件应用示例的素材

图3-20 【获取Excel的行数】组件和【获取Excel的列数】组件应用示例流程的执行结果

13）【复制Excel行】组件、【复制Excel列】组件和【复制Excel单元格】组件

①功能

利用【复制Excel行】组件可以复制指定行的单元格中的内容，利用【复制Excel列】组件可以复制指定列的单元格中的内容，利用【复制Excel单元格】组件可以复制指定单元格中的内容。

②位置与语句

【复制Excel行】组件、【复制Excel列】组件和【复制Excel单元格】组件的位置与语句如表3-27所示。

表3-27 【复制Excel行】组件、【复制Excel列】组件和【复制Excel单元格】组件的位置与语句

位置	语句
复制Excel区域 复制Excel行 复制Excel列 复制Excel单元格	启动Excel 新建或打开Excel,对Excel自动化操作的起始动作 复制Excel行 复制 v_excel_obj_1 Excel对象中 "测试复制" Sheet页 第 1 行 复制Excel列 复制 v_excel_obj_1 Excel对象中 "测试复制" Sheet页 第 "C"列 复制Excel单元格 复制 v_excel_obj_1 Excel对象中 "测试复制" Sheet页 "D" 2 单元格

③属性与说明

【复制Excel行】组件的属性与说明如表3-28所示。

◎ 任务三　Excel 人机交互自动化

表 3-28　【复制 Excel 行】组件的属性与说明

	属性	当前值	说明
输入	已打开的 Excel 对象	v_excel_obj_1	在下拉列表中选择一个相关前置组件（如【获取当前激活的 Sheet 页】组件）中输出的 Sheet 对象，代表要操作的目标 Sheet 页
	Sheet 页名称	测试复制	通过在文本框中直接输入、选择变量等方式填写目标操作区域的 Sheet 页名称
	单元格行号	1	通过在文本框中直接输入、选择变量等方式填写目标操作的单元格行号（数字）

【复制 Excel 列】组件的属性与说明如表 3-29 所示。

表 3-29　【复制 Excel 列】组件的属性与说明

	属性	当前值	说明
输入	已打开的 Excel 对象	v_excel_obj_1	在下拉列表中选择一个相关前置组件（如【获取当前激活的 Sheet 页】组件）中输出的 Sheet 对象，代表要操作的目标 Sheet 页
	Sheet 页名称	测试复制	通过在文本框中直接输入、选择变量等方式填写目标操作区域的 Sheet 页名称
	列号	C	通过在文本框中直接输入、选择变量等方式填写目标操作的列号（字母）

【复制 Excel 单元格】组件的属性与说明如表 3-30 所示。

表 3-30　【复制 Excel 单元格】组件的属性与说明

	属性	当前值	说明
输入	已打开的 Excel 对象	v_excel_obj_1	在下拉列表中选择一个相关前置组件（如【获取当前激活的 Sheet 页】组件）中输出的 Sheet 对象，代表要操作的目标 Sheet 页
	Sheet 页名称	测试复制	通过在文本框中直接输入、选择变量等方式填写目标操作区域的 Sheet 页名称
	单元格行号	2	通过在文本框中直接输入、选择变量等方式填写目标操作的单元格行号（数字）
	单元格列号	D	通过在文本框中直接输入、选择变量等方式填写目标操作的单元格列号（字母）

④应用示例

复制并粘贴 Excel 文件指定行、列和单元格中的内容，具体流程如图 3-21 所示。

（1）利用【启动 Excel】组件打开指定的 Excel 文件。

（2）利用【复制 Excel 行】组件复制 Sheet 页"测试复制"的指定行的单元格中的内容。

（3）利用【粘贴 Excel 行】组件将复制的内容粘贴到 Sheet 页"测试粘贴"的指定行的单元格区域中。

（4）利用【复制 Excel 列】组件复制 Sheet "测试复制"的指定列的单元格中的内容。

· 39 ·

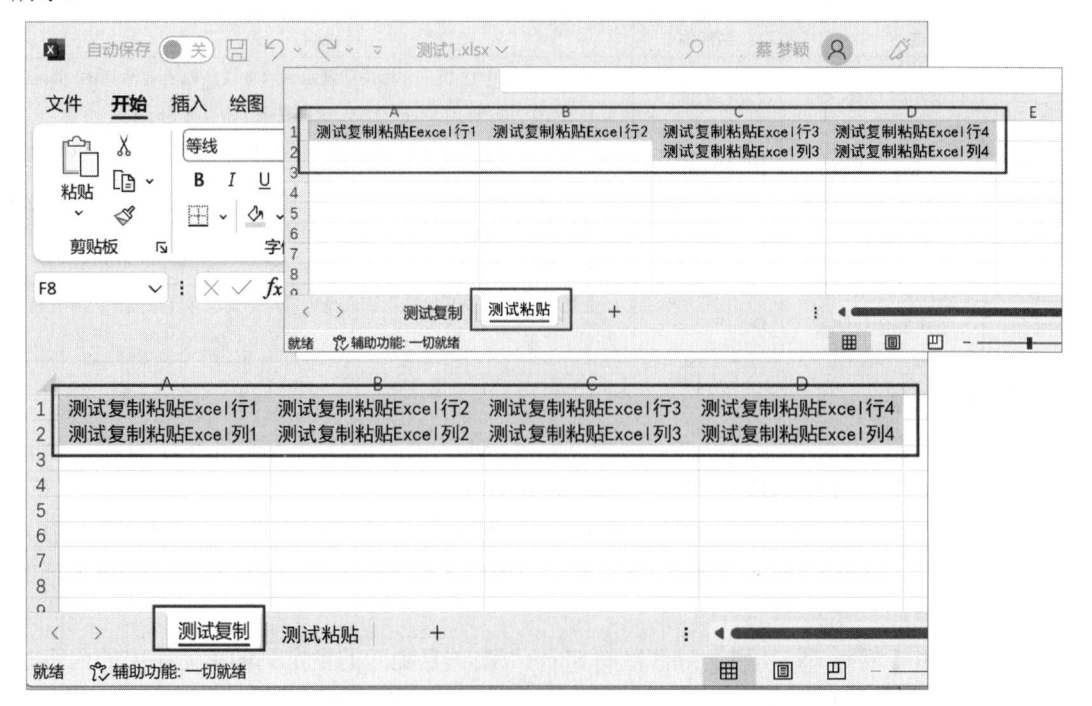

图 3-21　【复制 Excel 行】组件、【复制 Excel 列】组件和【复制 Excel 单元格】组件应用示例的具体流程

（5）利用【粘贴 Excel 列】组件将复制的内容粘贴到 Sheet 页"测试粘贴"的指定列的单元格区域中。

（6）利用【复制 Excel 单元格】组件 Sheet 页"测试复制"的指定单元格中的内容。

（7）利用【粘贴 Excel 单元格】组件将复制的内容粘贴到 Sheet 页"测试粘贴"的指定单元格中。

执行结果：在成功执行上述流程后，会自动打开指定的 Excel 文件，复制 Sheet 页"测试复制"中的指定内容，并且将其粘贴至 Sheet 页"测试粘贴"中的指定位置，如图 3-22 所示。

图 3-22　【复制 Excel 行】组件、【复制 Excel 列】组件和【复制 Excel 单元格】组件应用示例流程的执行结果

14)【写入Excel行】组件、【写入Excel列】组件和【写入Excel单元格】组件

①功能

利用【写入Excel行】组件可以从指定单元格开始写入一行内容,利用【写入Excel列】组件可以从指定单元格开始写入一列内容,利用【写入Excel单元格】组件可以在指定单元格中写入指定内容。

②位置与语句

【写入Excel行】组件、【写入Excel列】组件和【写入Excel单元格】组件的位置与语句如表3-31所示。

表3-31 【写入Excel行】组件、【写入Excel列】组件和【写入Excel单元格】组件的位置与语句

位置	语句
Excel数据写入 写入Excel区域 写入Excel行 写入Excel列 写入Excel单元格	获取当前激活的Sheet页 获取 v_excel_obj_1 Excel对象当前激活的Sheet页,将对应的Sheet页对象赋值给 v_sheet_obj_1 写入Excel行 在 v_sheet_obj_1 Sheet页中,从 "A" 1 开始写入行 ["HELLO","阿里云","RPA"] 写入Excel列 在 v_sheet_obj_1 Sheet页中,从 "D" 2 开始写入列 ["丽水职业技术学院","会计220232","张三"] 写入Excel单元格 在 v_sheet_obj_1 Sheet页的 "A" 3 单元写入 "好好学习"

③属性与说明

【写入Excel行】组件和【写入Excel列】组件的属性与说明如表3-22所示。

表3-32 【写入Excel行】组件和【写入Excel列】组件的属性与说明

	属性	当前值	说明
输入	已打开的Sheet对象	v_sheet_obj_1	在下拉列表中选择一个相关前置组件(如【获取当前激活的Sheet页】组件)中输出的Sheet对象,代表要操作的目标Sheet页
	起始行号	1	通过在文本框中直接输入、选择变量等方式填写目标操作区域的起始行号(数字)
	起始列号	A	通过在文本框中直接输入、选择变量等方式填写目标操作区域的起始列号(字母)
	写入内容	—	通过在文本框中直接输入、选择变量等方式填写目标操作区域的写入内容

【写入Excel单元格】组件的属性与说明如表3-33所示。

表3-33 【写入Excel单元格】组件的属性与说明

	属性	当前值	说明
输入	已打开的Sheet对象	v_sheet_obj_1	在下拉列表中选择一个相关前置组件(如【获取当前激活的Sheet页】组件)中输出的Sheet对象,代表要操作的目标Sheet页
	单元格行号	3	通过在文本框中直接输入、选择变量等方式填写目标单元格的行号(数字)
	单元格列号	A	通过在文本框中直接输入、选择变量等方式填写目标单元格的列号(字母)
	写入内容	—	通过在文本框中直接输入、选择变量等方式填写目标单元格的写入内容

④应用示例

在Excel文件的指定行、指定列及指定单元格中写入指定内容，具体流程如图3-23所示。

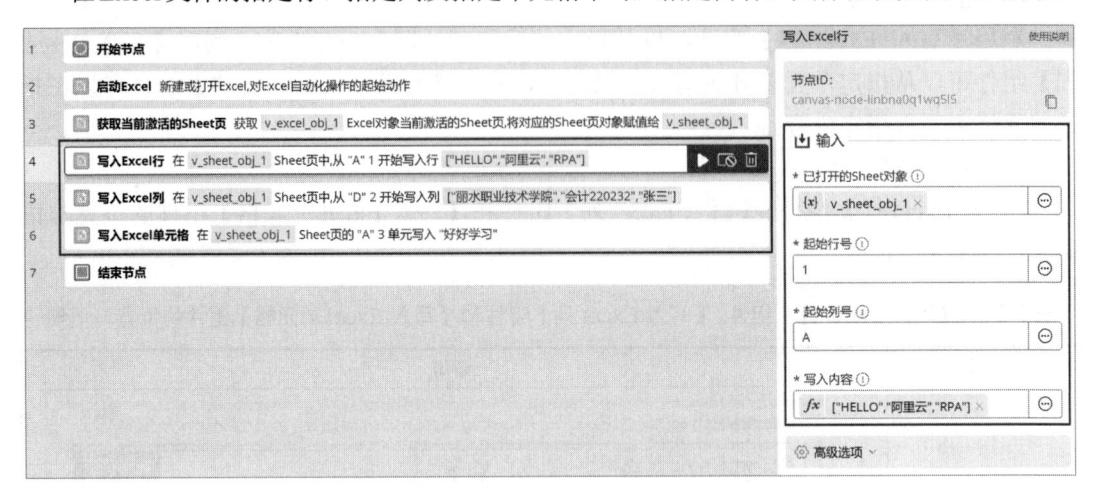

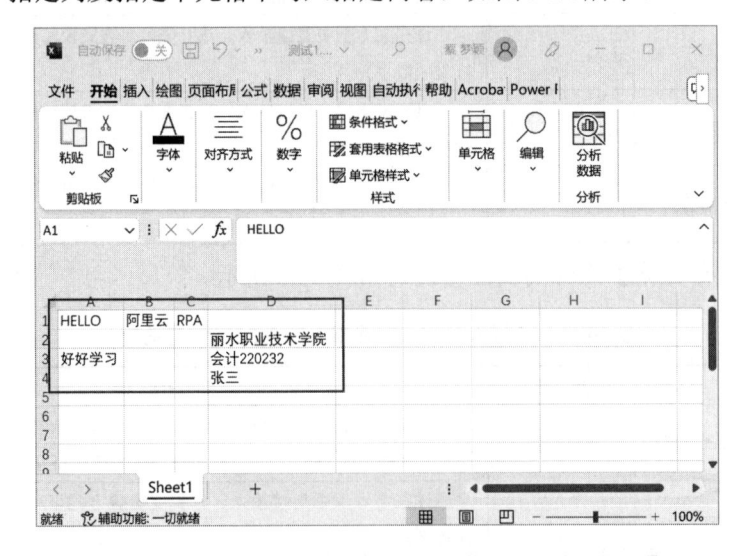

图3-23 【写入Excel行】组件、【写入Excel列】组件和【写入Excel单元格】组件应用示例的具体流程

（1）利用【启动Excel】组件打开指定的Excel文件。

（2）利用【获取当前激活的Sheet页】组件获取当前激活的Sheet页。

（3）利用【写入Excel行】组件从指定单元格开始写入一行内容。

（4）利用【写入Excel列】组件从指定单元格开始写入一列内容。

（5）利用【写入Excel单元格】组件在指定单元格中写入内容。

执行结果：在成功执行上述流程后，会自动打开指定的Excel文件，分别在Excel文件的指定行、指定列及指定单元格中写入指定内容，如图3-24所示。

图3-24 【写入Excel行】组件、【写入Excel列】组件和【写入Excel单元格】组件应用示例流程的执行结果

15)【在 Excel 末尾写入一行】组件

①功能

利用【在 Excel 末尾写入一行】组件可以在 Excel 文件的指定 Sheet 页的末尾写入一行内容。

②位置与语句

【在 Excel 末尾写入一行】组件的位置与语句如表 3-34 所示。

表 3-34 【在 Excel 末尾写入一行】组件的位置与语句

位置	语句
Excel 　操作单元格 　　Excel数据写入 　　　在Excel末尾写入一行	获取当前激活的Sheet页 获取 v_excel_obj_1 Excel对象当前激活的Sheet页,将对应的Sheet对象赋值给 v_sheet_obj_1... 在Excel末尾写入一行 在 v_sheet_obj_1 Sheet页中的末尾行 写入 ["HELLO","阿里云","RPA"]

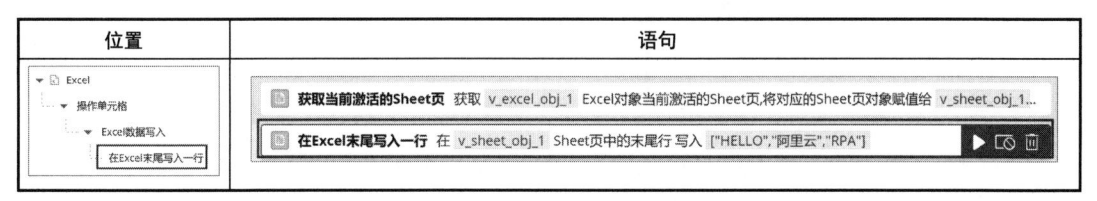

③属性与说明

【在 Excel 末尾写入一行】组件的属性与说明如表 3-35 所示。

表 3-35 【在 Excel 末尾写入一行】组件的属性与说明

属性		当前值	说明
输入	已打开的 Sheet 对象	v_sheet_obj_1	在下拉列表中选择一个相关前置组件（如【获取当前激活的 Sheet 页】组件）中输出的 Sheet 对象，代表要操作的目标 Sheet 页
	写入内容	—	通过在文本框中直接输入、选择变量等方式填写目标操作区域的写入内容

④应用示例

在指定 Excel 文件的指定 Sheet 页的最后一行写入指定内容，具体流程如图 3-25 所示。

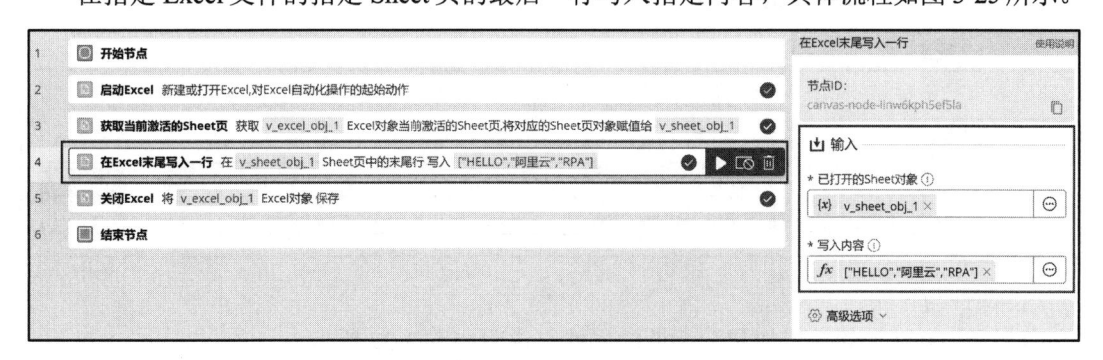

图 3-25 【在 Excel 末尾写入一行】组件应用示例的具体流程

（1）利用【启动 Excel】组件打开指定的 Excel 文件。
（2）利用【获取当前激活的 Sheet 页】组件获取当前激活的 Sheet 页。
（3）利用【在 Excel 末尾写入一行】组件在指定 Sheet 页的最后一行写入指定内容。
（4）利用【关闭 Excel】组件关闭 Excel 文件。

执行结果：在成功执行上述流程后，会自动打开指定的 Excel 文件，向指定 Sheet 页的最后一行写入指定内容，保存并关闭 Excel 文件，如图 3-26 所示。

图 3-26 【在 Excel 末尾写入一行】组件应用示例流程的执行结果

16）【计算 Excel 列的数值加和】组件和【计算 Excel 区域的数值加和】组件

①功能

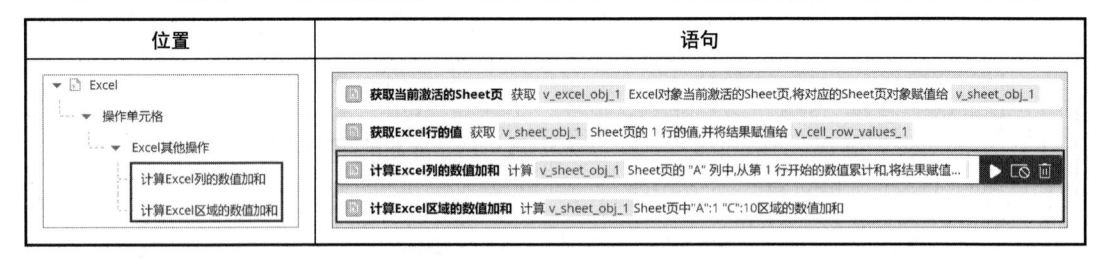

利用【计算 Excel 列的数值加和】组件可以计算 Excel 文件的指定 Sheet 页的指定列中的数值之和，利用【计算 Excel 区域的数值加和】组件可以计算 Excel 文件的指定 Sheet 页的指定区域内的数值之和。

②位置与语句

【计算 Excel 列的数值加和】组件和【计算 Excel 区域的数值加和】组件的位置与语句如表 3-36 所示。

表 3-36 【计算 Excel 列的数值加和】组件和【计算 Excel 区域的数值加和】组件的位置与语句

位置	语句
Excel 　操作单元格 　　Excel其他操作 　　　计算Excel列的数值加和 　　　计算Excel区域的数值加和	获取当前激活的Sheet页 获取 v_excel_obj_1 Excel对象当前激活的Sheet页，将对应的Sheet页对象赋值给 v_sheet_obj_1 获取Excel行的值 获取 v_sheet_obj_1 Sheet页的 1 行的值，并将结果赋值给 v_cell_row_values_1 计算Excel列的数值加和 计算 v_sheet_obj_1 Sheet页的 "A" 列中，从第 1 行开始的数值累计和，将结果赋值… 计算Excel区域的数值加和 计算 v_sheet_obj_1 Sheet页中"A":1 "C":10区域的数值加和

③属性与说明

【计算 Excel 列的数值加和】组件的属性与说明如表 3-37 所示。

表 3-37 【计算 Excel 列的数值加和】组件的属性与说明

	属性	当前值	说明
输入	已打开的 Sheet 对象	v_sheet_obj_1	在下拉列表中选择一个相关前置组件（如【获取当前激活的 Sheet 页】组件）中输出的 Sheet 对象，代表要操作的目标 Sheet 页
	目标列号	A	通过在文本框中直接输入、选择变量等方式填写目标操作区域的目标列号（字母）

续表

属性		当前值	说明
输入	起始行号	1	通过在文本框中直接输入、选择变量等方式填写目标操作区域的起始行号（数字）
	结束行号	编辑表达式：v_cell_row_cnt_1	v_cell_row_cnt_1 为【获取 Excel 的行数】组件输出的 Excel 行数变量，可以将结束行号设置为本列最后一行的行号
输出	列和	v_cell_col_sum_1（默认）	以变量的形式保存 Excel 文件的指定列中的数值之和，变量名称由系统默认生成，也支持用户以满足变量命名规范的方式自定义变量

【计算 Excel 区域的数值加和】组件的属性与说明如表 3-38 所示。

表 3-38 【计算 Excel 区域的数值加和】组件的属性与说明

属性		当前值	说明
输入	已打开的 Sheet 对象	v_sheet_obj_1	在下拉列表中选择一个相关前置组件（如【获取当前激活的 Sheet 页】组件）中输出的 Sheet 对象，代表要操作的目标 Sheet 页
	区域起始行号	1	通过在文本框中直接输入、选择变量等方式填写目标操作区域的起始行号（数字）
	区域起始列号	A	通过在文本框中直接输入、选择变量等方式填写目标操作区域的起始列号（字母）
	区域结束行号	10	通过在文本框中直接输入、选择变量等方式填写目标操作区域的结束行号（数字）
	区域结束列号	C	通过在文本框中直接输入、选择变量等方式填写目标操作区域的结束列号（字母）
输出	区域和	v_cell_area_sum_1（默认）	返回目标操作区域内的所有数值之和

④应用示例

计算 Excel 文件中指定列及指定区域的数值之和，具体流程如图 3-27 所示。

图 3-27 【计算 Excel 列的数值加和】组件和【计算 Excel 区域的数值加和】组件应用示例的具体流程

（1）利用【启动 Excel】组件打开指定的 Excel 文件。

（2）利用【获取当前激活的 Sheet 页】组件获取当前激活的 Sheet 页。

（3）利用【获取 Excel 的行数】组件获取指定 Sheet 页中最后一行有值的行号（行数）。

（4）利用【计算 Excel 列的数值加和】组件计算指定列中的数值之和。

（5）利用【计算 Excel 区域的数值加和】组件计算指定区域内的数值之和。

（6）利用【记录日志】组件将计算得到的数值之和打印出来。

执行结果：在成功执行上述流程后，会自动打开指定的 Excel 文件，分别将指定列和指定区域内的数值求和并打印出来，如图 3-28 所示。

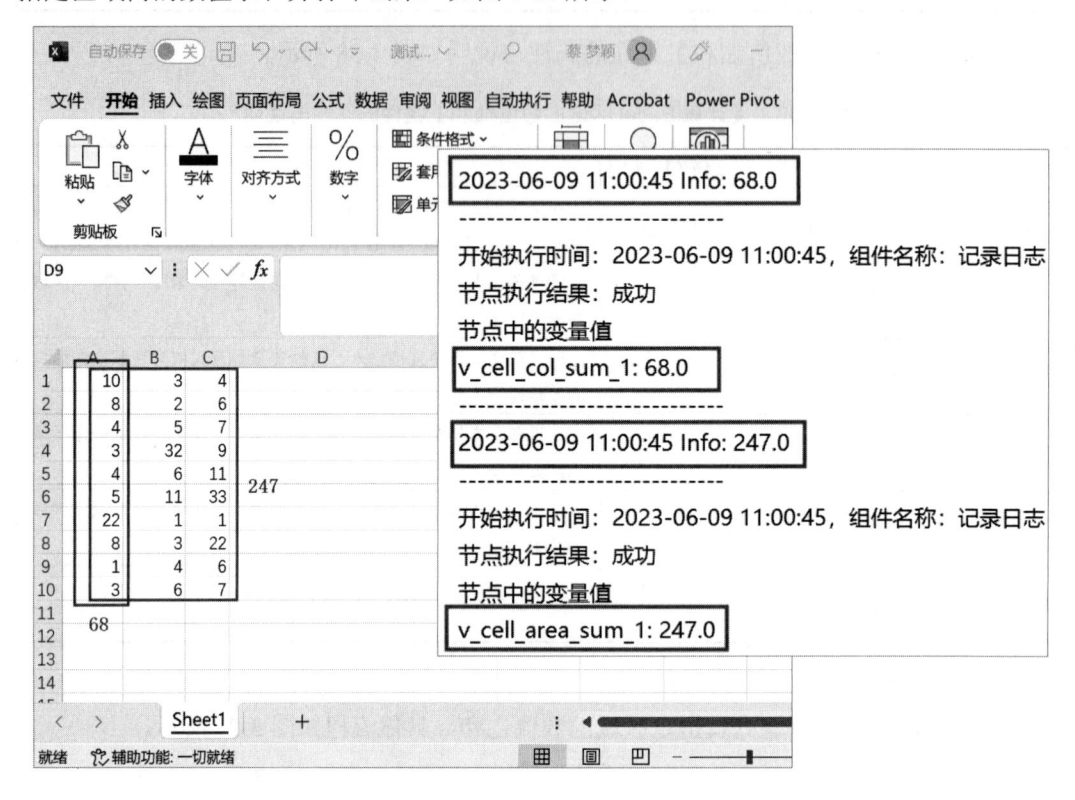

图 3-28　【计算 Excel 列的数值加和】组件和【计算 Excel 区域的数值加和】组件应用示例流程的执行结果

17）【Excel 排序】组件

①功能

利用【Excel 排序】组件可以将 Excel 文件的指定 Sheet 页中的内容根据某一列中的内容进行升序或降序排序。

②位置与语句

【Excel 排序】组件的位置与语句如表 3-39 所示。

◎ 任务三　Excel 人机交互自动化

表 3-39　【Excel 排序】组件的位置与语句

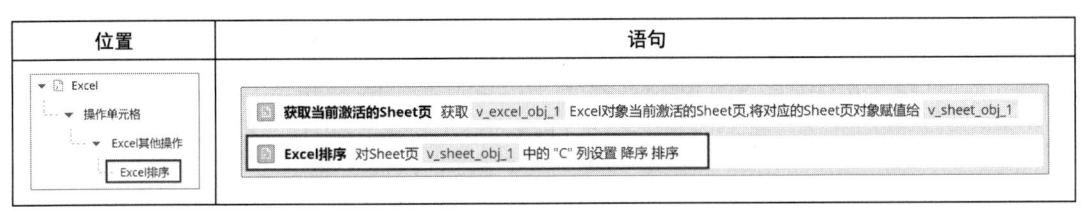

位置	语句
Excel / 操作单元格 / Excel其他操作 / Excel排序	获取当前激活的Sheet页 获取 v_excel_obj_1 Excel对象当前激活的Sheet页,将对应的Sheet页对象赋值给 v_sheet_obj_1 Excel排序 对Sheet页 v_sheet_obj_1 中的 "C" 列设置 降序 排序

③属性与说明

【Excel 排序】组件的属性与说明如表 3-40 所示。

表 3-40　【Excel 排序】组件的属性与说明

	属性	当前值	说明
输入	已打开的 Sheet 对象	v_sheet_obj_1	在下拉表中选择一个相关前置组件（如【获取当前激活的 Sheet 页】组件）中输出的 Sheet 对象，代表要操作的目标 Sheet 页
	排序方法	降序	在下拉表中选择希望设置目前区域的排序方法，默认选择 "升序" 选项
	排序依据列号	D	通过在文本框中直接输入、选择变量等方式填写目标操作的列号（字母）
	首行是否不参与排序	是	在下拉表中选择是否需要首行参与排序，默认选择 "是" 选项

④应用示例

将指定 Excel 文件的指定 Sheet 页中的内容根据指定列中的内容进行降序排列，具体流程如图 3-29 所示。

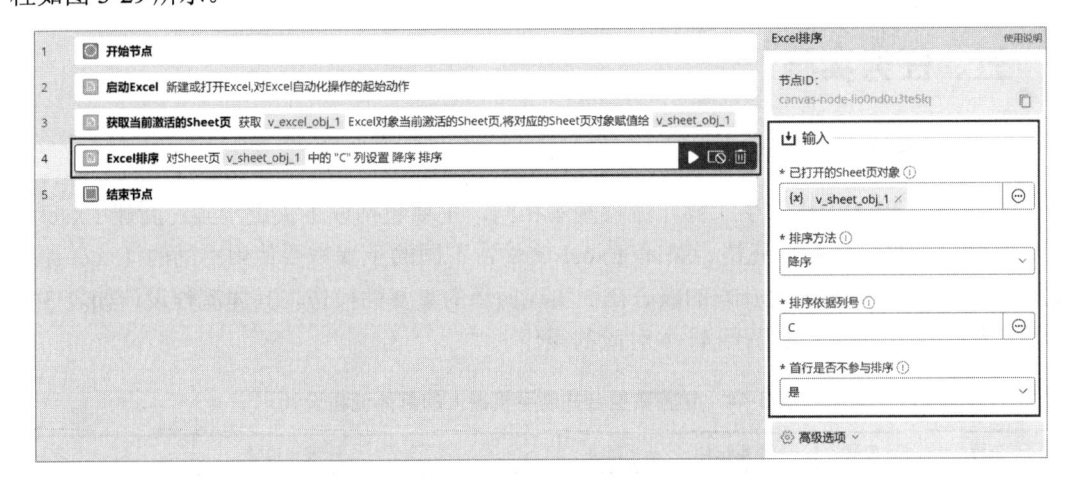

图 3-29　【Excel 排序】组件应用示例的具体流程

（1）利用【启动 Excel】组件打开指定的 Excel 文件。

（2）利用【获取当前激活的 Sheet 页】组件获取当前激活的 Sheet 页。

（3）利用【Excel 排序】组件依据 D 列中的内容对该 Sheet 页中的内容进行降序排列，首行不参与排序。

执行结果：在成功执行上述流程后，会自动根据 D 列中的内容对指定 Excel 文件的指定 Sheet 页中的内容进行降序排列，如图 3-30 所示。

图 3-30　【Excel 排序】组件应用示例流程的执行结果

五、任务实施

1. 流程设计

本任务的 RPA 流程与手工操作流程基本相同，主要包括以下关键步骤：新建 Excel 文件、复制单元格、粘贴单元格、关闭 Excel 文件，不同的步骤需要使用不同的 Excel 组件实现。本任务的 RPA 流程开发的核心在于实现循环的重复性操作，具体流程设计如表 3-41 所示，核心操作为该表中序号 4~6 对应的操作。

表 3-41　销售数据合并助手机器人的具体流程设计

流程	序号	使用组件	层级	属性设置
新建"汇总销售日报表.xlsx"文件	1	启动 Excel	一级	启动方式：新建 Excel。 新建 Excel 文件路径：选择合适的存储路径，并且将文件命名为"汇总销售日报表.xlsx"。 Excel 对象：v_excel_obj_1（默认）。 Excel 文件路径：v_file_path_1（默认）
	2	获取当前激活的 Sheet 页	一级	已打开的 Excel 对象：v_excel_obj_1（默认）。 Excel Sheet 对象：v_sheet_obj_1（默认）

续表

流程	序号	使用组件	层级	属性设置
新建"汇总销售日报表.xlsx"文件	3	写入 Excel 行	一级	已打开的 Sheet 对象：v_sheet_obj_1（默认）。 起始行号：1。 起始列号：A。 写入内容—编辑表达式：["产品类型","产品型号","销售单价","销售额","销售数量","销售日期","销售人员","销售渠道","客户反馈"]
获取各销售日报表文件的存储路径	4	获取文件列表	一级	目标文件夹路径：选择"产品销售日报表"的存储路径。 文件名称匹配规则：*.xlsx。 是否查找子文件夹：是。 文件列表变量名：v_file_fullpath_list_1（默认）
循环	5	循环列表内容	一级	循环列表：v_file_fullpath_list_1（默认）。 每次循环项：v_item_1（默认）
	6	获取列表指定内容的位置	二级	目标操作列表：v_file_fullpath_list_1。 查找列表项的数据类型：字符串。 查找列表项的值：v_item_1。 查找到的位置（列表结构）：v_list_item_index_1（默认）
复制各销售日报表文件中的项目数据	7	启动 Excel	二级	启动方式：打开 Excel。 Excel 文件路径：v_item_1。 是否只读打开：否。 Excel 对象：v_excel_obj_2（默认）。 Excel 文件路径：v_file_path_2（默认）
	8	获取当前激活的 Sheet 页	二级	已打开的 Excel 对象：v_excel_obj_2。 Excel Sheet 对象：v_sheet_obj_2（默认）
	9	获取 Excel 列的值	二级	已打开的 Sheet 对象：v_sheet_obj_2。 列号：B。 取值最大行数：5000（默认）。 列的值：v_cell_column_values_1（默认）
关闭各销售日报表文件	10	关闭 Excel	二级	已打开的 Excel 对象：v_excel_obj_2。 关闭时是否保存：否
粘贴至"汇总销售日报表.xlsx"文件	11	写入 Excel 行	二级	已打开的 Sheet 对象：v_sheet_obj_1。 起始行号—编辑表达式：int(v_list_item_index_1[0])+2。 起始列号：A。 写入内容：v_cell_column_values_1
关闭"汇总销售日报表.xlsx"文件	12	关闭 Excel	一级	已打开的 Excel 对象：v_excel_obj_1。 关闭时是否保存：是

2. 操作过程

步骤 1：启动阿里云 RPA 编辑器，选择"新建本地工程"选项，弹出"新建本地工程"对话框，选择"基础可视化工程模板"选项，在"名称"文本框中输入"销售数据合并助手机器人"，选择合适的存储路径，单击"确定"按钮，如图 3-31 所示，即可进入阿里云 RPA 编辑器的开发界面，如图 3-32 所示。

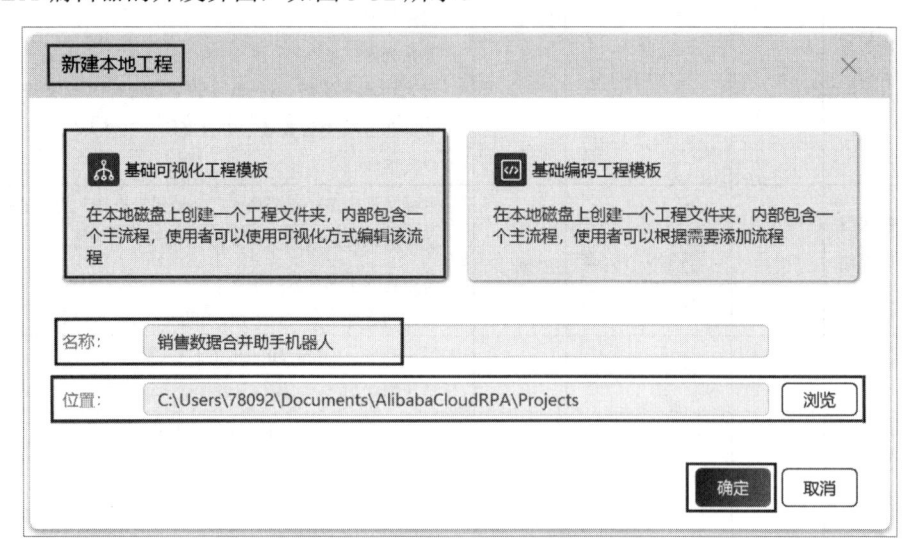

图 3-31　"新建本地工程"对话框

图 3-32　阿里云 RPA 编辑器的开发界面

步骤 2：将鼠标指针移动至流程编辑区中的【开始节点】组件下方，单击出现的"⊕"按钮，在弹出的下拉列表中选择【启动 Excel】组件，在右侧的属性面板中进行属性设置，如图 3-33 和图 3-34 所示。在"输入"属性中，将"启动方式"设置为"新建 Excel"；单击"新建 Excel 文件路径"右侧的 按钮，弹出"另存为"对话框，选择合适

· 50 ·

的存储路径，在"文件名"文本框中输入新建 Excel 文件的名称"汇总销售日报表.xlsx"，并且使该 Excel 文件名称以".xlsx"结尾；将"是否增加文件名后缀"设置为"否"，将"是否只读打开"设置为"否"。在"输出"属性中，"Excel 对象"和"Excel 文件路径"均采用默认设置。

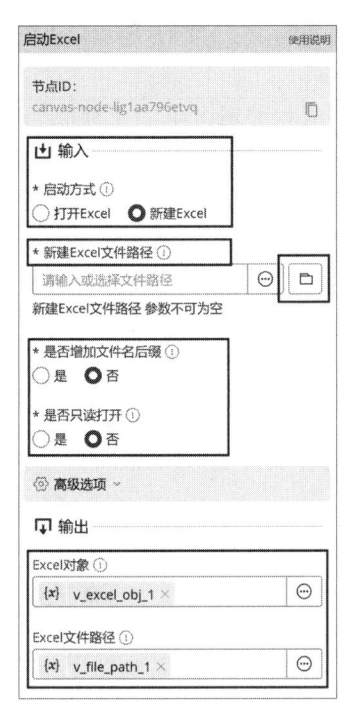

图 3-33 【启动 Excel】组件的属性设置（1）

图 3-34 【启动 Excel】组件的"新建 Excel 文件路径"属性设置

步骤 3：将鼠标指针移动至流程编辑区中的【启动 Excel】组件下方，单击出现的"⊕"按钮，在弹出的下拉列表中选择【获取当前激活的 Sheet 页】组件，在右侧的属性面板中进行属性设置，如图 3-35 所示。在"输入"属性中，将"已打开的 Excel 对象"设置为 v_excel_obj_1 变量，该变量为步骤 2 中【启动 Excel】组件默认输出的"Excel 对象"变量，表示需要激活的 Sheet 页在步骤 2 打开的 Excel 文件中。在"输出"属性中，"Excel Sheet 对象"采用默认设置。

步骤 4：将鼠标指针移动至流程编辑区中的【获取当前激活的 Sheet 页】组件下方，单击出现的"⊕"按钮，在弹出的下拉列表中选择【写入 Excel 行】组件，在右侧的属性面板中进行属性设置，如图 3-36 所示。在"输入"属性中，将"已打开的 Sheet 对象"设置为 v_sheet_obj_1 变量，该变量为步骤 3 中【获取当前激活的 Sheet 页】组件默认输出的"Excel Sheet 对象"变量，表示写入的 Sheet 页为步骤 3 激活的 Sheet 页；将"起始行号"设置为"1"；将"起始列号"设置为"A"；单击"写入内容"右侧的"..."按钮，在弹出的下拉列表中选择"编辑表达式"选项，打开"编辑表达式"对话框，输入"["产品类型","产品型号","销售单价","销售额","销售数量","销售日期","销售人员","销售渠道","客户反馈"]"，注意各标点符号均为英文标点符号，如图 3-37 所示。

图 3-35 【获取当前激活的 Sheet 页】组件的属性设置（1）

图 3-36 【写入 Excel 行】组件的属性设置（1）

步骤 5：将鼠标指针移动至流程编辑区中的【写入 Excel 行】组件下方，单击出现的"⊕"按钮，在弹出的下拉列表中选择【获取文件列表】组件，在右侧的属性面板中进行属性设置，如图 3-38 所示。在"输入"属性中，将"目标文件夹路径"设置为需要批量合并的 Excel 文件的存储位置，在本任务中为各销售人员的销售日报表的存储路径；将"文件名称匹配规则"设置为"*.xlsx",用于搜索文件夹中所有以".xlsx"结尾的文件。在"输出"属性中,"文件列表变量名称"采用默认设置。

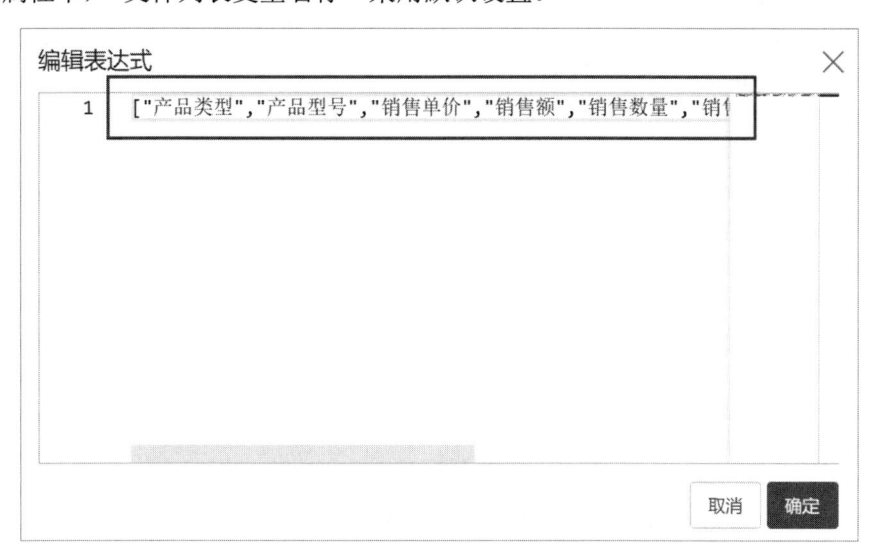

图 3-37 "编辑表达式"对话框(1)

图 3-38 【获取文件列表】组件的属性设置

步骤 6:将鼠标指针移动至流程编辑区中的【获取文件列表】组件下方,单击出现的"⊕"按钮,在弹出的下拉列表中选择【循环列表内容】组件,在右侧的属性面板中进行属性设置，如图 3-39 所示。在"输入"属性中，将"循环列表"设置为 v_file_fullpath_list_1 变量，表示循环会在步骤 5 中【获取文件列表】组件输出的 Excel 文件列表清单中循环，第 n 次循环输出的变量为 v_item_n，也就是说，第一次循环输出的变量为 v_item_1，第二次循环输出的变量为 v_item_2，以此类推。"输出"属性采用默认设置。

图 3-39　【循环列表内容】组件的属性设置

步骤 7：将鼠标指针移动至流程编辑区中的【循环列表内容】组件下方，单击二级目录处出现的"⊕"按钮，在弹出的下拉列表中选择【获取列表指定内容的位置】组件，如图 3-40 所示，通过该组件获取列表指定内容的位置，在右侧的属性面板中进行属性设置，如图 3-41 所示。在"输入"属性中，将"目标操作列表"设置为 v_file_fullpath_list_1 变量；将"查找列表项的数据类型"设置为"字符串"；将"查找列表项的值"设置为 v_item_1 变量，该变量为步骤 6 中【循环列表内容】组件默认输出的"每次循环项"变量，也就是需要依次打开的各销售人员的销售日报表的文件变量。"输出"属性采用默认设置。

图 3-40　添加【获取列表指定内容的位置】组件

图 3-41 【获取列表指定内容的位置】组件的属性设置

步骤 8：将鼠标指针移动至流程编辑区中的【获取列表指定内容的位置】组件下方，单击出现的"⊕"按钮，在弹出的下拉列表中选择【启动 Excel】组件，此处打开的 Excel 文件为需要合并的各个 Excel 文件，在本任务中为各销售人员的销售日报表，在右侧的属性面板中进行属性设置，如图3-42所示。在"输入"属性中，将"启动方式"设置为"打开 Excel"；将"Excel 文件路径"设置为 v_item_1 变量，该变量为步骤 6 中【循环列表内容】组件默认输出的"每次循环项"变量。"输出"属性采用默认设置。

步骤 9：将鼠标指针移动至流程编辑区中的【启动 Excel】组件下方，单击出现的"⊕"按钮，在弹出的下拉列表中选择【获取当前激活的 Sheet 页】组件，在右侧的属性面板中进行属性设置，如图 3-43 所示。在"输入"属性中，将"已打开的 Excel 对象"设置为 v_excel_obj_2 变量。"输出"属性采用默认设置。

步骤 10：将鼠标指针移动至流程编辑区中的【获取当前激活的 Sheet 页】组件下方，单击出现的"⊕"按钮，在弹出的下拉列表中选择【获取 Excel 列的值】组件，在右侧的属性面板中进行属性设置，如图 3-44 所示。在"输入"属性中，将"已打开的 Sheet 对象"设置为 v_sheet_obj_2 变量；将"列号"设置为"B"，原因为需要复制的信息在B列；将"取值最大行数"设置为"5000"。"输出"属性采用默认设置。

步骤 11：将鼠标指针移动至流程编辑区中的【获取 Excel 列的值】组件下方，单击出现的"⊕"按钮，在弹出的下拉列表中选择【关闭 Excel】组件，该步骤主要用于防止同时打开过多的 Excel 文件，导致系统不稳定，在右侧的属性面板中进行属性设置，如图 3-45 所示。在"输入"属性中，将"已打开的 Excel 对象"设置为 v_excel_obj_2 变量；将"关闭时是否保存"设置为"否",原因为各销售人员的销售日报表为原始数据,不可以修改。

图 3-42 【启动 Excel】组件的属性设置（2）　　图 3-43 【获取当前激活的 Sheet 页】组件的属性设置（2）

图 3-44 【获取 Excel 列的值】组件的属性设置　　图 3-45 【关闭 Excel】组件的属性设置（1）

步骤 12：将鼠标指针移动至流程编辑区中的【关闭 Excel】组件下方，单击出现的"⊕"按钮，在弹出的下拉列表中选择【写入 Excel 行】组件，在右侧的属性面板中进行属性设置，如图 3-46 所示。在"输入"属性中，将"已打开的 Sheet 对象"设置为 v_sheet_obj_1 变量，该变量为步骤 3 中【获取当前激活的 Sheet 页】组件默认输出的"Excel Sheet 对象"变量，在本任务中为汇总销售日报表对应的 Sheet 页；单击"起始行号"属性右侧的"..."按钮，在弹出的下拉列表中选择"编辑表达式"选项，打开"编辑表达式"对话框，输入"int(v_list_item_index_1[0])+2"，如图 3-47 所示；将"起始列号"设置为"A"；将"写入内容"设置为 v_cell_column_values_1 变量，该变量为步骤 10 中【获取 Excel 列的值】组件默认输出的"列的值"变量。

图 3-46　【写入 Excel 行】组件的属性设置（2）

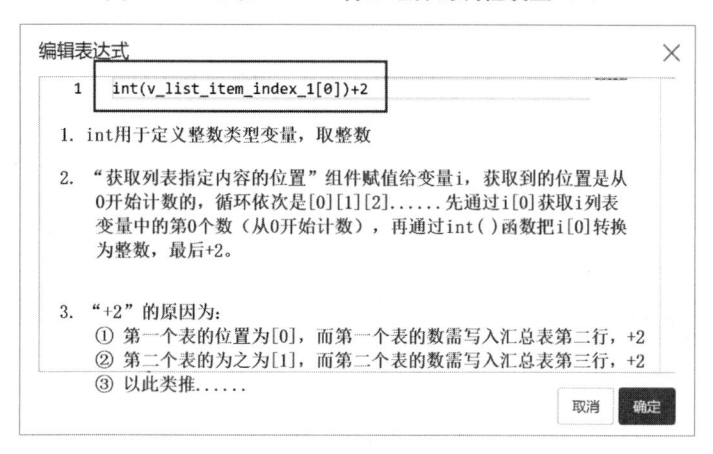

图 3-47　"编辑表达式"对话框（2）

在"起始行号"属性中,编辑表达式 int(v_list_item_index_1[0])+2 的含义如下。
- 将步骤7中【获取列表指定内容的位置】组件查找到的位置(列表结构)赋值给变量 v_list_item_index_1[i],由于计数是从 0 开始的,因此输出的位置列表结构变量依次为 v_list_item_index_1[0]、v_list_item_index_1[1]、v_list_item_index_1[2]……
- int()为取整函数,用于将位置列表结构变量 v_list_item_index_1[i]的值转换为整数。
- 第一次循环输出的位置列表结构变量为 v_list_item_index_1[0],使用 int(v_list_item_index_1[0])函数将其转换为整数 0,此时,我们需要写入的位置是"汇总销售日报表.xlsx"文件中的第二行,因此需要在编辑表达式的最后+2;第二次循环输出的位置列表结构变量为 v_list_item_index_1[1],使用 int(v_list_item_index_1[1])函数将其转换为整数 1,此时,我们需要写入的位置是"汇总销售日报表.xlsx"文件中的第三行,因此需要在编辑表达式的最后+2;以此类推。

步骤 13:将鼠标指针移动至流程编辑区中的【写入 Excel 行】组件下方,单击一级目录处出现的"⊕"按钮,在弹出的下拉列表中选择【关闭 Excel】组件,在右侧的属性面板中进行属性设置,如图 3-48 所示。在"输入"属性中,将"已打开的 Excel 对象"设置为 v_excel_obj_1 变量,该变量为步骤 2 中【启动 Excel】组件创建的"汇总销售日报表.xlsx"文件;将"关闭时是否保存"设置为"是"。

图 3-48　【关闭 Excel】组件的属性设置(2)

3.流程运行

扫描右侧的二维码,可以观看销售数据合并助手机器人的动态运行流程。

六、课后练习

睿智科技有限公司是一家为企业和个人提供自动化解决方案的公司,其于近期决定举办一场 RPA 培训交流会。在发布培训会通知后,该公司迅速收到了来自各行各业的报名表，共计 50 份。

睿智科技有限公司 RPA 培训交流会的参会回执表中记录了参会人员的姓名、性别、联系电话、职称、职务、电子邮箱、单位名称、交通方式、航班号/高铁车次、到达时间等必要信息，具体格式如图 3-49 所示。报名表通过电子邮箱收集，现已被下载到计算机中的指定位置。公司希望能够快速整理参会人员信息，生成完整的参会回执汇总表，以便发送确认函和会议资料，并且根据参会人员的到达时间做好接待服务。睿智科技有限公司 RPA 培训交流会的参会回执汇总表的具体格式如图 3-50 所示。你需要为公司设计开发一款参会回执智能合并机器人，用于完成上述工作。

睿智科技有限公司RPA培训交流会的参会回执表

姓名	
性别	
联系电话	
职称	
职务	
电子邮箱	
单位名称	
交通方式	
航班号/高铁车次	
到达时间	
备注	请将回执发送至E-mail至lszjsxykjxy@163.com

图 3-49　睿智科技有限公司 RPA 培训交流会的参会回执表的具体格式

睿智科技有限公司RPA培训交流会的参会回执汇总表

姓名	性别	联系电话	职称	职务	电子邮箱	单位名称	交通方式	航班号/高铁车次	到达时间

图 3-50　睿智科技有限公司 RPA 培训交流会的参会回执汇总表的具体格式

任务四

Word 人机交互自动化

知识目标： 1. 掌握 Word 操作的基本流程。
2. 掌握 Word 常用组件的属性设置及应用方法。
3. 掌握变量的赋值及传递方法。

能力目标： 1. 能够根据 RPA 的特点优化手工操作流程，使其更符合 RPA 执行的连贯性要求。
2. 能够根据具体任务灵活选择并应用 Word 的相关组件。
3. 能够根据流程运行过程中的错误提示调整和修改流程。

素质目标： 1. 具备良好的分析和优化业务流程的流程思维。
2. 培养灵活解决问题的能力。
3. 具备创新思维和持续改进意识。

扫一扫

德技并修：感动中国
2022 年度人物

一、任务情境

小西是星辰全方位生活科技公司的财务人员，每半年末及年末，他都需要编制往来账项对账函，并且将其发送给客户进行账项核对，以便准确了解与客户之间的财务往来现状。

以 2023 年 6 月 30 日资金系统导出的往来客户对账汇总表为例，如图 4-1 所示，当日共需编制 30 份对账函，每份对账函都包括客户名称、对账日期、欠款金额和其他相关事项，模板如图 4-2 所示。

往来客户对账汇总表

公司名称	对账日期	欠款金额	金额大写	备注
蓝天办公用品有限公司	2023年6月30日	¥518,403.00	伍拾壹万捌仟肆佰零叁元整	无
高效办公器材有限公司	2023年6月30日	¥136,952.00	壹拾叁万陆仟玖佰伍拾贰元整	无
创意文具供应商有限公司	2023年6月30日	¥649,821.00	陆拾肆万玖仟捌佰贰拾壹元整	无
办公生活易购有限公司	2023年6月30日	¥708,915.00	柒拾万捌仟玖佰壹拾伍元整	无
优品办公用品供应商	2023年6月30日	¥983,620.00	玖拾捌万叁仟陆佰贰拾元整	无
办公之星科技有限公司	2023年6月30日	¥532,409.00	伍拾叁万贰仟肆佰零玖元整	无
风华女装设计师品牌	2023年6月30日	¥742,186.00	柒拾肆万贰仟壹佰捌拾陆元整	无
欧姿女性时尚品牌	2023年6月30日	¥250,387.00	贰拾伍万零叁佰捌拾柒元整	无
媚娘女装有限公司	2023年6月30日	¥876,041.00	捌拾柒万陆仟零肆拾壹元整	无
温婉时尚女装品牌	2023年6月30日	¥416,590.00	肆拾壹万陆仟伍佰玖拾元整	无
魅影女性时尚品牌	2023年6月30日	¥791,324.00	柒拾玖万壹仟叁佰贰拾肆元整	无
璀璨女装有限公司	2023年6月30日	¥325,706.00	叁拾贰万伍仟柒佰零陆元整	无
创新电子科技有限公司	2023年6月30日	¥684,529.00	陆拾捌万肆仟伍佰贰拾玖元整	无
佳能电子科技有限公司	2023年6月30日	¥293,481.00	贰拾玖万叁仟肆佰捌拾壹元整	无
美图电子科技集团	2023年6月30日	¥870,625.00	捌拾柒万零陆佰贰拾伍元整	无
索尼电子科技有限公司	2023年6月30日	¥149,208.00	壹拾肆万玖仟贰佰零捌元整	无
蓝色星空电子有限公司	2023年6月30日	¥567,934.00	伍拾陆万柒仟玖佰叁拾肆元整	无
飞利浦电子科技有限公司	2023年6月30日	¥952,670.00	玖拾伍万贰仟陆佰柒拾元整	无
野趣户外用品供应商	2023年6月30日	¥831,569.00	捌拾叁万壹仟伍佰陆拾玖元整	无
大自然户外用品有限公司	2023年6月30日	¥406,725.00	肆拾万陆仟柒佰贰拾伍元整	无
精彩探险户外用品供应商	2023年6月30日	¥578,943.00	伍拾柒万捌仟玖佰肆拾叁元整	无
自由风尚户外用品有限公司	2023年6月30日	¥102,469.00	壹拾万贰仟肆佰陆拾玖元整	无
跃动户外用品供应商	2023年6月30日	¥675,812.00	陆拾柒万伍仟捌佰壹拾贰元整	无
活力极限户外电器有限公司	2023年6月30日	¥847,309.00	捌拾肆万柒仟叁佰零玖元整	无
智能生活电器科技有限公司	2023年6月30日	¥215,703.00	贰拾壹万伍仟柒佰零叁元整	无
家电乐园供应有限公司	2023年6月30日	¥964,830.00	玖拾陆万肆仟捌佰叁拾元整	无
家居智选电器有限公司	2023年6月30日	¥381,596.00	叁拾捌万壹仟伍佰玖拾陆元整	无
舒适家电供应商	2023年6月30日	¥507,284.00	伍拾万柒仟贰佰捌拾肆元整	无
美好家居电器有限公司	2023年6月30日	¥726,395.00	柒拾贰万陆仟叁佰玖拾伍元整	无
家居生活易购有限公司	2023年6月30日	¥940,157.00	玖拾肆万零壹佰伍拾柒元整	无

图 4-1 往来客户对账汇总表

星辰全方位生活科技公司对账函

致：尊敬的 <u>姓名1</u> ：

感谢贵公司一如既往地对星辰全方位生活科技公司的支持、信任与厚爱！为建立贵公司与我公司更加诚信的业务伙伴关系，我公司正在对贵公司截止发函日与我公司的经济往来账项进行核对，诚望贵公司予以支持和配合！

下列信息出自本公司账簿记录，如与贵公司相符，请在本函下端"账款证明无误"处签章证明；如有不符，请在"账款不符"处列出这些项目的金额及详细资料。谢谢合作！

1. 本公司与贵公司的往来账如下：

单位：元

截止日期	修改日期1	贵公司欠我公司	应收账款1
合计（金额大写）	大写1		

2. 其他事项

备注1

星辰全方位生活科技公司

账款证明无误	账款不符，需加说明事项
签章：	签章：
年　月　日	年　月　日
经办人：	经办人：

图 4-2 对账函模板

二、任务痛点

在手工生成对账函的过程中，财务人员小西需要同时打开往来客户对账汇总表和对账函模板文件，在往来客户对账汇总表中依次复制客户名称、对账日期、欠款金额、大写金额和备注，并且将其粘贴至对账函模板文件的相应位置，然后将对账函模板文件以"客户名称+日期+对账函"的方式命名并另外存储于指定路径下。重复"复制"—"粘贴"—"另存为"操作，直到30份对账函制作完毕。本任务的手工操作流程如图4-3所示。

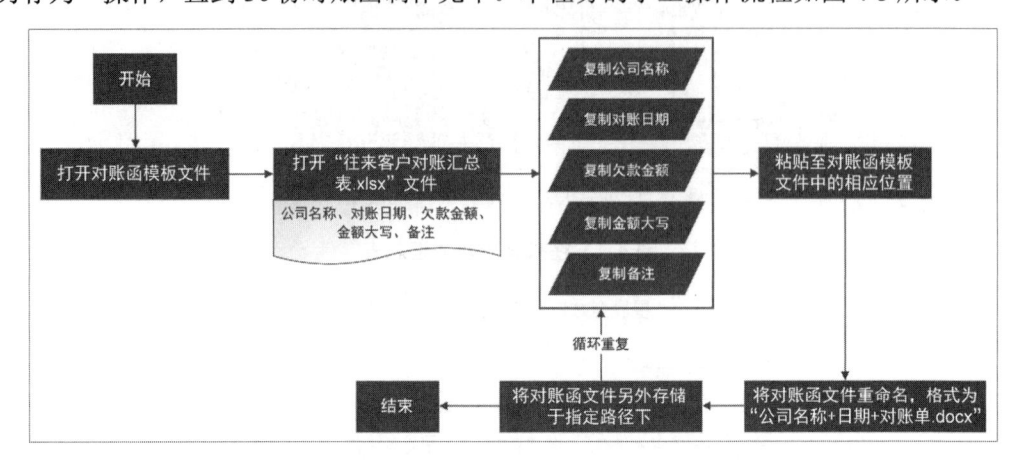

图4-3 本任务的手工操作流程

任务痛点如下。
- 操作重复性高，复制、粘贴和另存为操作需要反复执行多次。
- 潜在错误风险高，文件命名工作量大，容易发生命名错误，文件另存为操作频繁，容易发生文件覆盖。
- 人工操作可能因疏忽导致遗漏客户，影响对账函的完整性。

三、任务描述

设计一个对账函智能填写助手机器人，要求其首先自动读取往来客户对账汇总表，然后从中提取所需数据，再将其自动填入对账函模板文件，接下来以"公司名称+日期+对账函"的方式命名对账函，最后将其另外存储于指定的存储路径下。

四、知识准备

1. Word操作的基本流程

在使用Word的相关组件时，通常可以按照图4-4所示的步骤进行操作。

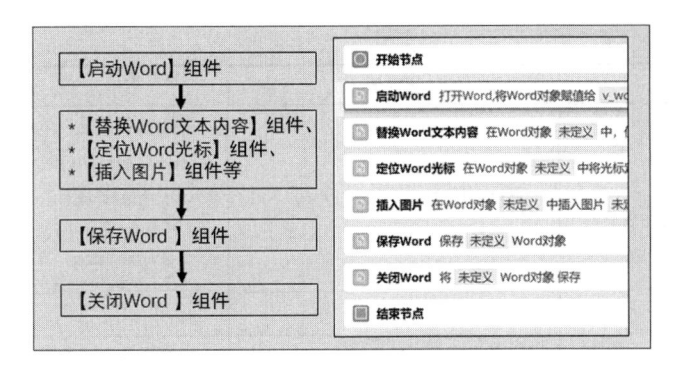

图 4-4　Word 操作的基本流程

其中,【启动 Word】组件、【保存 Word】组件、【关闭 Word】组件的相关流程是必需的基本流程,对于加"*"符号的组件的相关流程,需要根据业务的实际情况进行选择。

2．Word 操作组件应用介绍

1）【启动 Word】组件

①功能

利用【启动 Word】组件可以打开指定的 Word 文件。

②位置与语句

【启动 Word】组件的位置与语句如表 4-1 所示。

表 4-1　【启动 Word】组件的位置与语句

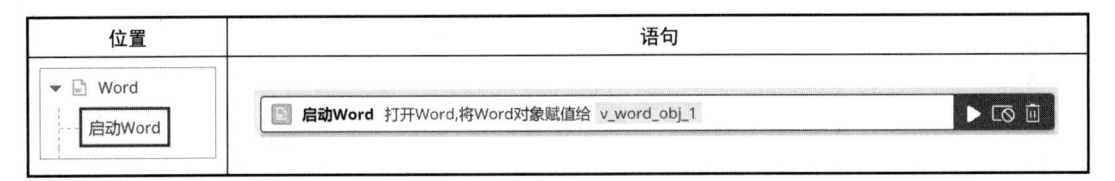

位置	语句
▼ Word 　　启动 Word	启动 Word　打开 Word,将 Word 对象赋值给　v_word_obj_1

③属性与说明

【启动 Word】组件的属性与说明如表 4-2 所示。

表 4-2　【启动 Word】组件的属性与说明

属性		当前值	说明
输入 1	启动方式	打开 Word	—
	Word 文件路径	单击 ▫ 按钮,在弹出的对话框中选择需要打开的 Word 文件的存储路径	—
输入 2	启动方式	新建 Word	—
	新建 Word 文件路径	单击 ▫ 按钮,在弹出的对话框中选择新建 Word 文件的存储路径	在给文件命名时,需要添加文件后缀".docx" 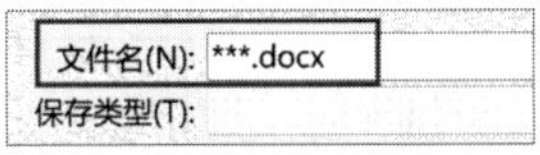 文件名(N): ***.docx 保存类型(T):

续表

属性		当前值	说明
输入2	是否增加文件名后缀	可以根据需要选择"是"或"否"单选按钮	如果选择"是"单选按钮,则可以在文件名后额外添加日期后缀 * 是否增加文件名后缀 ● 是　○ 否 * 文件名后缀格式 ● 日期时间(年月日时分) ○ 日期(年月日)
输出	Word对象	v_word_obj_1(默认)	以变量的形式保存 Word 对象,变量名称由系统默认生成,也支持用户以满足变量命名规范的方式自定义变量
	Word文件路径	v_file_path_1(默认)	以变量的形式保存 Word 文件的存储路径,变量名称由系统默认生成,也支持用户以满足变量命名规范的方式自定义变量

2)【替换Word文本内容】组件

①功能

利用【替换Word文本内容】组件可以替换Word文件中指定的文本内容。

②位置与语句

【替换Word文本内容】组件的位置与语句如表4-3所示。

表4-3　【替换Word文本内容】组件的位置与语句

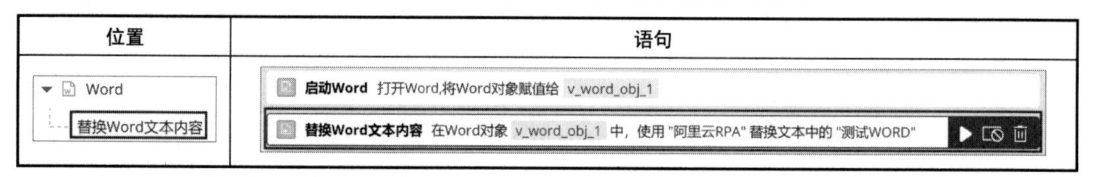

位置	语句
▼ Word 　替换Word文本内容	启动Word 打开Word,将Word对象赋值给 v_word_obj_1 替换Word文本内容 在Word对象 v_word_obj_1 中,使用"阿里云RPA"替换文本中的"测试WORD"

③属性与说明

【替换Word文本内容】组件的属性与说明如表4-4所示。

表4-4　【替换Word文本内容】组件的属性与说明

	属性	当前值	说明
输入	已打开的 Word 对象	v_word_obj_1	在下拉列表中选择一个相关前置组件(如【启动 Word】组件)中输出的 Word 对象,代表要操作的目标 Word 对象
	待替换字符串	测试 WORD	通过在文本框中直接输入、选择变量等方式填写目标操作区域中待替换的字符串
	替换为	阿里云 RPA	通过在文本框中直接输入、选择变量等方式填写目标操作区域中要替换为的字符串
	忽略大小写	否	默认选择"否"单选按钮,如果选择"是"单选按钮,则可以直接忽略大小写
	匹配全词	否	默认选择"否"单选按钮,如果选择"是"单选按钮,则需要进行全词匹配

④应用示例

将指定 Word 文件中的"测试 WORD"替换为"阿里云 RPA"。具体流程如图 4-5 所示。

图 4-5 【替换 Word 文本内容】组件应用示例的具体流程

（1）利用【启动 Word】组件打开一个指定的 Word 文件。

（2）利用【替换 Word 文本内容】组件将 Word 文件中的"测试 WORD"替换为"阿里云 RPA"。

执行结果：在成功执行上述流程后，会打开指定的 Word 文件，然后将该文件中的"测试 WORD"都替换为"阿里云 RPA"，如图 4-6 所示。

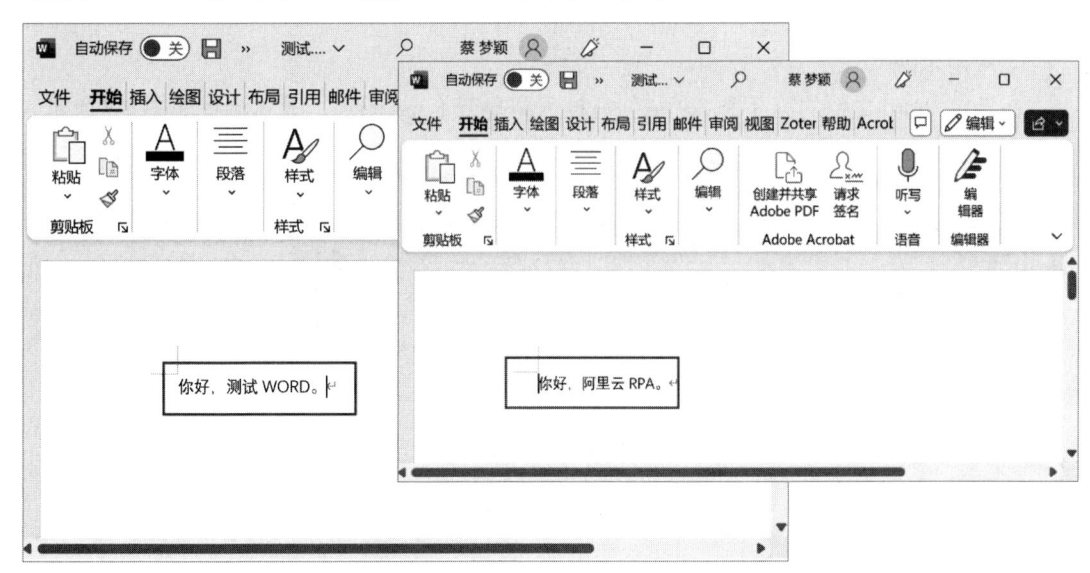

图 4-6 【替换 Word 文本内容】组件应用示例流程的执行结果

3)【插入图片】组件

①功能

利用【插入图片】组件可以将图片插入 Word 文件。

②位置与语句

【插入图片】组件的位置与语句如表 4-5 所示。

表 4-5 【插入图片】组件的位置与语句

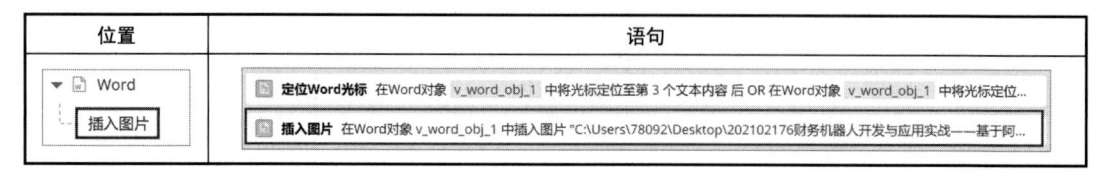

位置	语句
Word 插入图片	定位Word光标 在Word对象 v_word_obj_1 中将光标定位至第 3 个文本内容 后 OR 在Word对象 v_word_obj_1 中将光标定位...
	插入图片 在Word对象 v_word_obj_1 中插入图片 "C:\Users\78092\Desktop\202102176财务机器人开发与应用实战——基于阿...

③属性与说明

【插入图片】组件的属性与说明如表 4-6 所示。

表 4-6 【插入图片】组件的属性与说明

	属性	当前值	说明
输入	已打开的 Word 对象	v_word_obj_1	在下拉列表中选择一个相关前置组件（如【启动 Word】组件）中输出的 Word 对象，代表要操作的目标 Word 对象
	图片来源	本地图片	选择插入图片的来源，默认选择本地图片
	图片路径	—	选择插入的本地图片的存储路径
	图片缩放百分比	50	设置插入的图片的缩放百分比，默认值为 100%
	插入前是否换行	否	默认选择"否"单选按钮，如果选择"是"单选按钮，则会在鼠标指针位置换行后再插入图片

④应用示例

在指定 Word 文件的第 3 个 "RPA" 后插入阿里云 Logo 图片，具体流程如图 4-7 所示。

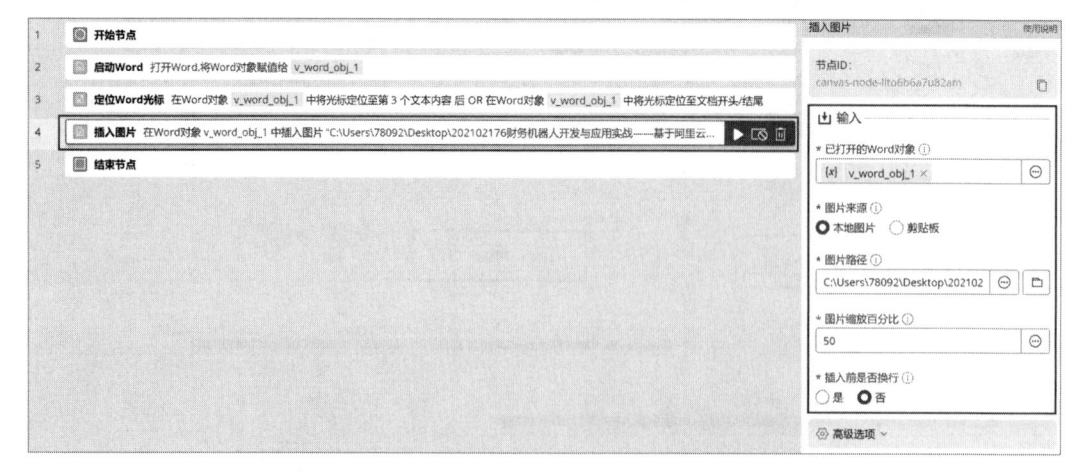

图 4-7 【插入图片】组件应用示例的具体流程

（1）利用【启动 Word】组件打开指定的 Word 文件。
（2）利用【定位 Word 光标】组件将鼠标指针定位在 Word 文件中第 3 个"RPA"后面。
（3）利用【插入图片】组件将图片插入 Word 文件。

执行结果： 在成功执行上述流程后，会打开指定的 Word 文件，并且将指定图片插入第 3 个"RPA"后面，如图 4-8 所示。

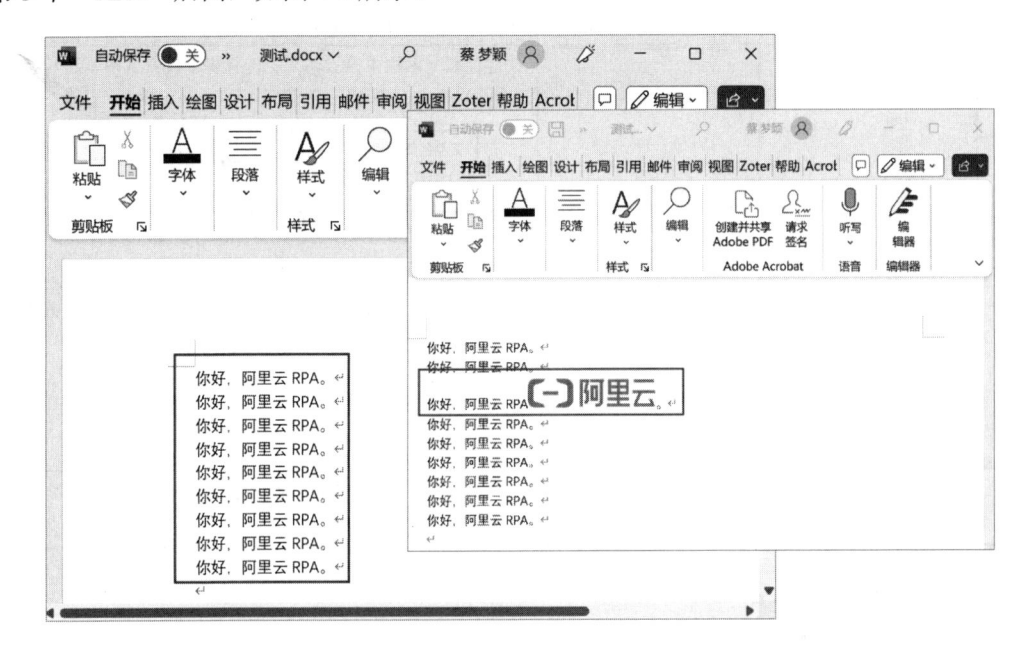

图 4-8 【插入图片】组件应用示例流程的执行结果

4）【保存 Word】组件

①功能

利用【保存 Word】组件可以对指定 Word 文本进行保存操作。

②位置与语句

【保存 Word】组件的位置与语句如表 4-7 所示。

表 4-7 【保存 Word】组件的位置与语句

位置	语句
Word 保存 Word	保存 Word 保存 v_word_obj_1 Word对象

③属性与说明

【保存 Word】组件的属性与说明如表 4-8 所示。

表 4-8　【保存 Word】组件的属性与说明

属性		当前值	说明
输入	已打开的 Word 对象	v_word_obj_1	在下拉列表中选择一个相关前置组件（如【启动 Word】组件）中输出的 Word 对象，代表要操作的目标 Word 对象
	保存方式	另存为	默认选择"保存"单选按钮，也可以选择"另存为"单选按钮，但需要指定另外存储文件的路径
	另存为文件路径	—	通过在文本框中直接输入、选择变量等方式填写目标操作区域的文件存储路径 文件名(N)：*.docx 保存类型(T)：
	是否增加文件名后缀	是	默认选择"否"单选按钮，如果选择"是"单选按钮，则可以在文件名后额外添加日期时间或日期的后缀
	文件名后缀格式	根据需要进行选择	默认选择"日期时间（年月日时分）"单选按钮，格式添加效果示例：文件名_202301011230.docx * 文件名后缀格式 ○ 日期时间（年月日时分） ○ 日期（年月日）
输出	Word 文件路径	v_file_path_1（默认）	以变量的形式保存 Word 文件的存储路径，变量名称由系统默认生成，也支持用户以满足变量命名规范的方式自定义变量

5)【关闭 Word】组件

①功能

利用【关闭 Word】组件可以关闭指定的 Word 文件。

②位置与语句

【关闭 Word】组件的位置与语句如表 4-9 所示。

表 4-9　【关闭 Word】组件的位置与语句

位置	语句
保存Word 关闭Word	关闭Word　将 v_word_obj_1 Word对象 保存

③属性与说明

【关闭 Word】组件的属性与说明如表 4-10 所示。

表 4-10　【关闭 Word】组件的属性与说明

属性		当前值	说明
输入	已打开的 Word 对象	v_word_obj_1	在下拉列表中选择一个相关前置组件（如【启动 Word】组件）中输出的 Word 对象，代表要操作的目标 Word 对象
	关闭时是否保存	是	默认选择"是"单选按钮，如果选择"否"单选按钮，那么在关闭 Word 文件时不保存文件中的内容

6)【Word 导出 pdf】组件

①功能

利用【Word 导出 pdf】组件可以将 Word 文件转换为 PDF 文件。

②位置与语句

【Word 导出 pdf】组件的位置与语句如表 4-11 所示。

表 4-11 【Word 导出 pdf】组件的位置与语句

位置	语句
▼ Word 　　Word导出pdf	Word导出pdf 将Word v_word_obj_1 导出为pdf，并将文件保存至 "C:\Users\78092\Desktop\测试.pdf"

③属性与说明

【Word 导出 pdf】组件的属性与说明如表 4-12 所示。

表 4-12 【Word 导出 pdf】组件的属性与说明

	属性	当前值	说明
输入	已打开的 Word 对象	v_word_obj_1	在下拉列表中选择一个相关前置组件（如【启动 Word】组件）中输出的 Word 对象，代表要操作的目标 Word 对象
	pdf 保存至	选择存储路径	通过在文本框中直接输入、选择变量、在文件管理器中直接选择的方式设置 PDF 文件的存储路径
	若目标路径下存在同名文件	跳过	默认选择"覆盖"选项，如果选择"跳过"选项，则可以直接跳过有相同名称的文件

五、任务实施

1．流程设计

本任务的 RPA 流程开发的核心涉及以下两个关键点。

- 将公司名称、截止日期、欠款金额、金额大写及备注这 5 项内容自动填入对账函模板文件。为了实现这个目标，可以使用【替换 Word 文本内容】组件。需要注意的是，应该确保被替换的字符在文本中是唯一的。在通常情况下，可以在每个被替换的字符后增加特殊字符，如阿拉伯数字、"*"符号等，使 RPA 可以准确地定位并替换相应的内容，确保文档的正确性和一致性。
- 将对账函重命名。为了实现这个目标，可以使用【重命名文件】组件将生成的对账函按照特定的命名规则进行重命名。

此外，在手工操作流程中，我们首先在对账函模板文件中替换相应的字符，然后将对账函模板文件重命名并另外存储。然而，在 RPA 开发流程中，这个顺序可能会使对账函模板文件中的被替换字符发生改变，进而影响后续循环的正常实现。为了确保被替换字符的稳定性，我们在RPA开发设计中采取了不同的策略，首先复制对账函模板文件，然后将复制后的对账函模板文件重命名，最后在这份复制的对账函模板文件中进行字符替换。通过这种方式，我们可以确保原始对账函模板文件保持不变，被替换字符稳定，从而实现RPA开发流程的顺利执行。对账函智能填写助手机器人的具体流程设计如表4-13所示，核心操作为该表中序号5~6和8~12对应的操作。

表4-13 对账函智能填写助手机器人的具体流程设计

流程	序号	使用组件	层级	属性设置
打开对账汇总表	1	启动Excel	一级	启动方式：打开Excel。 Excel文件路径：选择"往来客户对账汇总表.xlsx"文件的存储路径。 是否只读打开：否。 Excel对象：v_excel_obj_1（默认）。 Excel文件路径：v_file_path_1（默认）
	2	获取当前激活的Sheet页	一级	已打开的Excel对象：v_excel_obj_1。 Excel Sheet对象：v_sheet_obj_1（默认）
	3	获取Excel的行数	一级	已打开的Sheet对象：v_sheet_obj_1。 Excel行数：v_cell_row_cnt_1（默认）
循环复制Excel行信息	4	循环Excel内容	一级	已打开的Sheet对象：v_sheet_obj_1。 Sheet页名称：sheet1。 循环范围：指定行。 起始行号：3。 结束行号：32。 每次循环项：v_excel_loop_item_1（默认）。 当前行号：v_excel_loop_rownum_1（默认）
复制对账函模板	5	复制文件	二级	原始文件路径：对账函模板文件的存储路径位置。 目标文件路径：修改后的对账函文件的存储路径。 是否增加文件名后缀：否。 是否覆盖目标路径下的文件：否。 地址变量名称：v_file_copy_path_1（默认）
重命名对账函	6	重命名文件	二级	目标文件路径：修改后的对账函文件的存储路径。 重命名后的文件名—编辑表达式：v_excel_loop_item_1[0]+v_excel_loop_item_1[1]+"对账函"。 重命名后的扩展名：docx。 返回重命名后的文件路径：v_file_rename_path_1（默认）
粘贴信息至对账函中	7	启动Word	二级	启动方式：打开Word。 Word文件路径：v_file_rename_path_1。 Word对象：v_word_obj_1（默认）。 Word文件路径：v_file_path_1（默认）

续表

流程	序号	使用组件	层级	属性设置
粘贴信息至对账函中	8	替换 Word 文本内容	二级	已打开的 Word 对象：v_word_obj_1。 待替换字符串：姓名 1（确保被替换的字符串是唯一的）。 替换为：v_excel_loop_item_1[0]
	9	替换 Word 文本内容	二级	已打开的 Word 对象：v_word_obj_1。 待替换字符串：修改日期 1（确保被替换的字符串是唯一的）。 替换为：v_excel_loop_item_1[1]
	10	替换 Word 文本内容	二级	已打开的 Word 对象：v_word_obj_1。 待替换字符串：应收账款 1（确保被替换的字符串是唯一的）。 替换为：v_excel_loop_item_1[2]
	11	替换 Word 文本内容	二级	已打开的 Word 对象：v_word_obj_1。 待替换字符串：大写 1（确保被替换的字符串是唯一的）。 替换为：v_excel_loop_item_1[3]
	12	替换 Word 文本内容	二级	已打开的 Word 对象：v_word_obj_1。 待替换字符串：备注 1（确保被替换的字符串是唯一的）。 替换为：v_excel_loop_item_1[4]
保存并关闭 Word 文件	13	关闭 Word	二级	已打开的 Word 对象：v_word_obj_1。 关闭时是否保存：是
关闭 Excel 文件	14	关闭 Excel	一级	已打开的 Excel 对象：v_excel_obj_1。 关闭时是否保存：否

2．操作过程

步骤 1：启动阿里云 RPA 编辑器，选择"新建本地工程"选项，弹出"新建本地工程"对话框，选择"基础可视化工程模板"选项，在"名称"文本框中输入"对账函智能填写助手机器人"，选择合适的存储路径，单击"确定"按钮，如图 4-9 所示，即可进入阿里云 RPA 编辑器的开发界面。

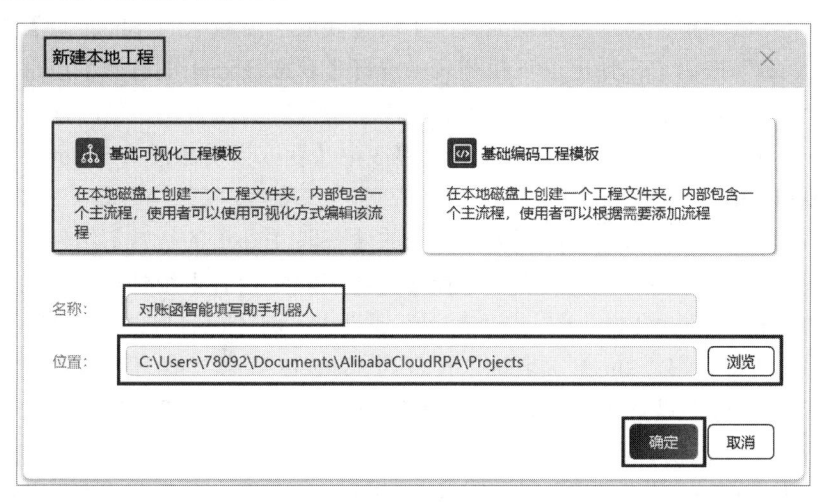

图 4-9 "新建本地工程"对话框

步骤 2：将鼠标指针移动至流程编辑区中的【开始节点】组件下方，单击出现的"⊕"按钮，在弹出的下拉列表中选择【启动 Excel】组件，在右侧的属性面板中进行属性设置，如图 4-10 所示。在"输入"属性中，将"启动方式"设置为"打开 Excel"，将"Excel 文件路径"设置为"往来客户对账汇总表.xlsx"文件的存储路径。

图 4-10 【启动 Excel】组件的属性设置

步骤 3：将鼠标指针移动至流程编辑区中的【启动 Excel】组件下方，单击出现的"⊕"按钮，在弹出的下拉列表中选择【获取当前激活的 Sheet 页】组件，在右侧的属性面板中进行属性设置，如图 4-11 所示。在"输入"属性中，将"已打开的 Excel 对象"设置为 v_excel_obj_1 变量。在"输出"属性中，"Excel Sheet 对象"采用默认设置。

步骤 4：将鼠标指针移动至流程编辑区中的【获取当前激活的 Sheet 页】组件下方，单击出现的"⊕"按钮，在弹出的下拉列表中选择【获取 Excel 的行数】组件，在右侧的属性面板中进行属性设置，如图 4-12 所示。在"输入"属性中，将"已打开的 Sheet 对象"设置为 v_sheet_obj_1 变量，该变量为步骤 3 中【获取当前激活的 Sheet 页】组件默认输出的"Excel Sheet 对象"变量。

步骤 5：将鼠标指针移动至流程编辑区中的【获取 Excel 的行数】组件下方，单击出现的"⊕"按钮，在弹出的下拉列表中选择【循环 Excel 内容】组件，在右侧的属性面板中进行属性设置，如图 4-13 所示。在"输入"属性中，将"已打开的 Excel 对象"设置为 v_excel_obj_1 变量，将"Sheet 页名称"设置为"sheet1"，将"循环范围"设置为"指定行"，将"起始行号"设置为"3"，将"结束行号"设置为"32"。在"输出"属性中，"每次循环项"和"当前行号"均采用默认设置。其中，"每次循环项"设置的是当前循环遍历的行数据，在本任务中对应的是"往来客户对账汇总表.xlsx"文件中当前循环遍历的行数据，包括公司名称、对账日期、欠款金额、金额大写、备注等信息；"当前行号"设置的是正在循环的行在"往来客户对账汇总表.xlsx"文件中的行号。将"每次循环项"和"当前行号"结合在一起，可以获取每次循环中的当前行数据，以及该行在"往来客户对账汇总表.xlsx"文件中的位置。

图 4-11 【获取当前激活的 Sheet 页】组件的属性设置

图 4-12 【获取 Excel 的行数】组件的属性设置

步骤 6：将鼠标指针移动至流程编辑区中的【循环 Excel 内容】组件下方，单击二级目录处出现的"⊕"按钮，在弹出的下拉列表中选择【复制文件】组件，在右侧的属性面板中进行属性设置，如图 4-14 所示。在"输入"属性中，将"原始文件路径"设置为对账函模板文件的存储路径，将"目标文件夹路径"设置为修改后的对账函文件的存储路径，将"是否增加文件名后缀"设置为"否"，将"是否覆盖目标路径下的文件"设置为"否"。

步骤 7：将鼠标指针移动至流程编辑区中的【复制文件】组件下方，单击出现的"⊕"按钮，在弹出的下拉列表中选择【重命名文件】组件，在右侧的属性面板中进行属性设置，如图 4-15 所示。在"输入"属性中，将"目标文件路径"设置为修改后的对账函文件的存储路径；单击"重命名后的文件名"右侧的"..."按钮，在弹出的下拉列表中选择"编辑表达式"选项，打开"编辑表达式"对话框，输入"v_excel_loop_item_1[0]+v_excel_loop_item_1[1]+"对账函""；将"重命名后的扩展名"设置为"docx"。在"输出"属性中，"返回重命名后的文件路径"采用默认设置。

步骤 8：将鼠标指针移动至流程编辑区中的【重命名文件】组件下方，单击出现的"⊕"按钮，在弹出的下拉列表中选择【启动 Word】组件，在右侧的属性面板中进行属性设置，如图 4-16 所示。在"输入"属性中，将"启动方式"设置为"打开 Word"；将"Word 文件路径"设置为 v_file_rename_path_1 变量，该变量为步骤 7 中【重命名文件】组件默认输出的"返回重命名后的文件路径"变量。在"输出"属性中，"Word 对象"和"Word 文件路径"均采用默认设置。

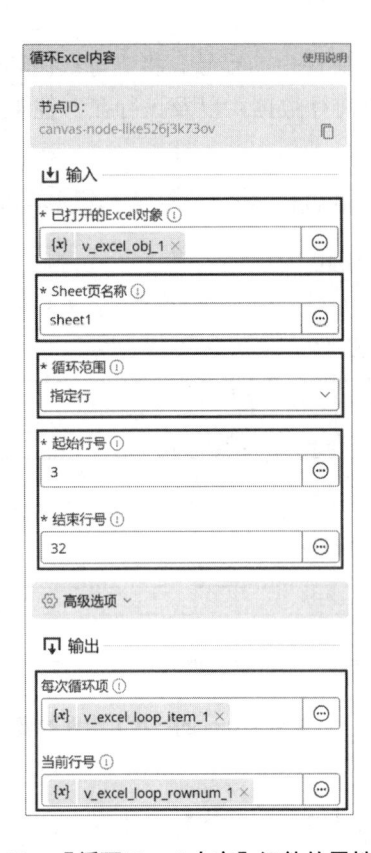

图 4-13 【循环 Excel 内容】组件的属性设置

图 4-14 【复制文件】组件的属性设置

图 4-15 【重命名文件】组件的属性设置

图 4-16 【启动 Word】组件的属性设置

◎ 任务四 Word 人机交互自动化

步骤 9：将鼠标指针移动至流程编辑区中的【启动 Word】组件下方，单击出现的"⊕"按钮，在弹出的下拉列表中选择【替换 Word 文本内容】组件，在右侧的属性面板中进行属性设置，如图 4-17 所示。在"输入"属性中，将"已打开的 Word 对象"设置为 v_word_obj_1 变量；将"待替换字符串"设置为"姓名 1"；单击"替换为"右侧的"..."按钮，在弹出的下拉列表中选择"编辑表达式"选项，打开"编辑表达式"对话框，输入"v_excel_loop_item_1[0]"，其中，"v_excel_loop_item_1"为步骤 5 中【循环 Excel 内容】组件默认输出的"每次循环项"变量，即"往来客户对账汇总表.xlsx"文件中当前循环遍历的行数据，[0]表示取该行第一个单元格中的内容，即本次循环对应的公司名称。

图 4-17　【替换 Word 文本内容】组件的属性设置

步骤 10：将鼠标指针移动至流程编辑区中的【替换 Word 文本内容】组件下方，单击出现的"⊕"按钮，在弹出的下拉列表中选择【替换 Word 文本内容】组件，在右侧的属性面板中进行属性设置。在"输入"属性中，将"已打开的 Word 对象"设置为 v_word_obj_1 变量；将"待替换字符串"设置为"修改日期 1"；单击"替换为"右侧的"..."按钮，在弹出的下拉列表中选择"编辑表达式"选项，打开"编辑表达式"对话框，输入"v_excel_loop_item_1[1]"，其中，"v_excel_loop_item_1"为步骤 5 中【循环 Excel 内容】组件默认输出的"每次循环项"变量，即"往来客户对账汇总表.xlsx"文件中当前循环遍历的行数据，[1]表示取该行第二个单元格中的内容，即本次循环对应的对账日期。

步骤 11：将鼠标指针移动至流程编辑区中的【替换 Word 文本内容】组件下方，单击出现的"⊕"按钮，在弹出的下拉列表中选择【替换 Word 文本内容】组件，在右侧的属性面板中进行属性设置。在"输入"属性中，将"已打开的 Word 对象"设置为 v_word_obj_1 变量；将"待替换字符串"设置为"应收账款 1"；单击"替换为"右侧的"..."按钮，在弹出的下拉列表中选择"编辑表达式"选项，打开"编辑表达式"对话框，输入"v_excel_loop_item_1[2]"，其中，"v_excel_loop_item_1"为步骤 5 中【循环

Excel 内容】组件默认输出的"每次循环项"变量，即"往来客户对账汇总表.xlsx"文件中当前循环遍历的行数据，[2]表示取该行第三个单元格中的内容，即本次循环对应的欠款金额。

步骤 12：将鼠标指针移动至流程编辑区中的【替换 Word 文本内容】组件下方，单击出现的"⊕"按钮，在弹出的下拉列表中选择【替换 Word 文本内容】组件，在右侧的属性面板中进行属性设置。在"输入"属性中，将"已打开的 Word 对象"设置为 v_word_obj_1 变量；将"待替换字符串"设置为"大写 1"；单击"替换为"右侧的"..."按钮，在弹出的下拉列表中选择"编辑表达式"选项，打开"编辑表达式"对话框，输入"v_excel_loop_item_1[3]"，其中，"v_excel_loop_item_1"为步骤 5 中【循环 Excel 内容】组件默认输出的"每次循环项"变量，即"往来客户对账汇总表.xlsx"文件中当前循环遍历的行数据，[3]表示取该行第四个单元格中的内容，即本次循环对应的大写金额。

步骤 13：将鼠标指针移动至流程编辑区中的【替换 Word 文本内容】组件下方，单击出现的"⊕"按钮，在弹出的下拉列表中选择【替换 Word 文本内容】组件，在右侧的属性面板中进行属性设置。在"输入"属性中，将"已打开的 Word 对象"设置为 v_word_obj_1 变量；将"待替换字符串"设置为"备注 1"；单击"替换为"右侧的"..."按钮，在弹出的下拉列表中选择"编辑表达式"选项，打开"编辑表达式"对话框，输入"v_excel_loop_item_1[4]"，其中，"v_excel_loop_item_1"为步骤 5 中【循环 Excel 内容】组件默认输出的"每次循环项"变量，即"往来客户对账汇总表.xlsx"文件中当前循环遍历的行数据，[4]表示取该行第五个单元格中的内容，即本次循环对应的备注信息。

步骤 14：将鼠标指针移动至流程编辑区中的【替换 Word 文本内容】组件下方，单击出现的"⊕"按钮，在弹出的下拉列表中选择【关闭 Word】组件，在右侧的属性面板中进行属性设置，如图 4-18 所示。在"输入"属性中，将"已打开的 Word 对象"设置为 v_word_obj_1 变量；将"关闭时是否保存"设置为"是"。

步骤 15：将鼠标指针移动至流程编辑区中的【关闭 Word】组件下方，单击一级目录处出现的"⊕"按钮，在弹出的下拉列表中选择【关闭 Excel】组件，在右侧的属性面板中进行属性设置，如图 4-19 所示。在"输入"属性中，将"已打开的 Excel 对象"设置为 v_excel_obj_1 变量；将"关闭时是否保存"设置为"否"，因为"往来客户对账汇总表.xlsx"文件为原始文件，其内容不可以被修改。

图 4-18　【关闭 Word】组件的属性设置　　图 4-19　【关闭 Excel】组件的属性设置

3. 流程运行

扫描右侧的二维码,可以观看本任务的对账函智能填写助手机器人的动态运行流程。

六、课后练习

睿智科技有限公司决定举办一场 RPA 培训交流会,现已收到 50 份参会报名表。为了更好地组织本次会议,公司决定为每位报名者发送个人邀请函,以便向他们传达会议的详细信息,包括会议时间、地点、议程及相关资料的获取方式,会议邀请函模板如图 4-20 所示。公司希望能够匹配报名者姓名、会议当日天气情况、客户经理、手机号码、电子邮件等信息。你需要为公司设计开发一款智能邀请函编辑机器人,用于高效地完成个性化邀请函的制作,以便及时发送给报名者。

图 4-20 会议邀请函模板

分享实施 RPA 过程中遇到的挑战和解决方案

6. 专家讲座（下午 3:00 — 下午 5:00）

　　　RPA 与人工智能的结合

　　　RPA 在业务流程自动化中的最佳实践

　　　RPA 未来的发展趋势和预测

7. 交流互动环节（下午 5:00 — 下午 5:30）

8. 结束返程（下午 5:30）

感谢您对 RPA 技术的关注和支持，我们期待着您的光临。

联系人：客户经理 1

联系电话：手机号码 1

电子邮件：电子邮件 1

睿智科技有限公司

2023 年 6 月 1 日

图 4-20　会议邀请函模板（续）

任务五

E-mail 人机交互自动化

知识目标： 1. 了解 SMTP 和 IMAP 电子邮件协议的基本原理和操作流程。
2. 掌握网络常用组件的属性设置及应用方法。
3. 掌握钉钉群自定义机器人的设置方法。
4. 掌握邮箱授权码的获取方法。
5. 掌握循环常用组件的属性设置及应用方法。

能力目标： 1. 能够灵活创建、设置和引用变量。
2. 能够根据指定的数据和模板动态编辑邮件内容。
3. 能够应用 RPA 批量发送钉钉通知。
4. 能够应用 RPA 批量发送邮件、批量下载邮件。
5. 能够识别循环应用中出现的错误，掌握调试循环的方法。

素质目标： 1. 具备良好的自主学习能力和不屈不挠的进取精神。
2. 培养耐心与专注的工作态度，提升解决问题的能力。
3. 养成细致和精确的工作习惯。
4. 培养积极的团队合作意识，具备与财务机器人或团队成员协调配合的能力。
5. 培养富有创造性和开放性的思维方式。

扫一扫

德技并修：女排精神

一、任务情境

财务人员小西在制作好每个公司的往来账项对账函后，还需要根据客户系统中存储的公司 E-mail 地址，给每个公司单独发送电子邮件，提醒对方核对账单。电子邮件内容模板如图 5-1 所示。

邮件主题：星辰全方位生活科技公司对账函

邮件正文：

尊敬的_____客户：

感谢贵公司一如既往地对星辰全方位生活科技公司的支持、信任与厚爱！为建立贵公司与我公司更加诚信的业务伙伴关系，我公司正在对贵公司截止发邮件日与我公司的经济往来账项进行核对，诚望贵公司予以支持和配合！

邮件附件：**公司2023年6月30日对账函.docx

图 5-1　电子邮件内容模板

二、任务痛点

在手工发送电子邮件的过程中，财务人员小西需要打开客户 E-mail 地址汇总表，登录公司邮箱，单击邮箱界面的"写邮件"按钮，在邮件撰写界面中依次填写收件人 E-mail 地址、邮件主题、邮件正文，并且附上附件。需要注意的是，邮件正文提及的客户名称必须与附件中的客户名称保持一致。在邮件信息填写完成后，单击"发送"按钮，将邮件发送出去。重复"写邮件"—"填写邮件信息"—"发送"操作，直到 30 份对账函全部成功发送。本任务的手工操作流程如图 5-2 所示。

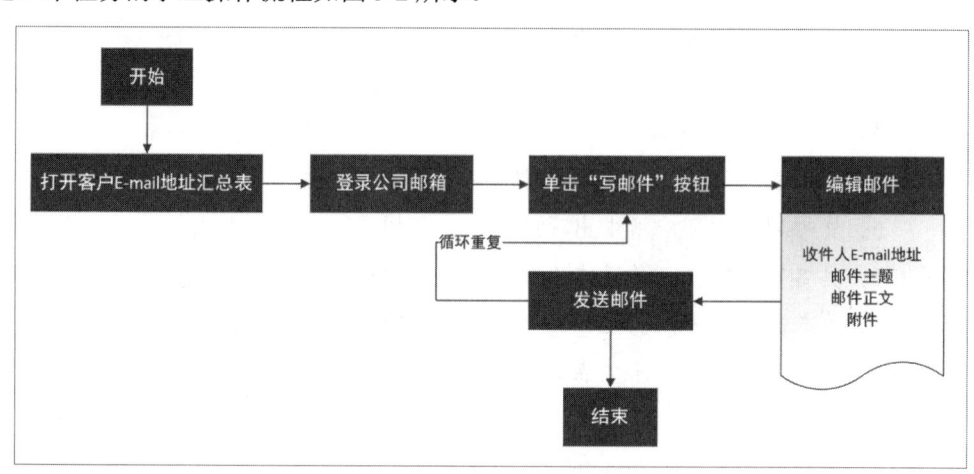

图 5-2　本任务的手工操作流程

任务痛点如下。

- 邮件信息多，涉及收件人 E-mail 地址、邮件主题、邮件正文、附件等，提高了手工操作的复杂性。
- 复制、粘贴、上传操作工作量大，误操作风险高（例如，填错收件人的 E-mail 地址，遗漏附件，收件人与附件不匹配），进而影响邮件的正确性和完整性。
- 手工操作的邮件发送过程难以追踪和记录，可能难以识别出现问题的具体步骤和环节。

三、任务描述

设计一个邮件精灵机器人，要求其能自动读取客户 E-mail 地址汇总表中的客户姓名及其 E-mail 地址，将这些信息自动写入电子邮件的相应字段，按照电子邮件内容模板完成邮件编辑工作，上传相应的对账函附件，并且将其自动发送给客户。

四、知识准备

1．网络组件应用介绍

1）【发送邮件（SMTP）】组件

①功能

利用【发送邮件（SMTP）】组件可以配置指定的邮箱，并且通过配置好的邮箱账号给指定的一个或多个收件人发送邮件。

②位置与语句

【发送邮件（SMTP）】组件的位置与语句如表 5-1 所示。

表 5-1 【发送邮件（SMTP）】组件的位置与语句

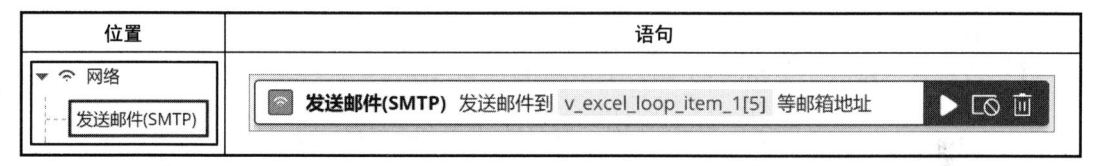

位置	语句
网络 发送邮件(SMTP)	发送邮件(SMTP) 发送邮件到 v_excel_loop_item_1[5] 等邮箱地址

③属性与说明

【发送邮件（SMTP）】组件的属性与说明如表 5-2 所示。

表 5-2 【发送邮件（SMTP）】组件的属性与说明

属性		当前值	说明
输入	发送内容	发件人：可以使用学生自己的 QQ 邮箱	—
		收件人/抄送/密送：/	可以直接填写邮箱地址；也可以使用编辑表达式，如直接填写邮箱；还支持填写一个或多个邮件地址，多个邮件地址之间需要用英文分号隔开
		主题：/	可以直接填写，也可以使用变量或编辑表达式
		邮件正文：/	
		附件：/	
	SMTP 服务器	QQ 邮箱	可以选择 QQ 邮箱、163 邮箱、126 邮箱等，还可以自定义邮箱
	SSL 加密	否	—

续表

	属性	当前值	说明
输入	SMTP 配置-是否需要身份验证	是	—
	用户名	—	用户名相当于发件人
	授权码	—	参照图 5-33~图 5-38 的相应步骤获取，注意保密，不可泄露

2)【接收邮件（IMAP）】组件

①功能

利用【接收邮件（IMAP）】组件可以接收指定邮箱账号的邮箱信息与附件。

②位置与语句

【接收邮件（IMAP）】组件的位置与语句如表 5-3 所示。

表 5-3 【接收邮件（IMAP）】组件的位置与语句

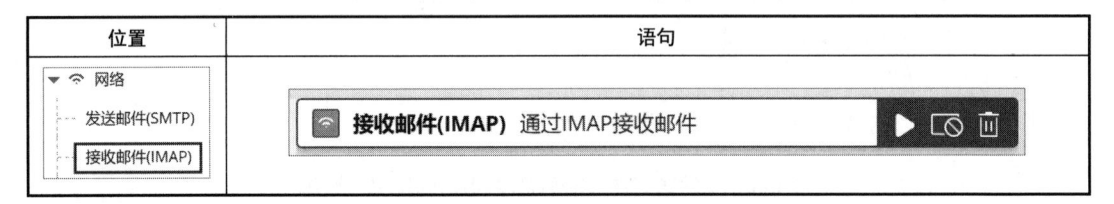

位置	语句
网络 发送邮件(SMTP) 接收邮件(IMAP)	接收邮件(IMAP) 通过IMAP接收邮件

③属性与说明

【接收邮件（IMAP）】组件的属性与说明如表 5-4 所示。

表 5-4 【接收邮件（IMAP）】组件的属性与说明

	属性	当前值	说明
输入	邮箱类型	QQ 邮箱	可以选择 QQ 邮箱、163 邮箱、126 邮箱等，还可以自定义邮箱
	邮箱账号	—	发邮件的邮箱账号
	授权码	—	参照图 5-33~图 5-38 的相应步骤获取，注意保密，不可泄露
	一次获取的邮件数量	10	根据所需的数量填写
	仅获取未读邮件	是	根据需要选择"是"单选按钮或"否"单选按钮
	保存附件	是	根据需要选择"是"单选按钮或"否"单选按钮
	附件保存路径	—	选择附件的存储路径
输出	保存邮件列表至	v_list_emailList_1（默认）	—

④应用示例

登录邮箱，读取最近 10 封未读邮件，并且下载相应的附件，具体流程如图 5-3 所示。

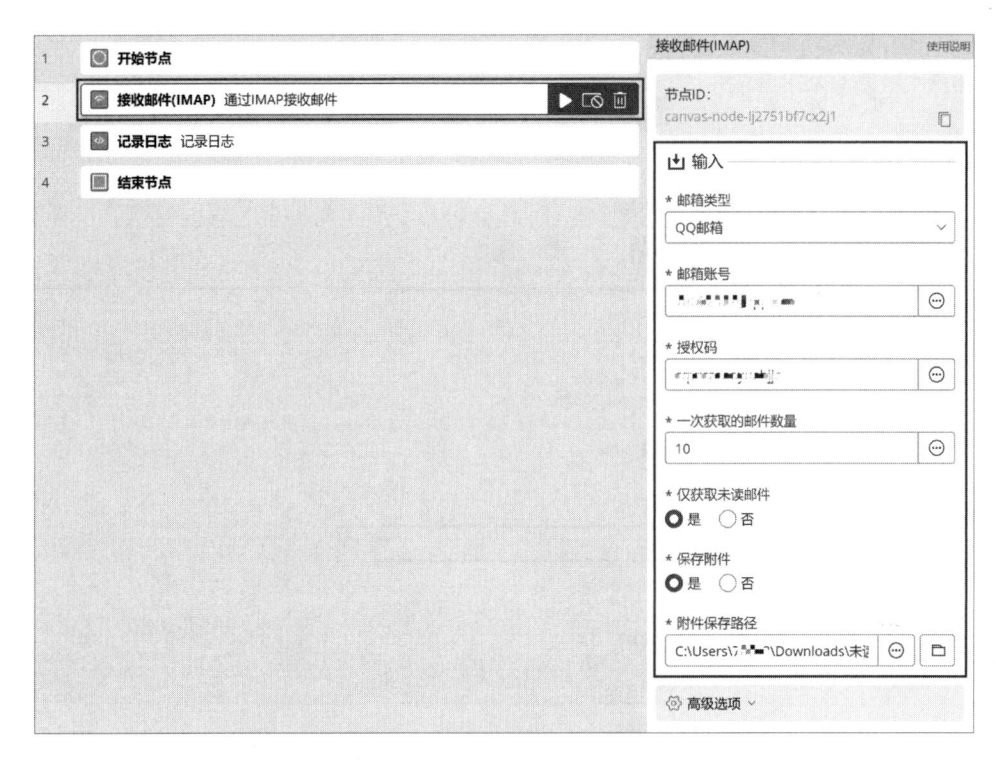

图 5-3 【接收邮件（IMAP）】组件应用示例的具体流程

（1）利用【接收邮件（IMAP）】组件登录邮箱，读取最近 10 封未读邮件，并且下载相应的附件。

（2）利用【记录日志】组件在日志面板中查看运行记录。

执行结果：在成功执行上述流程后，会自动获取指定邮箱账号最近 10 封未读邮件中的信息，将其在日志面板中打印出来，并且将相应的附件存储于指定文件夹中。

3）【钉钉群通知】组件

①功能

利用【钉钉群通知】组件可以在指定的钉钉群中批量发送通知，也可以@指定人群发送通知。

②位置与语句

【钉钉群通知】组件的位置与语句如表 5-5 所示。

表 5-5 【钉钉群通知】组件的位置与语句

位置	语句
企业微信群通知 / 钉钉群通知	钉钉群通知 发送 "RPA钉钉群发测试" 至钉钉群

③获取机器人的网络地址

（1）选择需要发送通知的钉钉群，进入群设置，选择"机器人"选项，如图 5-4 所示。

图 5-4 获取机器人的网络地址（1）

（2）弹出"机器人管理"对话框，单击"添加机器人"按钮，如图 5-5 所示。

图 5-5 获取机器人的网络地址（2）

（3）弹出"机器人"对话框，单击">"按钮，如图 5-6 所示。

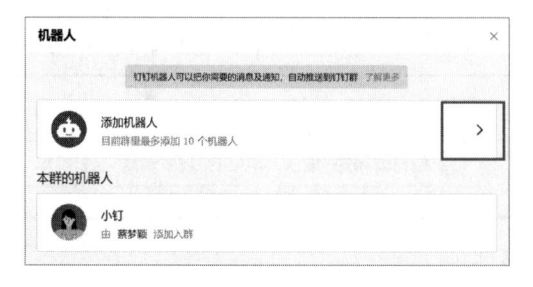

图 5-6 获取机器人的网络地址（3）

（4）进入"机器人"界面，选择"自定义"选项，如图5-7所示。

图5-7　获取机器人的网络地址（4）

（5）进入"机器人详情"界面，单击"添加"按钮，如图5-8所示。

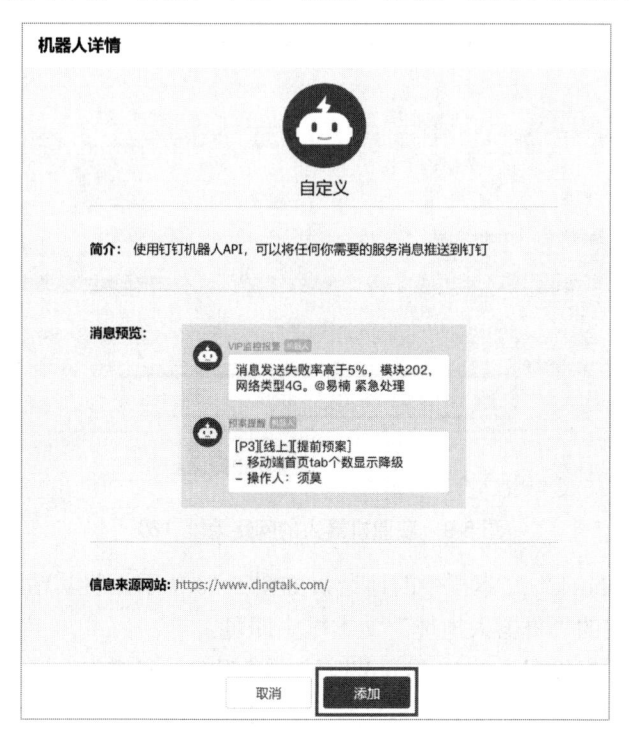

图5-8　获取机器人的网络地址（5）

（6）进入"添加机器人"界面，在"机器人名称"文本框中输入机器人名称"RPA群发小助手"，勾选"安全设置"选区中的"加签"复选框，勾选"我已阅读并同意《自定义机器人服务及免责条款》"复选框，单击"完成"按钮，如图5-9所示。其中，勾选"加签"复选框，系统会生成密钥，复制密钥，将其粘贴到【钉钉群通知】组件的"输入"属性的"密钥"文本框中即可。需要注意的是，该密钥要保密，不可以将其泄露。

图 5-9　获取机器人的网络地址（6）

（7）复制"Webhook"文本框中的地址，如图5-10所示，将其粘贴到【钉钉群通知】组件的"输入"属性的"机器人地址"文本框中即可。

注意：一定要做好机器人的Webhook地址与密钥的保密工作，避免泄露，不可将其分享到可被公开查阅的地方，以免有人非法使用你的机器人。

图5-10 获取机器人的网络地址（7）

④属性与说明

【钉钉群通知】组件的属性与说明如表5-6所示。

表5-6 【钉钉群通知】组件的属性与说明

	属性	当前值	说明
输入	机器人地址	—	填写钉钉群机器人的网络地址（Webhook地址），注意保密，不可泄露
	密钥	—	填写在添加机器人时，在勾选"加签"复选框后生成的以SEC开头的密钥，注意保密，不可泄露
	消息格式类型	文本类型	—
	文本内容	—	填写需要发送的文本内容
	@某人	—	填写需要@的人的手机号码，多个手机号码之间使用英文逗号隔开
	@所有人	否	如果需要@所有人，则需要选择"是"单选按钮

⑤应用示例

在指定的钉钉群中发送信息"大家好，我是RPA钉钉群发小助手"，并且@所有人，具体流程如图5-11所示。

参照表5-6，完成【钉钉群通知】组件的属性配置。

执行结果：在成功执行上述流程后，会在指定的钉钉群中@所有人并发送信息"大家好，我是RPA钉钉群发小助手"，如图5-12所示。

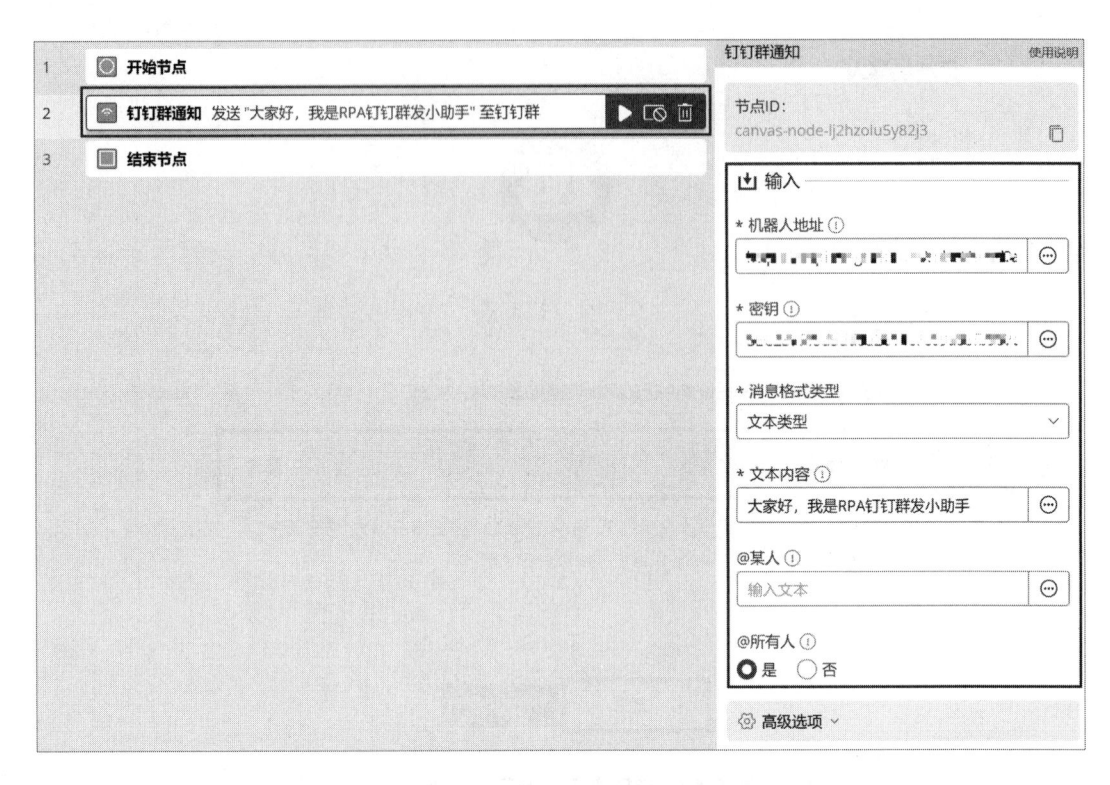

图 5-11　【钉钉群通知】组件应用示例的具体流程

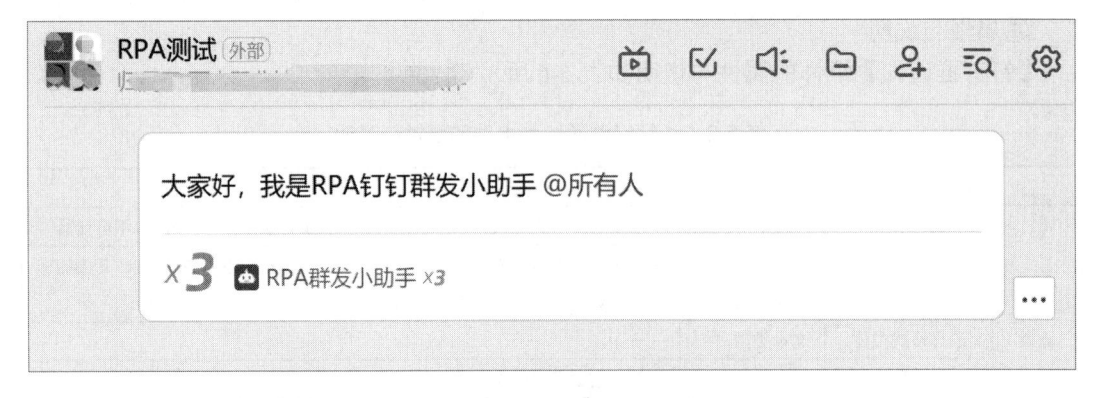

图 5-12　【钉钉群通知】组件应用示例流程的执行结果

2．循环组件应用介绍

1）【循环 Excel 内容】组件

①功能
利用【循环 Excel 内容】组件可以循环操作 Excel 文件指定区域中的每行内容。
②位置与语句
【循环 Excel 内容】组件的位置与语句如表 5-7 所示。

表 5-7 【循环 Excel 内容】组件的位置与语句

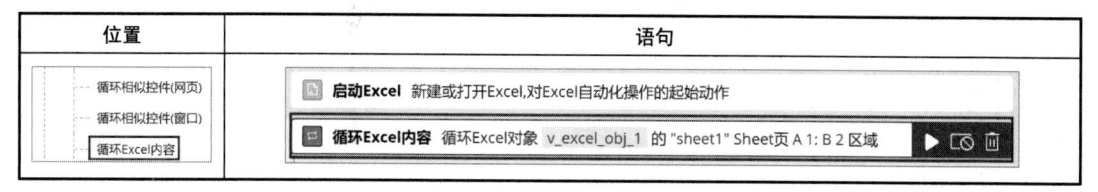

位置	语句
┊──循环相似控件(网页) ┊──循环相似控件(窗口) ┊──循环Excel内容	启动Excel 新建或打开Excel,对Excel自动化操作的起始动作 循环Excel内容 循环Excel对象 v_excel_obj_1 的 "sheet1" Sheet页 A 1: B 2 区域

③属性与说明

【循环 Excel 内容】组件的属性与说明如表 5-8 所示。

表 5-8 【循环 Excel 内容】组件的属性与说明

	属性	当前值	说明
输入	已打开的 Excel 对象	v_excel_obj_1	在下拉列表中选择一个相关前置组件（如【获取当前激活的 Sheet 页】组件）中输出的 Sheet 对象，代表要操作的目标 Sheet 页
	Sheet 页名称	Sheet1	通过在文本框中直接输入、选择变量等方式填写目标操作区域所在的 Sheet 页名称
	循环范围	指定区域	在下拉列表中选择希望设置的循环范围，包括"指定区域"选项、"指定行"选项、"指定列"选项和"已使用区域"选项，默认选择"指定区域"选项
	起始行号	1，根据实际情况填写	通过在文本框中直接输入、选择变量等方式填写目标操作区域的起始行号（数字）
	起始列名	A，根据实际情况填写	通过在文本框中直接输入、选择变量等方式填写目标操作区域的起始列名（字母）
	结束行号	2，根据实际情况填写	通过在文本框中直接输入、选择变量等方式填写目标操作区域的结束行号（数字）
	结束列名	B，根据实际情况填写	通过在文本框中直接输入、选择变量等方式填写目标操作区域的结束列名（字母）
输出	每次循环项	v_excel_loop_item_1 （默认）	以变量的形式保存每次循环项，变量名称由系统默认生成，也支持用户以满足变量命名规范的方式自定义变量
	当前行号	v_excel_loop_rownum_1 （默认）	以变量的形式保存当前行号，变量名称由系统默认生成，也支持用户以满足变量命名规范的方式自定义变量

④应用示例

在淘宝网中依次搜索 Excel 文件中的相关商品信息，并且记录搜索结果中第一个商品的标题与价格，具体流程如图 5-13 所示。

（1）利用【打开新网页】组件打开淘宝网首页。

（2）利用【启动 Excel】组件打开指定的用于搜索商品信息的 Excel 文件，如图 5-14 所示。

（3）利用【获取当前激活的 Sheet 页】组件获取当前激活的 Sheet 页。

（4）利用【循环 Excel 内容】组件循环输出指定区域中的每行内容。

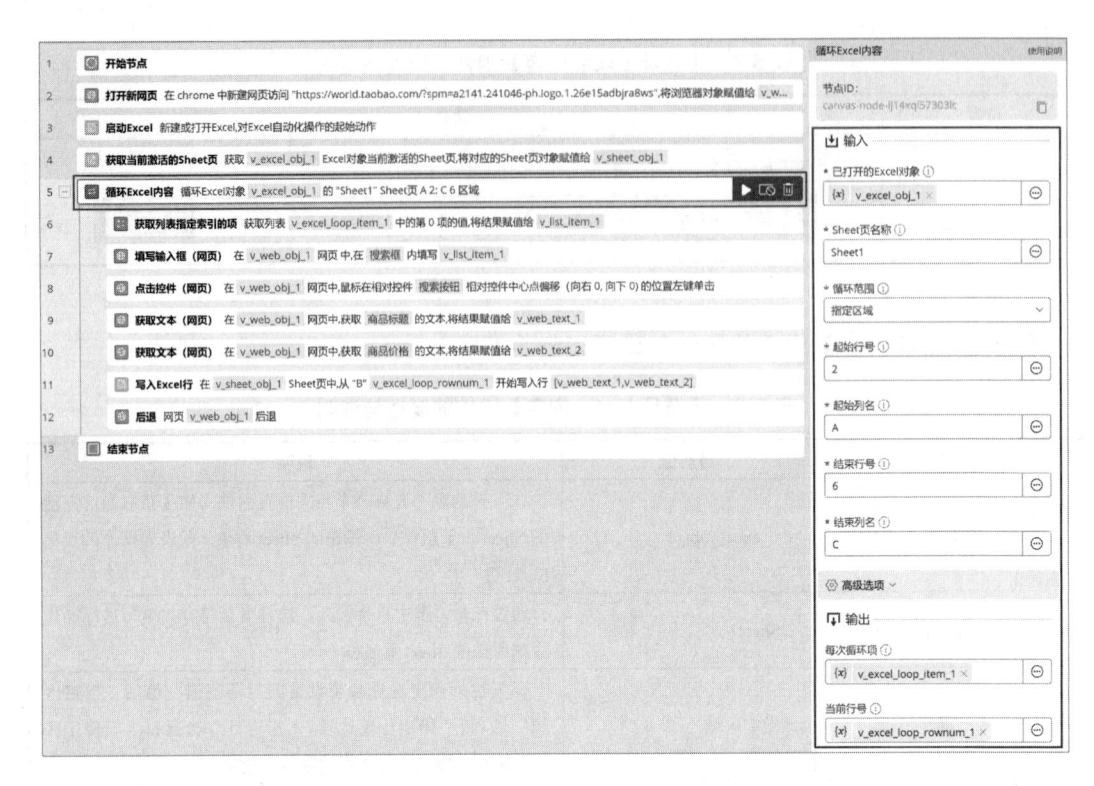

图 5-13 【循环 Excel 内容】组件应用示例的具体流程

图 5-14 用于搜索商品信息的 Excel 文件

（5）利用【获取列表指定索引的项】组件获取列表中的第一个选项值。

（6）利用【填写输入框（网页）】组件在淘宝网的搜索框中输入从 Excel 文件中获取的需要搜索的商品名称。

（7）利用【点击控件（网页）】组件单击"搜索"按钮。

（8）利用【获取文本（网页）】组件获取搜索结果中第一个商品的标题。

· 90 ·

(9)利用【获取文本（网页）】组件获取搜索结果中第一个商品的价格。
(10)利用【写入 Excel 行】组件将获取的商品标题与价格写入指定行。
(11)利用【后退】组件返回淘宝网首页。

执行结果：在成功执行上述流程后，首先会在 Chrome 浏览器中访问淘宝网首页，然后根据 Excel 文件的"搜索名称"列中内容依次搜索商品信息，最后将搜索结果中的第一个商品的标题与价格记录到指定行中，如图 5-15 所示。

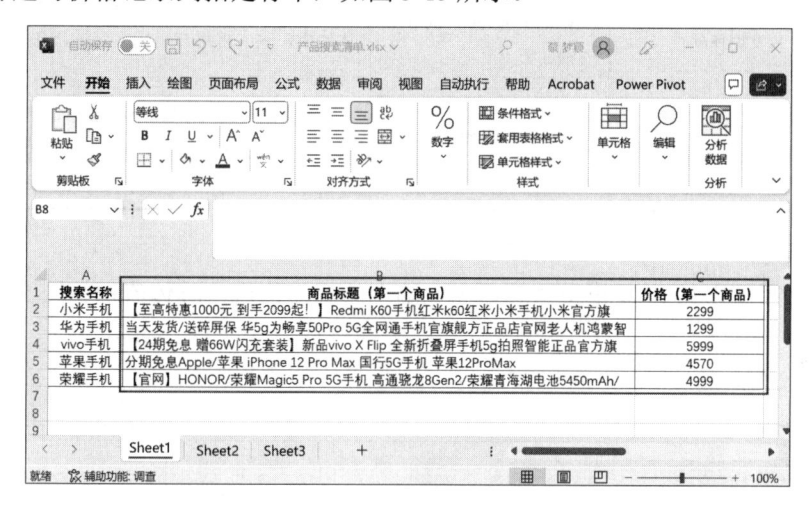

图 5-15 【循环 Excel 内容】组件应用示例流程的执行结果

2)【循环相似控件（网页）】组件

①功能

利用【循环相似控件（网页）】组件可以循环操作多个相似的控件。

②位置与语句

【循环相似控件（网页）】组件的位置与语句如表 5-9 所示。

表 5-9 【循环相似控件（网页）】组件的位置与语句

位置	语句

▼ 循环和判断
  ▼ 循环
    循环相似控件(网页)
	打开新网页 在 chrome 中新建网页访问 "www.taobao.com",将浏览器对象赋值给 v_web_obj_1
	循环相似控件(网页) 用每次循环项 v_web_element_item_1 遍历相似控件 商品价格

③属性与说明

【循环相似控件（网页）】组件的属性与说明如表 5-10 所示。

表 5-10 【循环相似控件（网页）】组件的属性与说明

	属性	当前值	说明
输入	已打开的网页对象	v_web_obj_1	在下拉列表中选择一个相关前置组件（如【打开新网页】组件、【获取已打开的网页】组件）中输出的浏览器对象，代表要操作的目标浏览器页面

续表

	属性	当前值	说明
输入	目标控件	捕捉控件	在下拉列表中选择或直接捕捉一个输入控件，代表要操作的目标输入控件
	查找控件超时时间（秒）	15（默认）	用于设置该组件等待超时的时间，默认值为 15 秒，可以根据需要进行调整
输出	每次循环项	v_web_element_item_1（默认）	以变量的形式保存每次循环项，变量名称由系统默认生成，也支持用户以满足变量命名规范的方式自定义变量
	每次循环索引	v_web_element_index_1（默认）	以变量的形式保存每次循环索引，变量名称由系统默认生成，也支持用户以满足变量命名规范的方式自定义变量

④应用示例

在淘宝网中依次获取并记录"笔记本电脑"的商品价格，具体流程如图 5-16 所示。

图 5-16 【循环相似控件（网页）】组件应用示例的具体流程

（1）利用【打开新网页】组件打开淘宝网首页。
（2）利用【填写输入框（网页）】组件在淘宝网的搜索框中输入"笔记本电脑"。
（3）利用【点击控件（网页）】组件单击"搜索"按钮。
（4）利用【等待网页元素出现（网页）】组件等待搜索的商品信息加载完整。
（5）利用【循环相似控件（网页）】组件循环操作多个商品的价格控件。
（6）利用【获取文本（网页）】组件获取每次循环项商品的价格信息。

注意：在"输入"属性中，将"目标控件"设置为【循环相似控件（网页）】组件中输出的每次循环项 v_web_element_item_1 即可。

（7）利用【记录日志】组件打印每次循环项商品的价格信息。

执行结果：在成功执行该流程后，会在 Chrome 浏览器中访问淘宝网，搜索"笔记本电脑",等待商品信息加载出来,并且获取多个商品的商品价格,如图 5-17 所示。

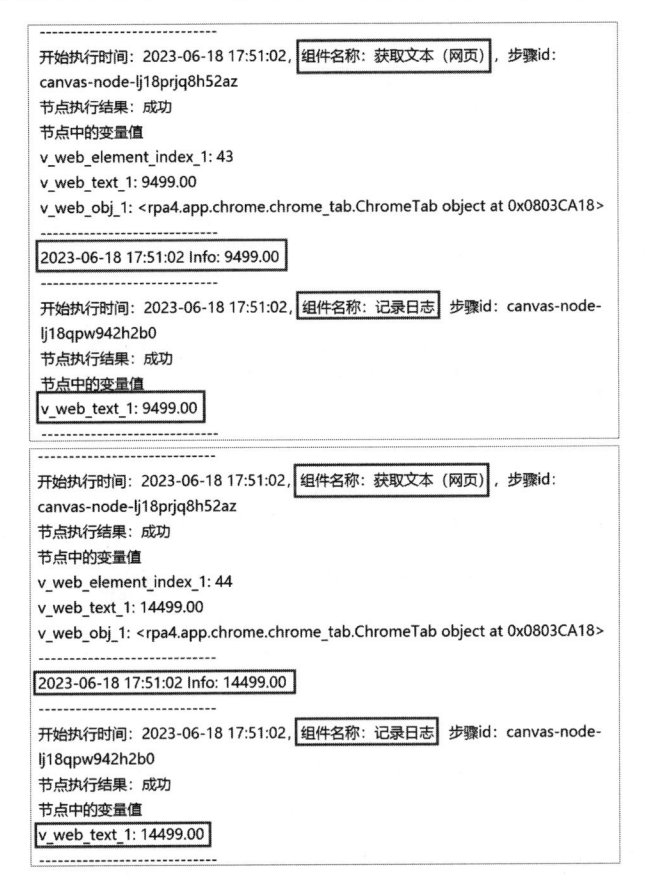

```
------------------------
开始执行时间:2023-06-18 17:51:02,组件名称:获取文本(网页),步骤id:
canvas-node-lj18prjq8h52az
节点执行结果:成功
节点中的变量值
v_web_element_index_1: 43
v_web_text_1: 9499.00
v_web_obj_1: <rpa4.app.chrome.chrome_tab.ChromeTab object at 0x0803CA18>
------------------------
2023-06-18 17:51:02 Info: 9499.00
------------------------
开始执行时间:2023-06-18 17:51:02,组件名称:记录日志,步骤id: canvas-node-
lj18qpw942h2b0
节点执行结果:成功
节点中的变量值
v_web_text_1: 9499.00
------------------------
开始执行时间:2023-06-18 17:51:02,组件名称:获取文本(网页),步骤id:
canvas-node-lj18prjq8h52az
节点执行结果:成功
节点中的变量值
v_web_element_index_1: 44
v_web_text_1: 14499.00
v_web_obj_1: <rpa4.app.chrome.chrome_tab.ChromeTab object at 0x0803CA18>
------------------------
2023-06-18 17:51:02 Info: 14499.00
------------------------
开始执行时间:2023-06-18 17:51:02,组件名称:记录日志,步骤id: canvas-node-
lj18qpw942h2b0
节点执行结果:成功
节点中的变量值
v_web_text_1: 14499.00
------------------------
```

图 5-17 【循环相似控件(网页)】组件应用示例流程的执行结果

3)【条件循环】组件

①功能

利用【条件循环】组件可以根据条件进行循环。

②位置与语句

【条件循环】组件的位置与语句如表 5-11 所示。

表 5-11 【条件循环】组件的位置与语句

位置	语句

▼ 循环和判断
  ▼ 循环
    条件循环
	条件循环　使用 while 循环,注意避免发生死循环

③属性与说明

【条件循环】组件的属性与说明如表 5-12 所示。

表 5-12 【条件循环】组件的属性与说明

属性		说明
输入条件	循环条件	在"循环条件"面板中以表达式的形式设置循环条件。 可视化方式条件支持字符串、数字、布尔值等类型变量，更多类型的变量和复杂条件可通过表达式编辑方式进行创建

④应用示例

变量 a 的初始值为 0，每循环一次，都会将变量 a 的值加 1 并写入 Excel 文件中的最后一行，a 的值不可以超过 5，具体流程如图 5-18 所示。

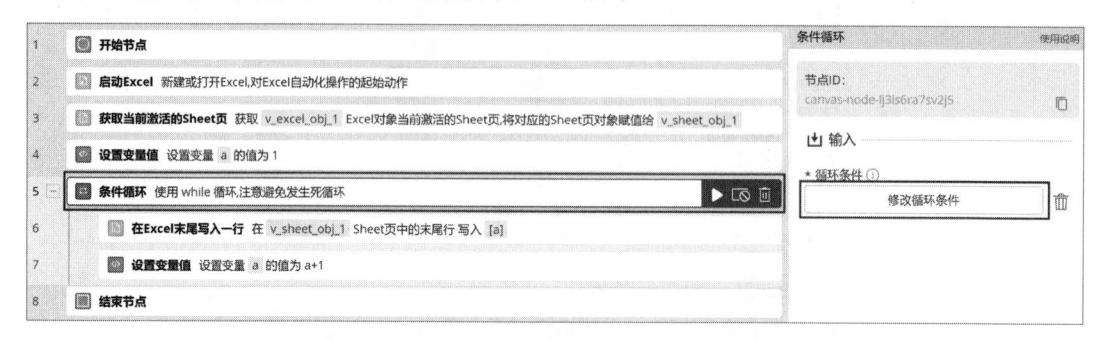

图 5-18 【条件循环】组件应用示例的具体流程

（1）利用【启动 Excel】组件新建 Excel 文件"条件循环测试.xlsx"。
（2）利用【获取当前激活的 Sheet 页】组件获取当前激活的 Sheet 页。
（3）利用【设置变量值】组件将变量 a 的初始值设置为 1。
（4）利用【条件循环】组件设置循环条件为 a<=5，如图 5-19 所示。

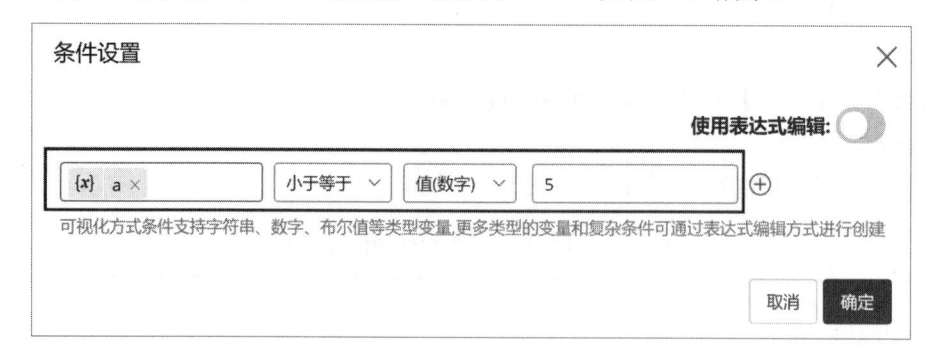

图 5-19 设置循环条件

（5）利用【在 Excel 末尾写入一行】组件将获取的变量 a 的值写入 Excel 文件中的最后一行。
（6）每循环一次，都利用【设置变量值】组件将变量 a 的值加 1。

执行结果：在成功执行上述流程后，会在 Excel 文件中的最后一行依次记录每次循环变量 a 的值，直到变量 a 的值变为 5。

4)【循环列表内容】组件

①功能

利用【循环列表内容】组件可以循环遍历列表中的内容。

②位置与语句

【循环列表内容】组件的位置与语句如表 5-13 所示。

表 5-13　【循环列表内容】组件的位置与语句

位置	语句
循环字典键值对 循环列表内容	循环列表内容 用 v_item_1 遍历列表变量 list1

③属性与说明

【循环列表内容】组件的属性与说明如表 5-14 所示。

表 5-14　【循环列表内容】组件的属性与说明

属性		当前值	说明
输入	循环列表	list1	通过在文本框中直接输入、选择变量等方式填写循环列表
输出	每次循环项	v_item_1（默认）	以变量的形式保存每次循环项，变量名称由系统默认生成，也支持用户以满足变量命名规范的方式自定义变量

④应用示例

依次读取列表["北京","上海","广州","深圳","杭州","安徽","南京","哈尔滨","乌鲁木齐"]，并且将读取的列表中的内容写入指定的 Excel 文件，具体流程如图 5-20 所示。

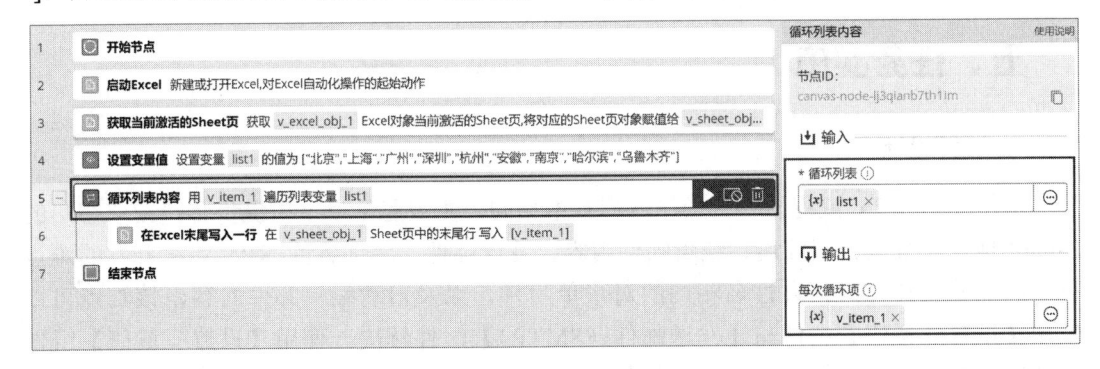

图 5-20　【循环列表内容】组件应用示例的具体流程

（1）利用【启动 Excel】组件新建 Excel 文件"循环列表内容测试.xlsx"。

（2）利用【获取当前激活的 Sheet 页】组件获取当前激活的 Sheet 页。

（3）利用【设置变量值】组件将变量 list1 赋值为["北京","上海","广州","深圳","杭州","安徽","南京","哈尔滨","乌鲁木齐"]。

（4）利用【循环列表内容】组件循环遍历列表中的内容。

（5）利用【在Excel末尾写入一行】组件将获取的每次循环项的内容写入Excel文件中的最后一行。

执行结果：在成功执行上述流程后，会在Excel文件中的最后一行依次记录每次循环列表获取的内容，如图5-21所示。

图5-21　【循环列表内容】组件应用示例流程的执行结果

五、任务实施

1．流程设计

本任务的RPA流程与手工操作流程基本相同，主要包括以下关键步骤：读取客户的E-mail地址、登录公司邮箱、编辑邮件内容、发送邮件。本任务的RPA流程开发的难点在于匹配并上传与收件人姓名相同的对账单附件，以及自动编辑邮件内容，该难点可以使用【设置变量值】组件与【发送邮件（SMTP）】组件解决。使用【设置变量值】组件设置附件的存储路径变量，用于存储每个客户对应的附件的存储路径，同时在组件、控件、变量列表区的变量区中设置邮件正文变量，并且在【发送邮件（SMTP）】组件中引用这些变量，即可使RPA动态匹配附件的存储路径和邮件内容，准确完成邮件内容的编辑与自动发送操作。邮件精灵机器人的具体流程设计如表5-15所示，核心操作为该表中序号3对应的操作。

表 5-15　邮件精灵机器人的具体流程设计

流程	序号	使用组件	层级	属性设置
打开对账汇总表	1	启动 Excel	一级	启动方式：打开 Excel。 Excel 文件路径：选择"往来客户对账汇总表.xlsx"文件的存储路径。 是否只读打开：否。 Excel 对象：v_excel_obj_1（默认）。 Excel 文件路径：v_file_path_1（默认）。
读取客户邮箱	2	循环 Excel 内容	一级	已打开的 Excel 对象：v_excel_obj_1。 Sheet 页名称：sheet1。 循环范围：指定行。 起始行号：3。 结束行号：32。 每次循环项：v_excel_loop_item_1（默认）。 当前行号：v_excel_loop_rownum_1（默认）。
编辑并发送邮件	3	设置变量值	二级	变量：word_path。 变量值：任务四输出的 30 份对账函的存储路径+v_excel_loop_item_1[0]+v_excel_loop_item_1[1]+"对账函.docx" 注意：存储路径的各级目录需要使用"\\"符号隔开，并且在路径的最后增加一个"\\"符号
	4	打开组件、控件、变量列表区的变量区，单独设置变量（此处非组件）	—	添加变量 1，该变量的参数设置如下。 变量名称：str_1。 变量类型：字符串。 默认值：尊敬的。 添加变量 2，该变量的参数设置如下。 变量名称：str_2。 变量类型：字符串。 默认值：客户：感谢贵公司一如既往地对星辰全方位生活科技公司的支持、信任与厚爱！为建立贵公司与我公司更加诚信的业务伙伴关系，我公司正在对贵公司截止发邮件日与我公司的经济往来账项进行核对，诚望贵公司予以支持和配合！
	5	发送邮件（SMTP）	二级	发送内容：在"发送内容"对话框中，将"发件人"设置为学生自己的 QQ 邮箱账号，以编辑表达式的方式将"收件人"设置为"v_excel_loop_item_1[5]"，将"主题"设置为"星辰全方位生活科技公司对账函"，以编辑表达式的方式将"邮件正文"设置为"str_1+v_excel_loop_item_1[0]+str_2" SMTP 服务器：QQ 邮箱。 SSL 加密：否。 SMTP 配置—是否需要身份验证：是。 用户名：学生自己的 QQ 邮箱。 授权码：按路径获取
关闭 Excel	6	关闭 Excel	一级	已打开的 Excel 对象：v_excel_obj_1。 关闭时是否保存：否

2. 操作过程

步骤 1：启动阿里云 RPA 编辑器，选择"新建本地工程"选项，弹出"新建本地工程"对话框，选择"基础可视化工程模板"选项，在"名称"文本框中输入"邮件精灵机器人"，选择合适的存储路径，单击"确定"按钮，如图 5-22 所示，即可进入阿里云 RPA 编辑器的开发界面。

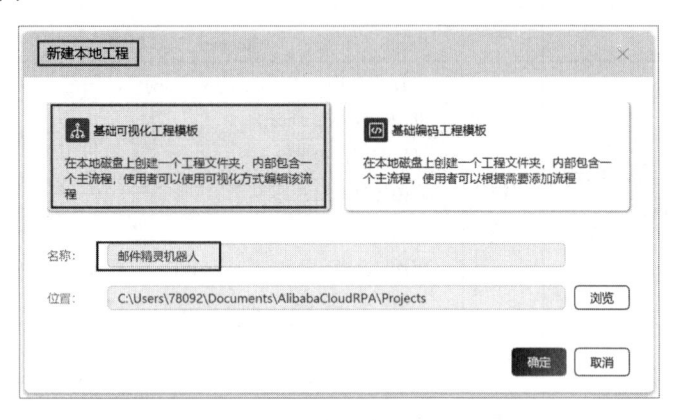

图 5-22　"新建本地工程"对话框

步骤 2：将鼠标指针移动至流程编辑区中的【开始节点】组件下方，单击出现的"⊕"按钮，在弹出的下拉列表中选择【启动 Excel】组件，在右侧的属性面板中进行属性设置，如图 5-23 所示。在"输入"属性中，将"启动方式"设置为"打开 Excel"，将"Excel 文件路径"设置为任务四（Word 人机交互自动化）中"往来客户对账汇总表.xlsx"文件的存储路径。在"输出"属性中，"Excel 对象"和"Excel 文件路径"均采用默认设置。

图 5-23　【启动 Excel】组件的属性设置

步骤 3：将鼠标指针移动至流程编辑区中的【启动 Excel】组件下方，单击出现的"⊕"按钮，在弹出的下拉列表中选择【循环 Excel 内容】组件，在右侧的属性面板中进行属性设置，如图 5-24 所示。在"输入"属性中，将"已打开的 Excel 对象"设置为 v_excel_obj_1 变量，将"Sheet 页名称"设置为"sheet1"，将"循环范围"设置为"指定行"，将"起始行号"设置为"3"，将"结束行号"设置为"32"。在"输出"属性中，"每次循环项"和"当前行号"均采用默认设置。其中，"每次循环项"设置的是当前循环遍历的行数据，在本任务中对应的是"往来客户对账汇总表.xlsx"文件中当前循环遍历的行数据，包括公司名称、对账日期、欠款金额、金额大写、备注等信息；"当前行号"设置的是正在循环的行在"往来客户对账汇总表.xlsx"文件中的行号。将"每次循环项"和"当前行号"结合在一起，可以获取每次循环中的当前行数据，以及该行在"往来客户对账汇总表.xlsx"文件中的位置。

图 5-24 【循环 Excel 内容】组件的属性设置

步骤 4：将鼠标指针移动至流程编辑区中的【循环 Excel 内容】组件下方，单击二级目录处出现的"⊕"按钮，在弹出的下拉列表中选择【设置变量值】组件，在右侧的属性面板中进行属性设置，如图 5-25 所示。在"输入"属性中，单击"变量"右侧的"..."按钮，在弹出的下拉列表中选择"新增变量"选项，打开"添加变量"对话框，在"变量名称"文本框中输入"word_path","变量类型"采用默认设置,如图 5-26 所示,该变量为下个组件中使用的附件存储路径变量,可以根据习惯自主命名;单击"变量值"右侧的"..."按钮,在弹出的下拉列表中选择"编辑表达式"选项,打开"编辑表达式"对话框,输入任务四输出的对账单存储路径+v_excel_loop_item_1[0]+v_excel_loop_item_1[1]+"对账函.docx",如图5-27所示。需要注意的是,任务四输出的对账单存储路径的各级目录需要使用"\\"符号隔开,并且在路径的最后增加一个"\\"符号,其中,"v_excel_loop_item_1"为步骤 5 中【循环 Excel 内容】组件默认输出的"每次循环项"变量,即"往来客户对账汇总表.xlsx"文件中当前循环遍历的行数据;v_excel_loop_item_1[0]表示当前行第一个单元格中的内容,即本次循环对应的公司名称;v_excel_loop_item_1[1]表示当前行第二个单元格中的内容,即本次循环对应的对账日期。

图 5-25 【设置变量值】组件的属性设置　　图 5-26 "添加变量"对话框

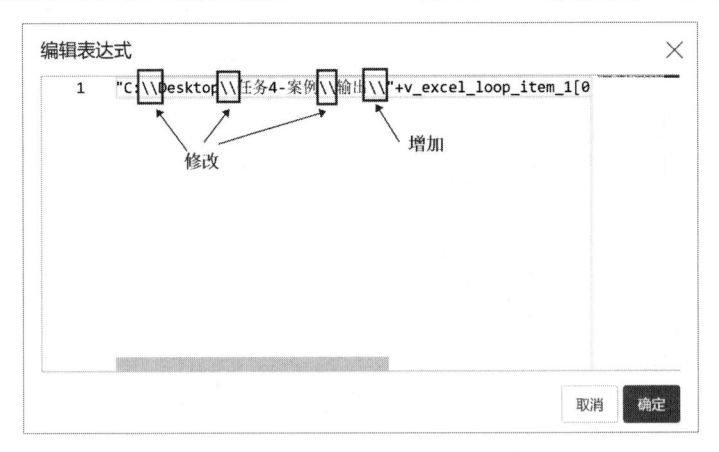

图 5-27 "编辑表达式"对话框

说明:为了验证【设置变量值】组件中编辑的表达式是否正确,可以在该组件下方添加一个【启动 Word】组件,属性设置如图 5-28 所示。运行该组件,如果能打开各公司的对账函,则表示表达式正确,否则表示表达式存在问题。在验证成功后,停止运行该组件,如图 5-29 所示。

图 5-28 【启动 Word】组件的属性设置

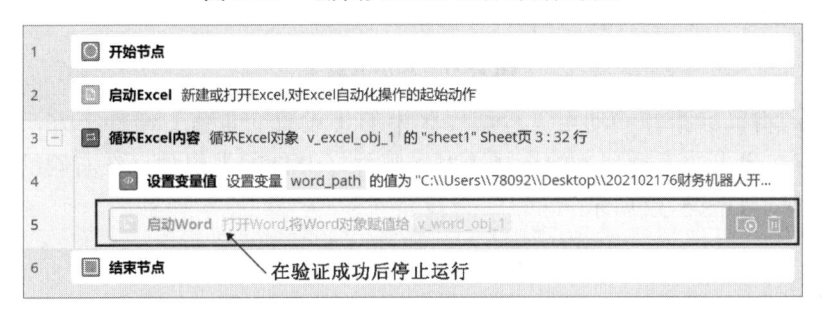

图 5-29 停止运行【启动 Word】组件

步骤 5：在组件、控件、变量列表区的变量区中单击"添加变量"按钮，打开"编辑变量"对话框，添加 2 个邮件内容变量。

- 添加变量 1：在"变量名称"文本框中输入"str_1"（可自主命名），"变量类型"采用默认的"字符串"，在"默认值"文本框中输入"尊敬的"，如图 5-30 所示。

图 5-30 添加变量 1

- 添加变量 2：在"变量名称"文本框中输入"str_2"（可自主命名），"变量类型"采用默认的"字符串"，在"默认值"文本框中输入"客户：感谢贵公司一如既往地对星辰全方位生活科技公司的支持、信任与厚爱！为建立贵公司与我公司更加诚信的业务伙伴关系，我公司正在对贵公司截止发邮件日与我公司的经济往来账项进行核对，诚望贵公司予以支持和配合！"，如图5-31所示。

图 5-31　添加变量 2

步骤 6：将鼠标指针移动至流程编辑区中的【设置变量值】组件下方，单击出现的"⊕"按钮，在弹出的下拉列表中选择【发送邮件（SMTP）】组件，在右侧的属性面板中进行属性设置，如图5-32所示。

图 5-32　【发送邮件（SMTP）】组件的属性设置——填写授权码

（1）发送内容：单击"发送内容"下方的"编辑"按钮，打开"发送内容"对话框，在"发件人"文本框中输入学生的 QQ 邮箱账号；单击"收件人"文本框右侧的"..."按钮，在弹出的下拉列表中选择"编辑表达式"选项，打开"编辑表达式"对话框，输入"v_excel_loop_item_1[5]"；在"抄送"文本框中输入教师的 QQ 邮箱账号（可选填验证）；在"主题"文本框中输入"星辰全方位生活科技公司对账函"；单击"邮件正文"文本框右侧的"..."按钮，在弹出的下拉列表中选择"编辑表达式"选项，打开"编辑表达式"对话框，输入"str_1+v_excel_loop_item_1[0]+str_2"；将"附件"设置为 word_path 变量，如图 5-33 所示。

图 5-33　【发送邮件（SMTP）】组件的属性设置——发送内容

（2）STMP 服务器：选择"QQ 邮箱"选项。
（3）SSL 加密：选择"否"单选按钮。
（4）SMTP 配置-是否需要身份验证：选择"是"单选按钮。
（5）用户名：输入学生的 QQ 邮箱账号。
（6）授权码：单击 QQ 邮箱网页版左上角的"设置"按钮，进入"邮箱设置"界面，选择"账户"选项卡，在"POP3/IMAP/SMTP/Exchange/CardDAV/CalDAV 服务"选区中单击"开启服务"超链接，在弹出的"安全验证"对话框中单击"前往绑定"按钮，根据提示完成 QQ 保密验证，单击"我已发送"按钮，即可获得邮箱授权码，具体步骤如图 5-34～图 5-39 所示[①]。将获得的授权码输入本组件的"授权码"文本框。

---

① 图中的"帐户""帐号"的正确写法应为"账户""账号"。

图 5-34 【发送邮件（SMTP）】组件的属性设置——授权码获取步骤（1）

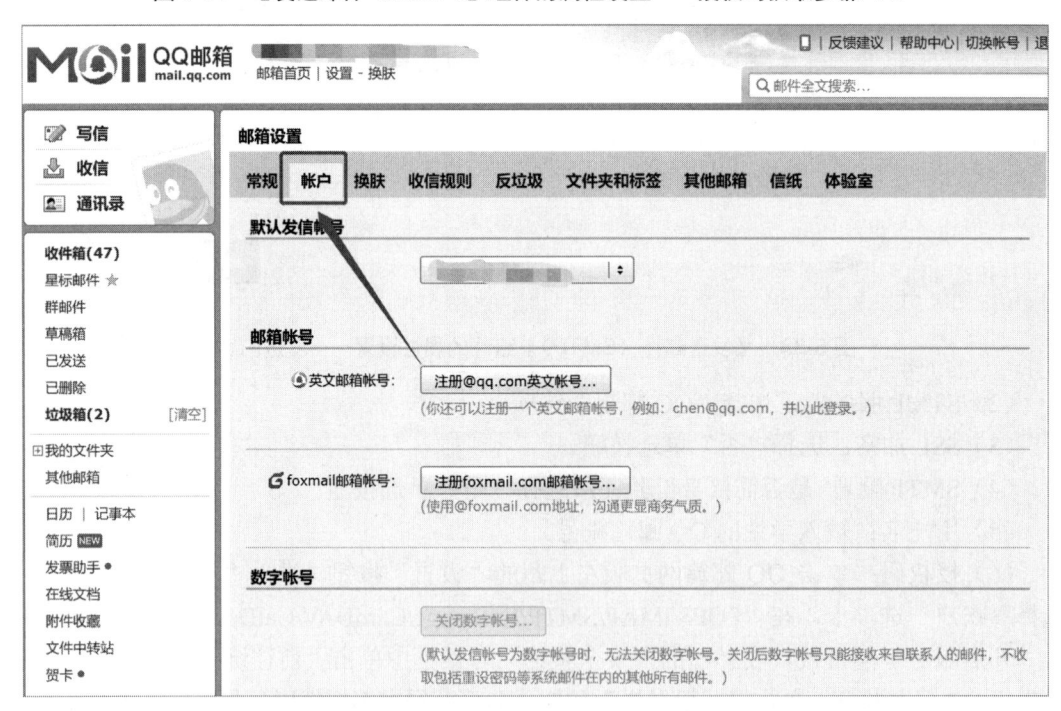

图 5-35 【发送邮件（SMTP）】组件的属性设置——授权码获取步骤（2）

◎ 任务五　E-mail 人机交互自动化

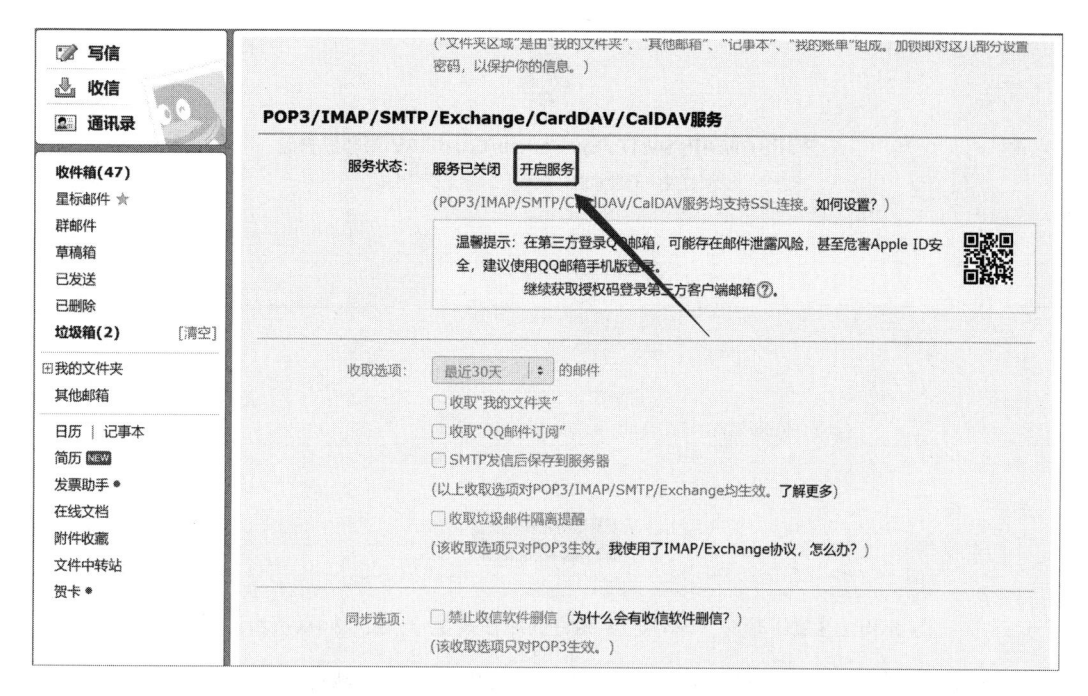

图 5-36　【发送邮件（SMTP）】组件的属性设置——授权码获取步骤（3）

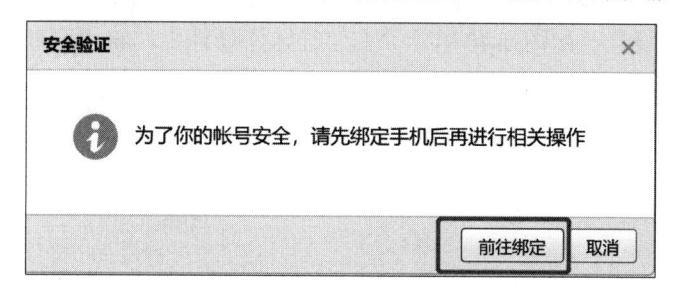

图 5-37　【发送邮件（SMTP）】组件的属性设置——授权码获取步骤（4）

图 5-38　【发送邮件（SMTP）】组件的属性设置——授权码获取步骤（5）

图 5-39 【发送邮件（SMTP）】组件的属性设置——授权码获取步骤（6）

步骤 7：将鼠标指针移动至流程编辑区中的【发送邮件（SMTP）】组件下方，单击一级目录处出现的"⊕"按钮，在弹出的下拉列表中选择【关闭 Excel】组件，在右侧的属性面板中进行属性设置，如图 5-40 所示。在"输入"属性中，将"已打开的 Excel 对象"设置为 v_excel_obj_1 变量，将"关闭时是否保存"设置为"否"。

图 5-40 【关闭 Excel】组件的属性设置

3．流程运行

扫描右侧的二维码，可以观看本任务的邮件精灵机器人的动态运行流程。

六、课后练习

睿智科技有限公司即将举办一场 RPA 培训交流会,根据报名信息,现在已经制作完成了 50 份个性化的会议邀请函,接下来需要将该会议邀请函发送给各位参会人员。你需要为该公司设计并开发一款邮件智能助手机器人,自动匹配收件人和邀请函,并且自动完成邮件内容的编辑和发送工作。

任务六

Web 人机交互自动化

知识目标： 1. 掌握常用网页组件的属性设置及应用方法。
2. 掌握 RPA 网页交互的方法。
3. 掌握条件判断的属性设置及应用方法。

能力目标： 1. 能够根据具体任务灵活选择并应用网页相关组件。
2. 能够应用 RPA 模拟用户行为，进行网页交互。
3. 能够应用 RPA 从网页中提取数据并将其保存。

素质目标： 1. 培养终身学习的观念，培养跨领域进行流程设计的思维能力。
2. 遵循诚实守信的职业道德，保持认真严谨的工作作风。
3. 具备耐心和细致的品质，注重细节并追求卓越。

扫一扫

德技并修：劳模精神

一、任务情境

小蒙是小米科技有限责任公司的网络销售数据分析师，在淘宝天猫 618 活动期间，负责监测电动牙刷市场的网络销售情况。具体要求为，在活动期间，每天收集销量排名前 50 名的各类电动牙刷的关键信息，包括产品名称、产品价格、产品销量和店铺名称。该任务对公司洞察消费者行为、评估产品竞争力和优化销售决策非常重要。

二、任务痛点

在手工收集产品信息的过程中，小蒙首先需要新建一个 Excel 文件，用于存储抓取的数据；接着登录淘宝网，在搜索栏内输入"电动牙刷"，依次单击"搜索"按钮与"按销量排序"按钮，将搜索到的电动牙刷产品信息（产品名称、产品价格、产品销量和店铺名称）逐条复制并粘贴至 Excel 表中；在销量前 50 的产品信息全部收集完毕后，保存并关闭 Excel 文件。本任务的手工操作流程如图 6-1 所示。

◎ 任务六　Web 人机交互自动化

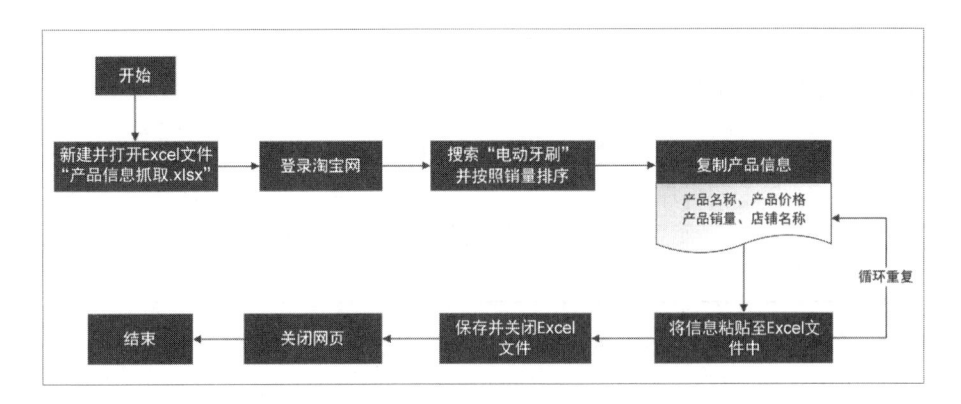

图 6-1　本任务的手工操作流程

任务痛点如下。
- 手工操作耗时长，复制、粘贴工作量大，并且操作过程无法快速复用或扩展。
- 容易出现人为错误，如信息复制错误或遗漏，误操作风险高。
- 如果采集的产品发生变化，则需要重新搜索产品信息，重复复制、粘贴操作。

三、任务描述

设计一个销售数据智能抓取机器人，要求其能自动在淘宝平台上搜索指定的产品，将搜索结果按照产品销量进行排序，自动抓取产品的相关信息（产品名称、产品价格、产品销量和店铺名称），并且将其存储于 Excel 文件中。

四、知识准备

1．网页组件应用介绍

1）【打开新网页】组件

①功能

利用【打开新网页】组件可以操作 Chrome、Edge、IE 浏览器，并且打开指定网址的网页。

②位置与语句

【打开新网页】组件的位置与语句如表 6-1 所示。

表 6-1　【打开新网页】组件的位置与语句

位置	语句
▼ ⊕ 网页 　　└ 打开新网页	打开新网页　在 chrome 中新建网页访问 "www.baidu.com",将浏览器对象赋值给　v_web_obj_1

· 109 ·

③属性与说明

【打开新网页】组件的属性与说明如表 6-2 所示。

表 6-2 【打开新网页】组件的属性与说明

	属性	当前值	说明
输入	打开网址	www.baidu.com 或其他网站	通过在文本框中直接输入、选择已有变量、新增变量等方式填写希望打开的网址
	浏览器类型	Chrome	默认选择 Chrome 单选按钮，也可以选择 Edge、IE 单选按钮
	是否指定 Chrome 程序路径	否	默认选择"否"单选按钮。如果选择"是"单选按钮，则需要在下方设置所需的 Chrome 程序及其存储路径
	是否等待加载完成	是	设置是否等待加载完成
	单次执行超时时间（秒）	100	用于设置单次执行超时时间，默认值为 100 秒
输出	浏览器对象	v_web_obj_1（默认）	以变量的形式保存浏览器对象，变量名称由系统默认生成，也支持用户以满足变量命名规范的方式自定义变量

2)【获取已打开网页】组件

①功能

利用【获取已打开网页】组件可以操作 Chrome、Edge、IE 浏览器，通过查找标题或单击 URL 的方式，指定获取一个已打开的网页。

②位置与语句

【获取已打开网页】组件的位置与语句如表 6-3 所示。

表 6-3 【获取已打开网页】组件的位置与语句

位置	语句
▼ 网页 　　打开新网页 　　获取已打开网页	获取已打开网页 在 chrome 中,根据 标题 查找打开的网页,将查找到的浏览器对象赋值给 v_web_o...

③属性与说明

【获取已打开网页】组件的属性与说明如表 6-4 所示。

表 6-4 【获取已打开网页】组件的属性与说明

	属性	当前值	说明
输入	浏览器类型	Chrome	默认选择 Chrome 单选按钮，也可以选择 Edge、IE 单选按钮
	查找方式	标题	可以通过查找页面标题或单击 URL 的方式查找已打开的页面
	查找内容	百度一下，你就知道	输入网页的名称
	查找规则	包含	基于上一项中填写的查找内容，选择相等、正则或包含的匹配方式查找符合条件的网页
输出	浏览器对象	v_web_obj_1（默认）	以变量的形式保存浏览器对象，变量名称由系统默认生成，也支持用户以满足变量命名规范的方式自定义变量

3)【激活网页】组件

①功能

利用【激活网页】组件可以将一个已打开网页所在的浏览器切换到 Windows 桌面的最前面,并且在浏览器内激活该网页。

②位置与语句

【激活网页】组件的位置与语句如表 6-5 所示。

表 6-5 【激活网页】组件的位置与语句

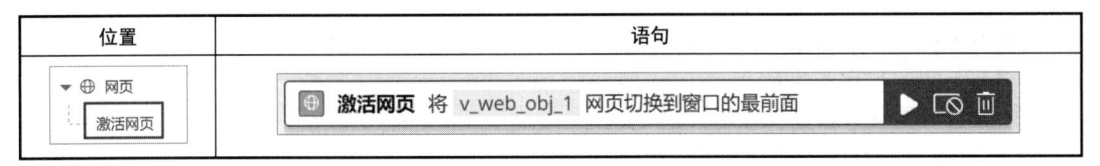

位置	语句
▼ ⊕ 网页 　　激活网页	⊕ 激活网页 将 v_web_obj_1 网页切换到窗口的最前面

③属性与说明

【激活网页】组件的属性与说明如表 6-6 所示。

表 6-6 【激活网页】组件的属性与说明

	属性	当前值	说明
输入	激活已打开的浏览器对象	v_web_obj_1	在下拉列表中选择一个相关前置组件（如【打开新网页】组件、【获取已打开的网页】组件）中输出的浏览器对象,代表要操作的目标浏览器页面

4)【最大化网页】组件

①功能

利用【最大化网页】组件可以将一个已打开网页所在的浏览器切换到 Windows 桌面的最前面,并且在浏览器中将该网页最大化。

②位置与语句

【最大化网页】组件的位置与语句如表 6-7 所示。

表 6-7 【最大化网页】组件的位置与语句

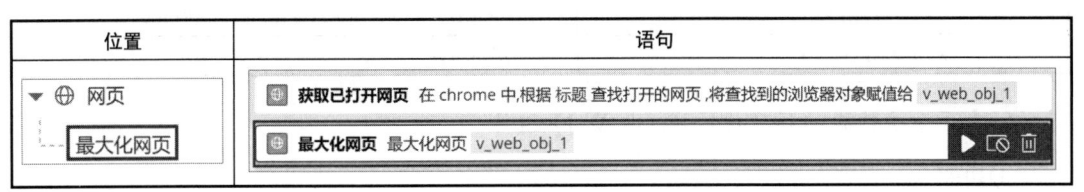

位置	语句
▼ ⊕ 网页 　　最大化网页	⊕ 获取已打开网页 在 chrome 中,根据 标题 查找打开的网页,将查找到的浏览器对象赋值给 v_web_obj_1 ⊕ 最大化网页 最大化网页 v_web_obj_1

③属性与说明

【最大化网页】组件的属性与说明如表 6-8 所示。

表 6-8　【最大化网页】组件的属性与说明

属性		当前值	说明
输入	已打开浏览器对象	v_web_obj_1	在下拉列表中选择一个相关前置组件（如【打开新网页】组件、【获取已打开的网页】组件）中输出的浏览器对象，代表要操作的目标浏览器页面

5)【滚动页面】组件

①功能

利用【滚动页面】组件可以将 Chrome、Edge、IE 浏览器中的网页向左、向右、向下、向上滚动指定像素的距离。

②位置与语句

【滚动页面】组件的位置与语句如表 6-9 所示。

表 6-9　【滚动页面】组件的位置与语句

位置	语句
网页 　滚动页面	获取已打开网页　在 chrome 中,根据 标题 查找打开的网页,将查找到的浏览器对象赋值给 v_web_obj_1 滚动页面　在 v_web_obj_1 网页中,向右 滚动 0 像素,向下 滚动 200 像素

③属性与说明

【滚动页面】组件的属性与说明如表 6-10 所示。

表 6-10　【滚动页面】组件的属性与说明

	属性	当前值	说明
输入	已打开浏览器对象	v_web_obj_1	在下拉列表中选择一个相关前置组件（如【打开新网页】组件、【获取已打开的网页】组件）中输出的浏览器对象，代表要操作的目标浏览器页面
	横向滚动	向右	默认向右横向滚动，还可以设置为向左横向滚动
	向右滚动距离（像素）	—	默认值为 0 像素，用于设置向右滚动的距离
	纵向滚动	向下	默认向下纵向滚动，还可以设置为向上纵向滚动
	向下滚动距离（像素）	—	默认值为 0 像素，用于设置向下滚动的距离

6)【页面控件滚动到可视区域（网页）】组件

①功能

利用【页面控件滚动到可视区域（网页）】组件可以通过使指定控件可视的方式，将 Chrome、Edge、IE 浏览器中的指定网页滚动到指定位置。

②位置与语句

【页面控件滚动到可视区域（网页）】组件的位置与语句如表 6-11 所示。

表 6-11　【页面控件滚动到可视区域（网页）】组件的位置与语句

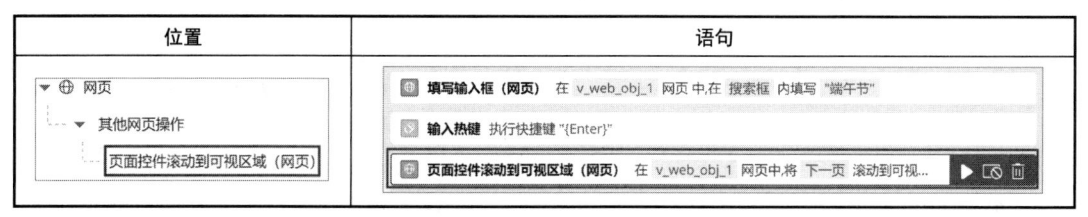

位置	语句
▼ ⊕ 网页 　└ ▼ 其他网页操作 　　　　页面控件滚动到可视区域（网页）	⊕ 填写输入框（网页）　在 v_web_obj_1 网页中,在 搜索框 内填写 "端午节" ⊕ 输入热键　执行快捷键 "{Enter}" ⊕ 页面控件滚动到可视区域（网页）　在 v_web_obj_1 网页中,将 下一页 滚动到可视...

③属性与说明

【页面控件滚动到可视区域（网页）】组件的属性与说明如表 6-12 所示。

表 6-12　【页面控件滚动到可视区域（网页）】组件的属性与说明

	属性	当前值	说明
输入	已打开浏览器对象	v_web_obj_1	在下拉列表中选择一个相关前置组件（如【打开新网页】组件、【获取已打开的网页】组件）中输出的浏览器对象，代表要操作的目标浏览器页面
	目标控件	—	在下拉列表中选择或直接捕捉（参考捕捉控件）一个需要滚动到指定位置的控件，代表要操作的目标控件

7)【网页截图】组件

①功能

利用【网页截图】组件可以对 Chrome、Edge、IE 浏览器中的指定网页进行截图。

②位置与语句

【网页截图】组件的位置与语句如表 6-13 所示。

表 6-13　【网页截图】组件的位置与语句

位置	语句
▼ ⊕ 网页 　└ 网页截图	⊕ 打开新网页　在 chrome 中新建网页访问 "www.baidu.com",将浏览器对象赋值给 v_web_obj_1 ⊕ 网页截图　将 v_web_obj_1 网页截图,保存到 "D:\\" 文件夹,文件路径信息会赋值给 v_web_image_path_1

③属性与说明

【网页截图】组件的属性与说明如表 6-14 所示。

表 6-14　【网页截图】组件的属性与说明

	属性	当前值	说明
输入	已打开浏览器对象	v_web_obj_1	在下拉列表中选择一个相关前置组件（如【打开新网页】组件、【获取已打开的网页】组件）中输出的浏览器对象，代表要操作的目标浏览器页面
	图片保存至	—	支持通过选择或创建变量、在文本框中直接输入、单击文件夹选择路径等方式输入截图文件的存储路径

续表

	属性	当前值	说明
输入	图片名	*.jpg	通过选择或创建变量、在文本框中直接输入等方式输入希望截图文件保存为的名称和格式，如"截图1.jpg"
输入	是否增加文件名后缀	否	如果选择"是"单选按钮，则会增加日期时间格式后缀，如保存的截图文件名会由"截图1.jpg"变为"截图1_202208081448.jpg"
输出	图片文件路径	v_web_image_path_1（默认）	以变量的形式保存截图文件的存储路径，变量名称由系统默认生成，也支持用户以满足变量命名规范的方式自定义变量

8)【关闭网页】组件

①功能

利用【关闭网页】组件可以关闭 Chrome、Edge、IE 浏览器中的指定网页。

②位置与语句

【关闭网页】组件的位置与语句如表 6-15 所示。

表 6-15 【关闭网页】组件的位置与语句

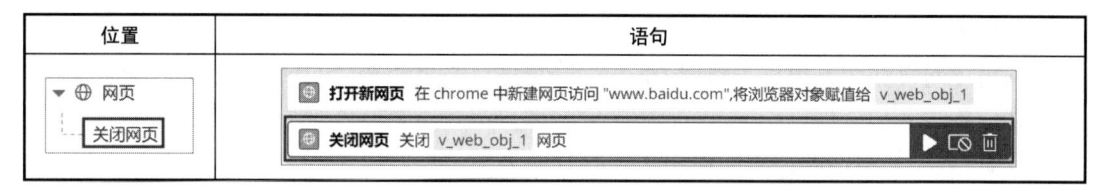

位置	语句
▼ 🌐 网页 　　关闭网页	打开新网页 在 chrome 中新建网页访问 "www.baidu.com"，将浏览器对象赋值给 v_web_obj_1 关闭网页 关闭 v_web_obj_1 网页

③属性与说明

【关闭网页】组件的属性与说明如表 6-16 所示。

表 6-16 【关闭网页】组件的属性与说明

	属性	当前值	说明
输入	已打开浏览器对象	v_web_obj_1	在下拉列表中选择一个相关前置组件（如【打开新网页】组件、【获取已打开的网页】组件）中输出的浏览器对象，代表要操作的目标浏览器页面

9)【填写输入框（网页）】组件

①功能

利用【填写输入框（网页）】组件可以在 Chrome、Edge、IE 浏览器的指定网页的指定输入框中输入内容。

②位置与语句

【填写输入框（网页）】组件的位置与语句如表 6-17 所示。

表 6-17　【填写输入框（网页）】组件的位置与语句

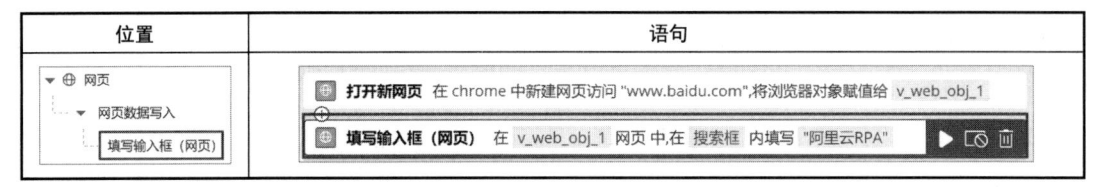

位置	语句
▼ ⊕ 网页 　▼ 网页数据写入 　　填写输入框（网页）	打开新网页　在 chrome 中新建网页访问 "www.baidu.com",将浏览器对象赋值给 v_web_obj_1 填写输入框（网页）　在 v_web_obj_1 网页 中,在 搜索框 内填写 "阿里云RPA"

③属性与说明

【填写输入框（网页）】组件的属性与说明如表 6-18 所示。

表 6-18　【填写输入框（网页）】组件的属性与说明

属性		当前值	说明
输入	已打开浏览器对象	v_web_obj_1	在下拉列表中选择一个相关前置组件（如【打开新网页】组件、【获取已打开的网页】组件）中输出的浏览器对象，代表要操作的目标浏览器页面
	目标控件	捕捉控件	在下拉列表中选择或直接捕捉一个输入控件，代表要操作的目标输入控件
	输入类型	文本	可以根据需要选择"文本"或"快捷键"单选按钮，默认选择"文本"单选按钮
	输入内容	—	通过选择或创建变量、在文本框中直接输入等方式填写要输入的内容
	输入方式	覆盖输入	可以根据需要选择"覆盖输入"或"追加输入"单选按钮。如果选择"覆盖输入"单选按钮，则表示新输入的内容会对该输入框中原有的内容进行覆盖；如果选择"追加输入"单选按钮，则表示新输入的内容会在该输入框中原有的内容的基础上进行追加。默认选择"追加输入"单选按钮

10）【点击控件（网页）】组件

①功能

利用【点击控件（网页）】组件可以点击 Chrome、Edge、IE 浏览器指定页面中的指定控件。

②位置与语句

【点击控件（网页）】组件的位置与语句如表 6-19 所示。

表 6-19　【点击控件（网页）】组件的位置与语句

位置	语句
▼ ⊕ 网页 　▼ 其他网页操作 　　点击控件（网页）	通过剪贴方式输入（网页）　在 v_web_obj_1 网页中,通过剪贴方式在 搜索框 内填写 "王小卤鸡爪" 点击控件（网页）　在 v_web_obj_1 网页中,鼠标在相对控件 搜索 相对控件中心点偏移 (向右 0, 向下 0) 的位...

③属性与说明

【点击控件（网页）】组件的属性与说明如表 6-20 所示。

· 115 ·

表 6-20 【点击控件（网页）】组件的属性与说明

	属性	当前值	说明
输入	已打开浏览器对象	v_web_obj_1	在下拉列表中选择一个相关前置组件（如【打开新网页】组件、【获取已打开的网页】组件）中输出的浏览器对象，代表要操作的目标浏览器页面
	目标控件	捕捉控件	在下拉列表中选择或直接捕捉一个输入控件，代表要操作的目标输入控件
	基准位置	相对控件中心点	选择偏移量坐标基准位置，默认选择"相对控件中心点"选项，也可以选择"相对控件左上角"选项
	点击方式	左键单击	支持左键单击、左键双击、右键单击共3种点击方式
	模拟点击	是	设置是否模拟点击操作

11)【元素拖拽（网页）】组件

①功能

利用【元素拖拽（网页）】组件可以在 Chrome、Edge、IE 浏览器的指定页面中拖曳指定元素（控件）。

②位置与语句

【元素拖拽（网页）】组件的位置与语句如表 6-21 所示。

表 6-21 【元素拖拽（网页）】组件的位置与语句

位置	语句
▼ 网页 　▼ 其他网页操作 　　元素拖拽（网页）	点击控件（网页） 在 v_web_obj_1 网页中,鼠标在相对控件 登录 相对控件中心点偏移（向右 0,向下 0）的位置左键单... 元素拖拽 在 v_web_obj_1 网页中，匀速 将元素 拖拽按钮 横向拖拽200，纵向拖拽0

③属性与说明

【元素拖拽（网页）】组件的属性与说明如表 6-22 所示。

表 6-22 【元素拖拽（网页）】组件的属性与说明

	属性	当前值	说明
输入	已打开浏览器对象	v_web_obj_1	在下拉列表中选择一个相关前置组件（如【打开新网页】组件、【获取已打开的网页】组件）中输出的浏览器对象，代表要操作的目标浏览器页面
	目标控件	捕捉控件	在下拉列表中选择或直接捕捉一个目标控件，代表要操作的目标元素（控件）
	速度模式	匀速	支持两种拖曳模式：匀速拖动、模拟人工拖动（速度非匀速）
	横向拖拽距离	—	需要横向拖曳的像素距离，正数为向右拖曳的距离，负数为向左拖曳的距离
	纵向拖拽距离	—	需要纵向拖曳的像素距离，正数为向下拖曳的距离，负数为向上拖曳的距离

④应用示例

自动登录京东全球购物网站，具体流程如图 6-2 所示。

◎ 任务六　Web 人机交互自动化

1	开始节点
2	打开新网页　在 chrome 中新建网页访问 "https://global.jd.com/",将浏览器对象赋值给 v_web_obj_1
3	点击控件（网页）　在 v_web_obj_1 网页中,鼠标在相对控件 你好，请登录 相对控件中心点偏移（向右 0,向下 0）...
4	填写输入框（网页）　在 v_web_obj_1 网页 中,在 登录用户名 内填写 user
5	填写输入框（网页）　在 v_web_obj_1 网页 中,在 登录密码 内填写 password
6	点击控件（网页）　在 v_web_obj_1 网页中,鼠标在相对控件 登录按钮 相对控件中心点偏移（向右 0,向下 0）的位...
7	元素拖拽　在 v_web_obj_1 网页中，匀速 将元素 拖拽按钮 横向拖拽200，纵向拖拽0
8	结束节点

图 6-2　【元素拖拽（网页）】组件应用示例的具体流程

（1）利用【打开新网页】组件，打开 Chrome 浏览器，访问京东全球购物网站。

（2）利用【点击控件（网页）】组件模拟单击"你好，请登录"超链接。此时默认的登录方式为"密码登录"。

（3）利用【填写输入框（网页）】组件填写登录用户名和登录密码。

（4）利用【点击控件（网页）】组件模拟单击"登录"按钮。

（5）利用【元素拖拽（网页）】组件将已打开的网页中的指定元素拖曳到指定位置。

执行结果：在成功执行上述流程后，首先打开 Chrome 浏览器并访问京东全球购物网站，然后单击"你好，请登录"超链接，进入登录页面，再填写登录用户名和登录密码并单击"登录"按钮，最后将滑块横向移动至指定位置，如图 6-3 所示。

图 6-3　【元素拖拽（网页）】应用示例流程的执行结果

· 117 ·

12)【上传文件（网页）】组件

①功能

利用【上传文件（网页）】组件可以在 Chrome、Edge、IE 浏览器的指定网页中，通过单击上传文件按钮，自动上传指定的文件。

②位置与语句

【上传文件（网页）】组件的位置与语句如表 6-23 所示。

表 6-23　【上传文件（网页）】组件的位置与语句

位置	语句
网页　其他网页操作　上传文件（网页）	获取已打开网页　在 chrome 中,根据 标题 查找打开的网页,将查找到的浏览器对象赋值给 v_web_obj_1 上传文件（网页）　在 v_web_obj_1 网页中,点击 上传文件 ,上传 path 文件

③属性与说明

【上传文件（网页）】组件的属性与说明如表 6-24 所示。

表 6-24　【上传文件（网页）】组件的属性与说明

	属性	当前值	说明
输入	已打开浏览器对象	v_web_obj_1	在下拉列表中选择一个相关前置组件（如【打开新网页】组件、【获取已打开的网页】组件）中输出的浏览器对象，代表要操作的目标浏览器页面
	目标控件	捕捉控件	在下拉列表中选择或直接捕捉一个目标控件，代表要操作的目标控件
	上传文件的本地路径	设置路径变量	通过选择或创建变量、在文本框中直接输入等方式填写待上传文件的本地存储路径，该路径的各级目录需要使用"\\"符号隔开

④应用示例

在指定网页中自动上传文件，具体流程如图 6-4 所示。

图 6-4　【上传文件（网页）】组件应用示例的具体流程

(1)利用【获取已打开网页】组件打开"百度网盘"网页或其他可上传文件的网页。

(2)利用【上传文件(网页)】组件上传指定的文件。

执行结果:在成功执行上述流程后,会在 Chrome 浏览器的指定页面中自动上传指定的文件。

13)【下载文件(网页)】组件

①功能

利用【下载文件(网页)】组件可以在 Chrome、Edge、IE 浏览器的指定页面中,通过单击下载文件按钮,自动下载指定的文件。

②位置与语句

【下载文件(网页)】组件的位置与语句如表 6-25 所示。

表 6-25 【下载文件(网页)】组件的位置与语句

位置	语句
▼ 网页 　▼ 其他网页操作 　　下载文件(网页)	获取已打开网页 在 chrome 中,根据 标题 查找打开的网页,将查找到的浏览器对象赋值给 v_web_obj_1 下载文件(网页) 在 v_web_obj_1 网页中,点击 下载图标,上传 "C:\Users\...\Downl...

③属性与说明

【下载文件(网页)】组件的属性与说明如表 6-26 所示。

表 6-26 【下载文件(网页)】组件的属性与说明

	属性	当前值	说明
输入	已打开浏览器对象	v_web_obj_1	在下拉列表中选择一个相关前置组件(如【打开新网页】组件、【获取已打开的网页】组件)中输出的浏览器对象,代表要操作的目标浏览器页面
	目标下载控件	捕捉控件	在下拉列表中选择或直接捕捉一个目标控件,代表要操作的目标控件
	保存下载文件路径	—	支持通过选择或创建变量、在文本框中直接输入等方式填写待下载文件的存储路径,以及通过单击浏览文件夹选择待下载文件的存储路径
	保存文件名称	*.docx	支持通过选择或创建变量、在文本框中直接输入等方式填写保存文件的名称
	是否增加文件名后缀	否	默认选择"否"单选按钮,如果选择"是"单选按钮,则可以在文件名后额外添加日期时间或日期的后缀
	等待文件下载完成	是	选择是否等待文件下载完成
输出	下载文件路径	v_file_path_1(默认)	以变量的形式保存下载文件的存储路径,变量名称由系统默认生成,也支持用户以满足变量命名规范的方式自定义变量

④应用示例

在指定网页中自动下载文件,具体流程如图 6-5 所示。

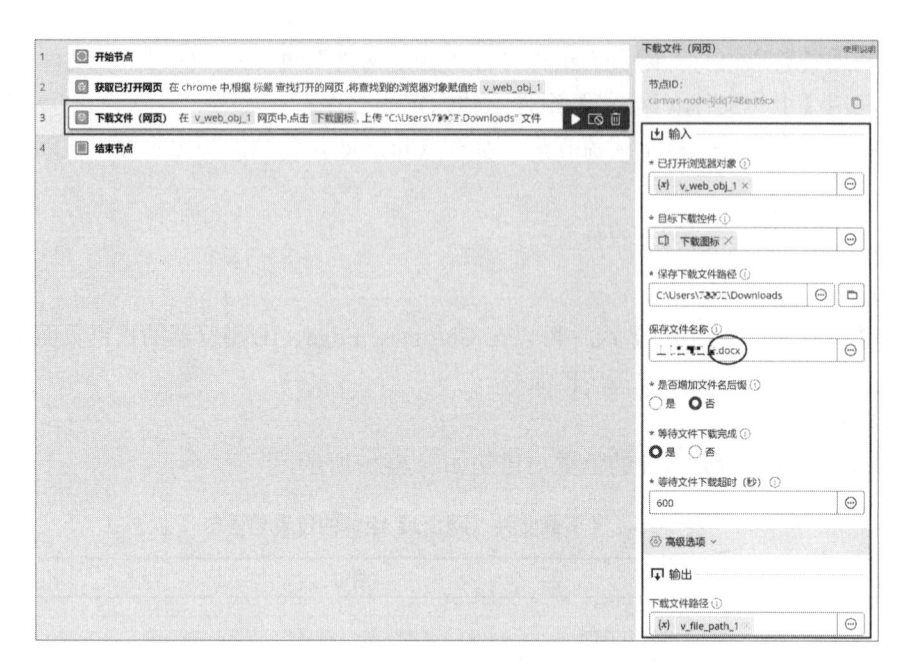

图 6-5　【下载文件（网页）】组件应用示例的具体流程

（1）利用【获取已打开网页】组件打开"深证证券交易所"网页或其他可以下载文件的网页。

（2）利用【下载文件（网页）】组件将文件下载到指定的位置。

执行结果：在成功执行上述流程后，会在 Chrome 浏览器的指定页面中将文件下载到指定的位置。

2.【条件分支】组件应用介绍

1）功能

利用【条件分支】组件可以设置一个或多个条件分支。

2）位置与语句

【条件分支】组件的位置与语句如表 6-27 所示。

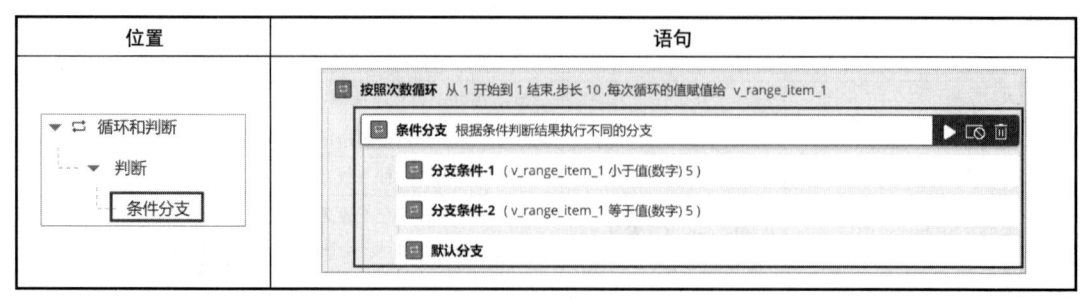

表 6-27　【条件分支】组件的位置与语句

位置	语句
循环和判断 　判断 　　条件分支	按照次数循环 从1开始到1结束,步长10,每次循环的值赋值给 v_range_item_1 条件分支 根据条件判断结果执行不同的分支 　分支条件-1（v_range_item_1 小于值(数字) 5） 　分支条件-2（v_range_item_1 等于值(数字) 5） 　默认分支

3）属性与说明

【条件分支】组件的属性与说明如表 6-28 所示。

◎ 任务六　Web 人机交互自动化

表 6-28　【条件分支】组件的属性与说明

属性		当前值	说明
输入	分支条件-1	—	条件设置的原则是，按照从上到下的顺序逐一判断是否满足条件。单击 ⋮⋮ 按钮，可以移动条件的先后顺序
	默认分支	—	

4）应用示例

按照次数循环，当变量值为 5 时停止循环，输出数值，具体流程如图 6-6 所示。

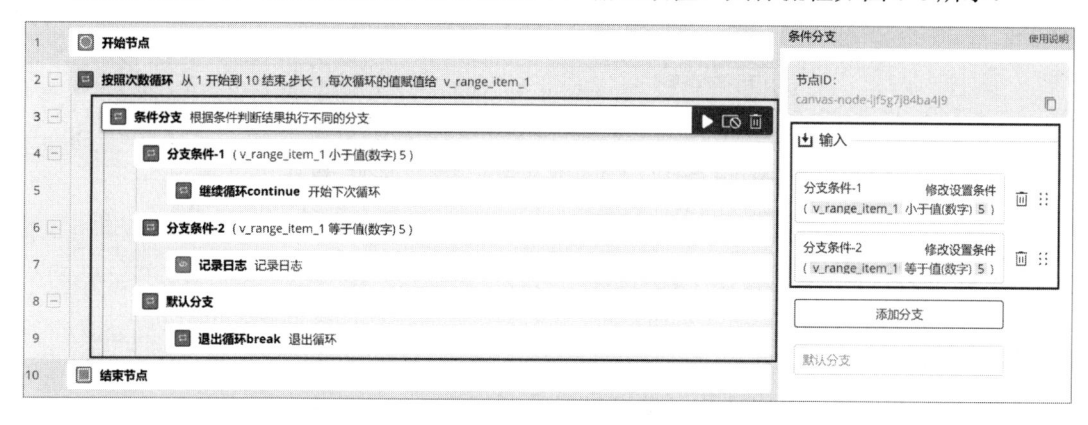

图 6-6　【条件分支】组件应用示例的具体流程

（1）利用【按照次数循环】组件，设置循环 10 次。

（2）利用【条件分支】组件，可以设置一个或多个条件，本示例中第一个条件是变量值小于 5，如图 6-7 所示；第二个条件是变量值等于 5，如图 6-8 所示。

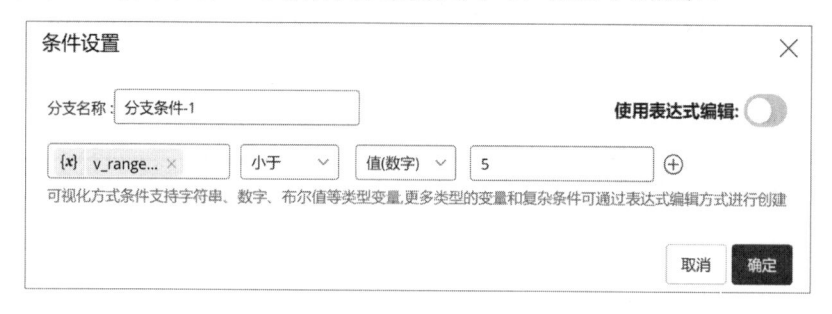

图 6-7　分支条件-1

图 6-8　分支条件-2

（3）当满足第一个条件时，利用【继续循环】组件跳过本次循环，开始下次循环。

（4）当满足第二个条件时，利用【记录日志】组件打印当前循环项的值。

（5）当以上两个条件都不满足时，利用【退出循环 break】组件退出循环。

执行结果：在成功执行上述流程后，在日志面板中输出变量值为 5 的结果，如图 6-9 所示。

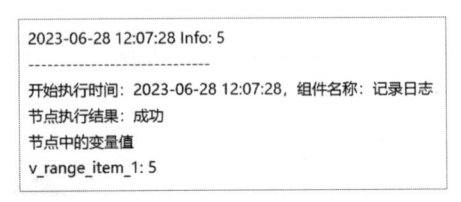

```
2023-06-28 12:07:28 Info: 5
--------------------------------
开始执行时间：2023-06-28 12:07:28，组件名称：记录日志
节点执行结果：成功
节点中的变量值
v_range_item_1: 5
```

图 6-9　【条件分支】组件应用示例流程的执行结果

五、任务实施

1．流程设计

本任务的 RPA 流程与手工操作流程基本相同，主要包括新建 Excel 文件、登录网页、搜索产品、依次复制并粘贴产品相关信息，保存并关闭 Excel 文件。通过 RPA 的【循环相似控件（网页）】组件，可以实现一次性抓取网页中的相似控件，并且借助【获取文本】组件提取和复制控件内容，然后使用【写入 Excel 列】组件将内容记录在 Excel 表中。通过这种方式，机器人能够高效地处理多个相似的数据项，进而大幅度提升工作效率与准确性。销售数据智能抓取机器人的具体流程设计如表 6-29 所示，核心操作为序号 9～20 对应的操作。

表 6-29　销售数据智能抓取机器人的具体流程设计

流程	序号	使用组件	层级	属性设置
打开淘宝网页	1	打开新网页	一级	打开网址：www.taobao.com。 浏览器类型：Chrome。 是否等待加载完成：是。 浏览器对象：v_web_obj_1（默认）
	2	输入热键	一级	按键组合：!{space}
	3	输入热键	一级	按键组合：X。 执行前延迟（秒）：1
搜索"电动牙刷"	4	填写输入框（网页）	一级	已打开浏览器对象：v_web_obj_1。 目标控件：搜索输入框。 输入类型：文本。 输入内容：电动牙刷。 输入方式：覆盖输入

续表

流程	序号	使用组件	层级	属性设置
搜索"电动牙刷"	5	点击控件（网页）	一级	已打开浏览器对象：v_web_obj_1。 目标控件：搜索按钮。 点击方式：左键单击。 模拟点击：是
按照销量排序	6	点击控件（网页）	一级	已打开浏览器对象：v_web_obj_1。 目标控件：销量按钮。 点击方式：左键单击。 模拟点击：是
打开 Excel	7	启动 Excel	一级	启动方式：新建 Excel。 新建 Excel 文件路径：选择合适的存储路径，并将文件命名为"产品信息抓取.xlsx"。 是否只读打开：否。 Excel 对象：v_excel_obj_1（默认）。 Excel 文件路径：v_file_path_1（默认）
	8	获取当前激活的 Sheet 页	一级	已打开的 Excel 对象：v_excel_obj_1。 Excel Sheet 对象：v_sheet_obj_1（默认）
获取页面全部产品名称	9	循环相似控件（网页）	一级	已打开的网页对象：v_web_obj_1。 目标控件：产品名称。 每次循环项：v_web_element_item_1（默认）。 每次循环索引：v_web_element_index_1（默认）
	10	获取文本（网页）	二级	已打开浏览器对象：v_web_obj_1。 目标控件：v_web_element_item_1（默认）。 获取到的文本：v_web_text_1（默认）
	11	写入 ExceL 列	二级	已打开的 Sheet 对象：v_sheet_obj_1。 起始行号：v_web_element_index_1（默认）。 起始列号：A。 写入内容—编辑表达式：[v_web_text_1]
	12	循环相似控件（网页）	一级	已打开的网页对象：v_web_obj_1。 目标控件：产品价格。 每次循环项：v_web_element_item_2（默认）。 每次循环索引：v_web_element_index_2（默认）

续表

流程	序号	使用组件	层级	属性设置
获取页面全部产品价格	13	获取文本（网页）	二级	已打开浏览器对象：v_web_obj_1。 目标控件：v_web_element_item_2（默认）。 获取到的文本：v_web_text_2（默认）
	14	写入 Excel 列	二级	已打开的 Sheet 对象：v_sheet_obj_1。 起始行号：v_web_element_index_2（默认）。 起始列号：B。 写入内容—编辑表达式：[v_web_text_2]
获取页面全部产品销量	15	循环相似控件（网页）	一级	已打开的网页对象：v_web_obj_1。 目标控件：产品销量。 每次循环项：v_web_element_item_3（默认）。 每次循环索引：v_web_element_index_3（默认）
	16	获取文本（网页）	二级	已打开浏览器对象：v_web_obj_1。 目标控件：v_web_element_item_3（默认）。 获取到的文本：v_web_text_3（默认）
	17	写入 Excel 列	二级	已打开的 Sheet 对象：v_sheet_obj_1。 起始行号：v_web_element_index_3（默认）。 起始列号：C。 写入内容—编辑表达式：[v_web_text_3]
获取产品店铺名称	18	循环相似控件（网页）	一级	已打开的网页对象：v_web_obj_1。 目标控件：店铺名称。 每次循环项：v_web_element_item_4（默认）。 每次循环索引：v_web_element_index_4（默认）
	19	获取文本（网页）	二级	已打开浏览器对象：v_web_obj_1。 目标控件：v_web_element_item_4（默认）。 获取到的文本：v_web_text_4（默认）
	20	写入 Excel 列	二级	已打开的 Sheet 对象：v_sheet_obj_1。 起始行号：v_web_element_index_4（默认）。 起始列号：D。 写入内容—编辑表达式：[v_web_text_4]
保存并关闭 Excel	21	关闭 Excel	一级	已打开的 Excel 对象：v_excel_obj_1。 关闭时是否保存：是

2. 操作过程

步骤 1：启动阿里云 RPA 编辑器，选择"新建本地工程"选项，弹出"新建本地工程"对话框，选择"基础可视化工程模板"选项，在"名称"文本框中输入"销售数据智能抓取机器人"，选择合适的存储路径，单击"确定"按钮，如图 6-10 所示，即可进入阿里云 RPA 编辑器的开发界面。

图 6-10 新建本地工程

步骤 2：将鼠标指针移动至流程编辑区中的【开始节点】组件下方，单击出现的"⊕"按钮，在弹出的下拉列表中选择【打开新网页】组件，在右侧的属性面板中进行属性设置，如图 6-11 所示。在"输入"属性中，将"打开网址"设置为"www.taobao.com"，将"浏览器类型"设置为"Chrome"，将"是否等待加载完成"设置为"是"。在"输出"属性中，"浏览器对象"采用默认设置。

步骤 3：将鼠标指针移动至流程编辑区中的【打开新网页】组件下方，单击出现的"⊕"按钮，在弹出的下拉列表中选择【输入热键】组件，在右侧的属性面板中进行属性设置，如图 6-12 所示。在"输入"属性中，将"按键组合"设置为"!{space}"，表示快捷键"Alt+空格"，其功能为打开窗口菜单。

步骤 4：将鼠标指针移动至流程编辑区中的【输入热键】组件下方，单击出现的"⊕"按钮，再次选择【输入热键】组件，在右侧的属性面板中进行属性设置，如图 6-13 所示。在"输入"属性中，将"按键组合"设置为"X"，单击"高级选项"右侧的"∨"按钮，将"执行前延迟（秒）"设置为"1"。步骤 3 与步骤 4 的联合快捷键为"Alt+空格+X"，该快捷键的功能是使窗口最大化。通过最大化网页窗口，可以使后续捕捉控件操作的定位更加准确。

图 6-11 【打开新网页】组件的属性设置　　图 6-12 【输入热键】组件的属性设置（1）

步骤 5：将鼠标指针移动至流程编辑区中的【输入热键】组件下方，单击出现的"⊕"按钮，在弹出的下拉列表中选择【填写输入框（网页）】组件，在右侧的属性面板中进行属性设置，如图 6-14 所示。在"输入"属性中，将"已打开浏览器对象"设置为"v_web_obj_1"，将"输入类型"设置为"文本"，将"输入内容"设置为"电动牙刷"，将"输入方式"设置为"覆盖输入"，单击"目标控件"右侧的"..."按钮，在弹出的下拉列表中选择"捕捉控件"选项，打开"阿里云 RPA--捕捉控件"对话框。在"阿里云 RPA--捕捉控件"对话框中单击"捕捉控件"按钮，如图 6-15 所示，此时界面会切换至步骤 2 中打开的网页，将鼠标指针定位至该网页中的"搜索输入框"控件，如图 6-16 所示，在出现蓝框时单击，会再次弹出"阿里云 RPA--捕捉控件"对话框，在"控件名称"文本框中输入被捕捉控件的名称"搜索输入框"，"选择动作"和"动作参数"均采用默认设置，单击"保存"按钮，如图 6-17 所示。

◎ 任务六　Web 人机交互自动化

图 6-13　【输入热键】组件的属性设置（2）　　图 6-14　【填写输入框（网页）】组件的属性设置

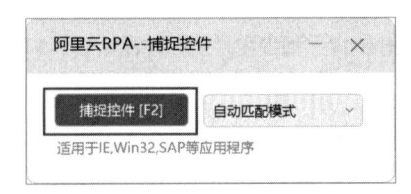

图 6-15　"阿里云 RPA--捕捉控件"对话框

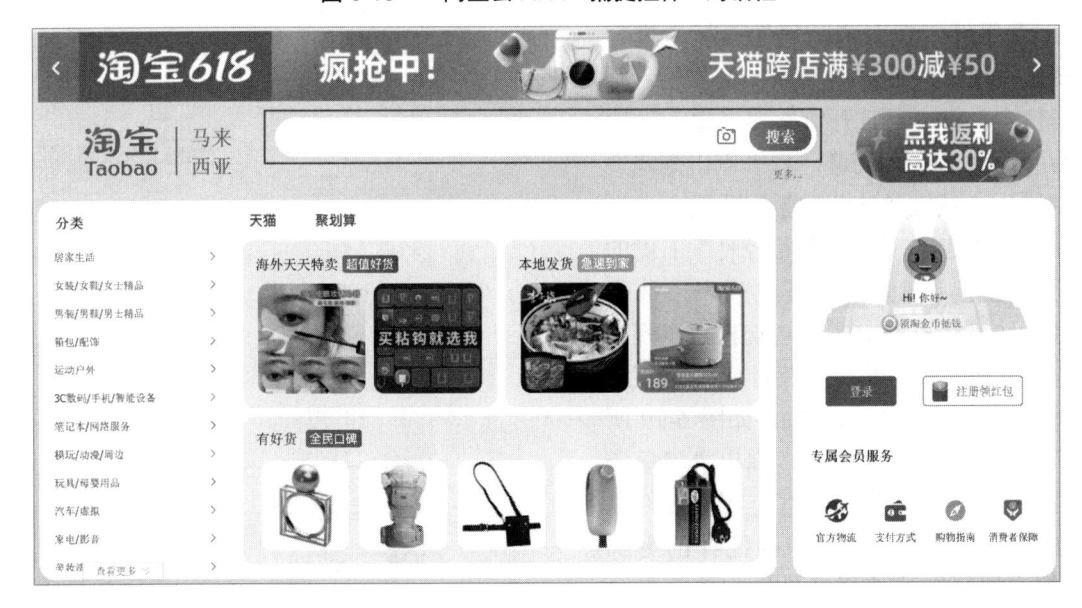

图 6-16　捕捉控件——控件定位（1）

• 127 •

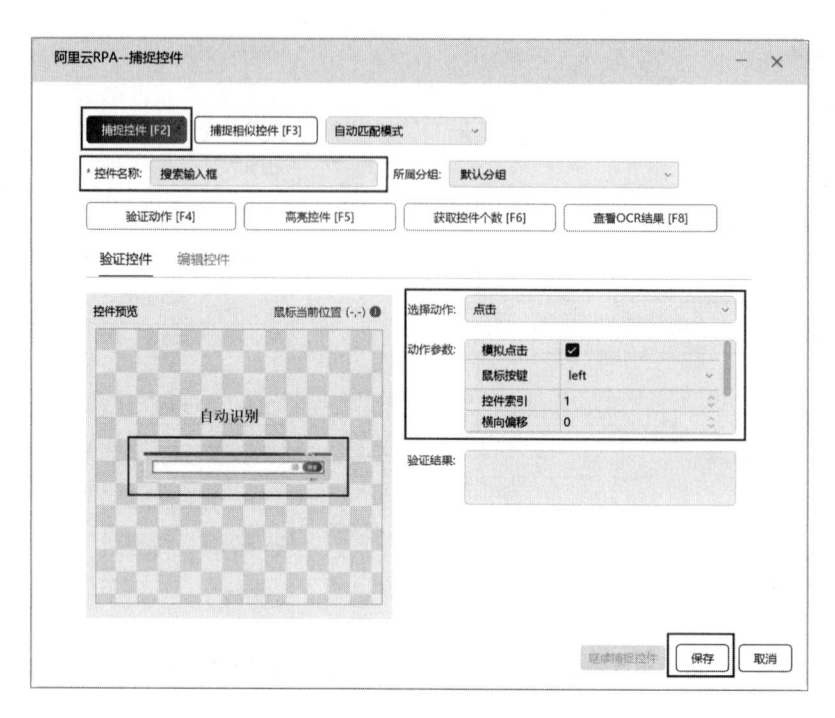

图 6-17 捕捉控件——控件命名（1）

步骤 6：将鼠标指针移动至流程编辑区中的【填写输入框（网页）】组件下方，单击出现的"⊕"按钮，在弹出的下拉列表中选择【点击控件（网页）】组件，在右侧的属性面板中进行属性设置，如图 6-18 所示。在"输入"属性中，将"已打开浏览器对象"设置为 v_web_obj_1 变量，将"点击方式"设置为"左键单击"，将"模拟点击"设置为"是"，单击"目标控件"右侧的"..."按钮，在弹出的下拉列表中选择"捕捉控件"选项，界面会切换至步骤 2 中打开的网页，将鼠标指针定位至该网页中的"搜索按钮"控件，如图 6-19 所示，在出现蓝框时单击，弹出"阿里云RPA--捕捉控件"对话框，在"控件名称"文本框中输入被捕捉控件的名称"搜索按钮"，"选择动作"和"动作参数"均采用默认设置，单击"保存"按钮，如图 6-20 所示。

图 6-18 【点击控件（网页）】组件的属性设置（1）

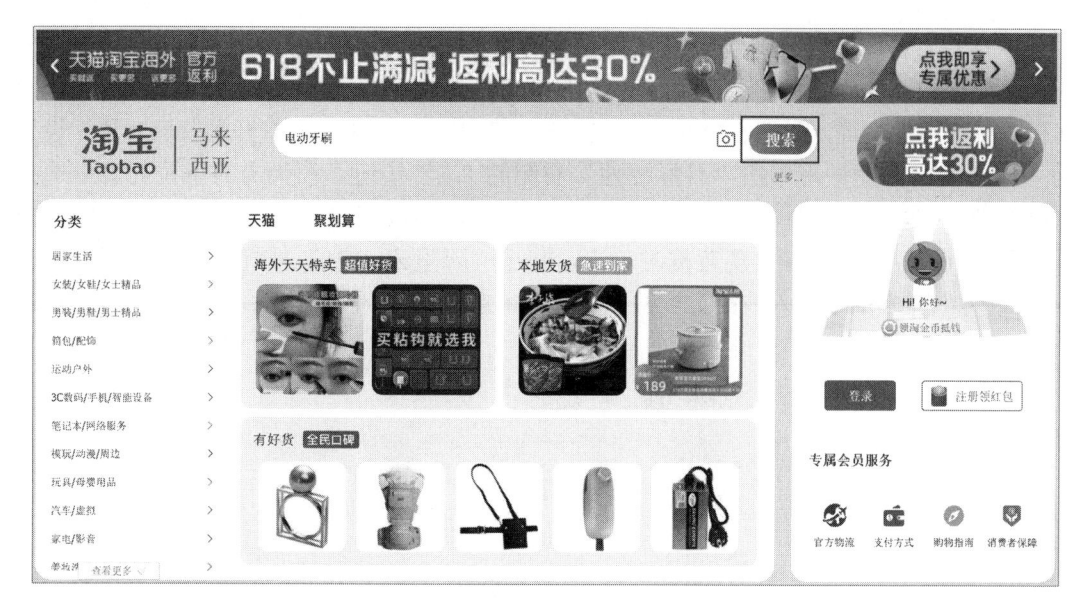

图 6-19　捕捉控件——控件定位（2）

图 6-20　捕捉控件——控件命名（2）

· 129 ·

步骤7：将鼠标指针移动至流程编辑区中的【点击控件（网页）】组件下方，单击出现的"⊕"按钮，在弹出的下拉列表中再次选择【点击控件（网页）】组件，在右侧的属性面板中进行属性设置，如图6-21所示。在"输入"属性中，将"已打开浏览器对象"设置为 v_web_obj_1 变量，单击"目标控件"右侧的"..."按钮，在弹出的下拉列表中选择"捕捉控件"选项，界面切换至电动牙刷搜索界面，将鼠标指针定位至"销量按钮"控件，如图 6-22 所示，在出现蓝框时单击，弹出"阿里云 RPA--捕捉控件"对话框，在"控件名称"文本框中输入被捕捉控件的名称"销量按钮"，单击"保存"按钮，如图 6-23所示。

图 6-21　【点击控件（网页）】组件的属性设置（2）

◎ 任务六 Web 人机交互自动化

图 6-22 捕捉控件——控件定位（3）

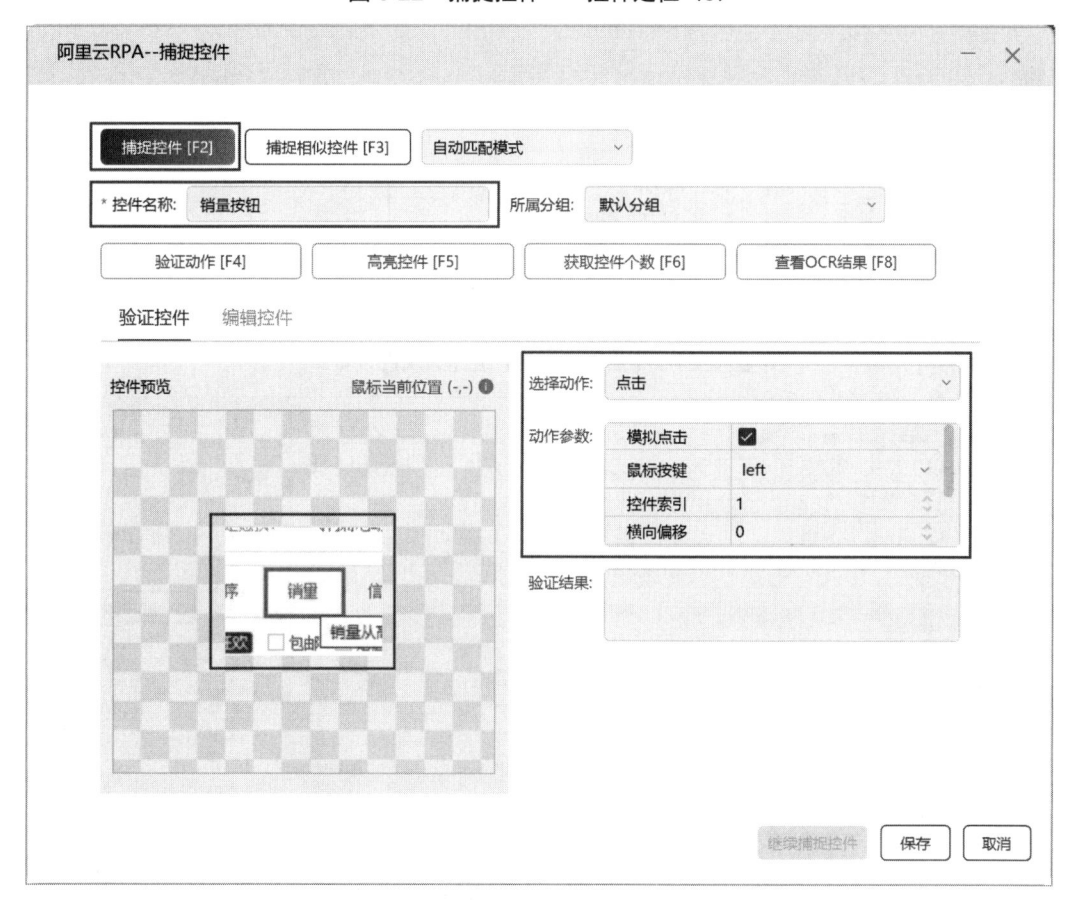

图 6-23 捕捉控件——控件命名（3）

步骤8：将鼠标指针移动至流程编辑区中的【点击控件（网页）】组件下方，单击出现的"⊕"按钮，在弹出的下拉列表中选择【启动 Excel】组件，在右侧的属性面板中进行

· 131 ·

属性设置，如图 6-24 所示。在"输入"属性中，将"启动方式"设置为"新建 Excel"；单击"新建 Excel 文件路径"右侧的 ▫ 按钮，弹出"另存为"对话框，选择合适的存储路径，在"文件名"文本框中输入新建 Excel 文件的名称"电动牙刷销售数据.xlsx"，如图 6-25 所示。

图 6-24　【启动 Excel】组件的属性设置

图 6-25　【启动 Excel】组件的"新建 Excel 文件路径"属性设置

◎ 任务六　Web 人机交互自动化

步骤 9：将鼠标指针移动至流程编辑区中的【启动 Excel】组件下方，单击出现的"⊕"按钮，在弹出的下拉列表中选择【获取当前激活的 Sheet 页】组件，在右侧的属性面板中进行属性设置，如图 6-26 所示。在"输入"属性中，将"已打开的 Excel 对象"设置为 v_excel_obj_1 变量。

步骤 10：将鼠标指针移动至流程编辑区中的【获取当前激活的 Sheet 页】组件下方，单击出现的"⊕"按钮，在弹出的下拉列表中选择【循环相似控件（网页）】组件，在右侧的属性面板中进行属性设置，如图 6-27 所示。在"输入"属性中，将"已打开的网页对象"设置为 v_web_obj_1 变量，单击"目标控件"右侧的"..."按钮，在弹出的下拉列表中选择"捕捉控件"选项，界面切换至电动牙刷按销量排序的搜索页面，将鼠标指针定位至网页中的"产品名称"控件，如图 6-28 所示，在出现蓝框时单击，在弹出的"阿里云RPA--捕捉控件"对话框，单击"捕捉相似控件"按钮，界面再次切换至电动牙刷按销量排序的搜索页面，将鼠标指针定位至网页中的另一个"产品名称"控件，在出现蓝框时单击，此时系统会自动识别并提取该页面中所有相似的"产品名称"控件。可以通过单击"阿里云 RPA--捕捉控件"对话框中的"高亮控件"按钮确认是否已识别并提取该页面中所有产品的产品名称，在"控件名称"文本框中输入被捕捉控件的名称"产品名称"，单击"保存"按钮，如图 6-29 所示。

图 6-26　【获取当前激活的 Sheet 页】组件的属性设置

图 6-27　【循环相似控件（网页）】组件的属性设置（1）

· 133 ·

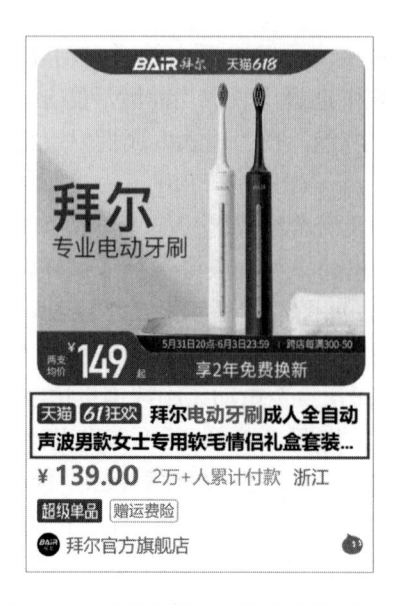

图 6-28 捕捉控件——控件定位（4）

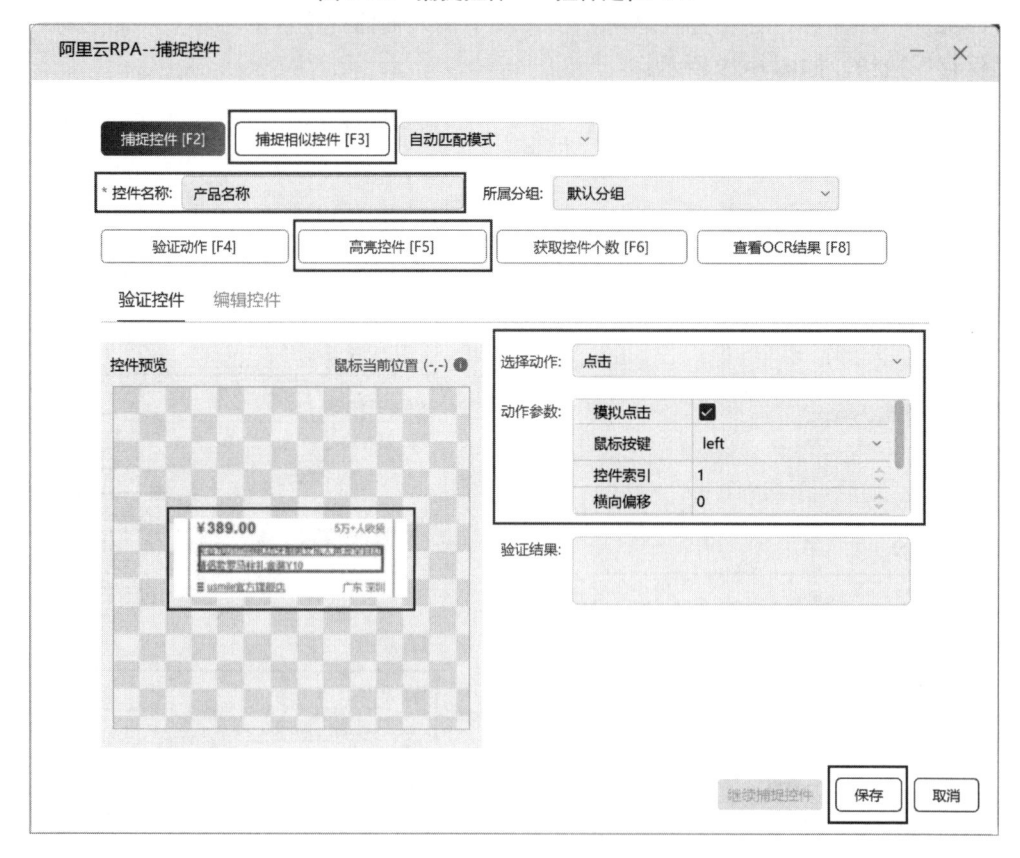

图 6-29 捕捉控件——控件命名（4）

步骤 11：将鼠标指针移动至流程编辑区中的【循环相似控件（网页）】组件下方，单击二级目录处出现的"⊕"按钮，在弹出的下拉列表中选择【获取文本（网页）】组件，在右侧的属性面板中进行属性设置，如图6-30所示。在"输入"属性中，将"已打开浏览器对象"设置为v_web_obj_1变量；将"目标控件"设置为v_web_element_item_1变量，该变量为步骤10中【循环相似控件（网页）】组件默认输出的"每次循环项"变量。

步骤12：将鼠标指针移动至流程编辑区中的【获取文本（网页）】组件下方，单击出现的"⊕"按钮，在弹出的下拉列表中选择【写入Excel列】组件，在右侧的属性面板中进行属性设置，如图6-31所示。在"输入"属性中，将"已打开的Sheet对象"设置为v_sheet_obj_1变量；将"起始行号"设置为v_web_element_index_1变量，该变量为步骤10中【循环相似控件（网页）】组件默认输出的"每次循环索引"变量；将"起始列号"设置为"A"；单击"写入内容"右侧的"..."按钮，在弹出的下拉列表中选择"编辑表达式"选项，打开"编辑表达式"对话框，输入"[v_web_text_1]"，该变量为步骤11中【获取文本（网页）】组件默认输出的"获取到的文本"变量，如图6-32所示。

图6-30 【获取文本（网页）】组件的属性设置（1）　　图6-31 【写入Excel列】组件的属性设置（1）

图6-32 "编辑表达式"对话框（1）

步骤 13：将鼠标指针移动至流程编辑区中的【写入 Excel 列】组件下方，单击一级目录处出现的"⊕"按钮，在弹出的下拉列表中选择【循环相似控件（网页）】组件，参照步骤 10~12，提取并记录产品价格信息。【循环相似控制（网页）】组件的属性设置如图 6-33 所示。在"输入"属性中，将"已打开的网页对象"设置为 v_web_obj_1 变量；单击"目标控件"右侧的"..."按钮，在弹出的下拉列表中选择"捕捉控件"选项，界面切换至电动牙刷按销量排序的搜索页面，将鼠标指针定位至网页的"产品价格"控件，如图 6-34 所示，在出现蓝框时单击，在弹出的"阿里云 RPA--捕捉控件"对话框中单击"捕捉相似控件"按钮，界面再次切换至电动牙刷按销量排序的搜索页面，将鼠标指针定位至网页中的另一个"产品价格"控件，在出现蓝框时单击，此时系统会自动识别并提取该页面中所有相似的"产品价格"控件，在"控件名称"文本框中输入被捕捉控件的名称"产品价格"，单击"保存"按钮，如图 6-35 所示。

图 6-33 【循环相似控件（网页）】组件的属性设置（2）　　图 6-34 捕捉控件——控件定位（5）

注意：在捕捉相似控件后，需要再次单击"高亮控件"按钮，确认是否已识别并提取该页面中所有"产品价格"，如果发现除产品价格外还捕获了其他控件，则选择"编辑控件"选项卡，勾选"class"属性前的复选框，然后再次单击"高亮控件"按钮进行测试，如图 6-36 所示。

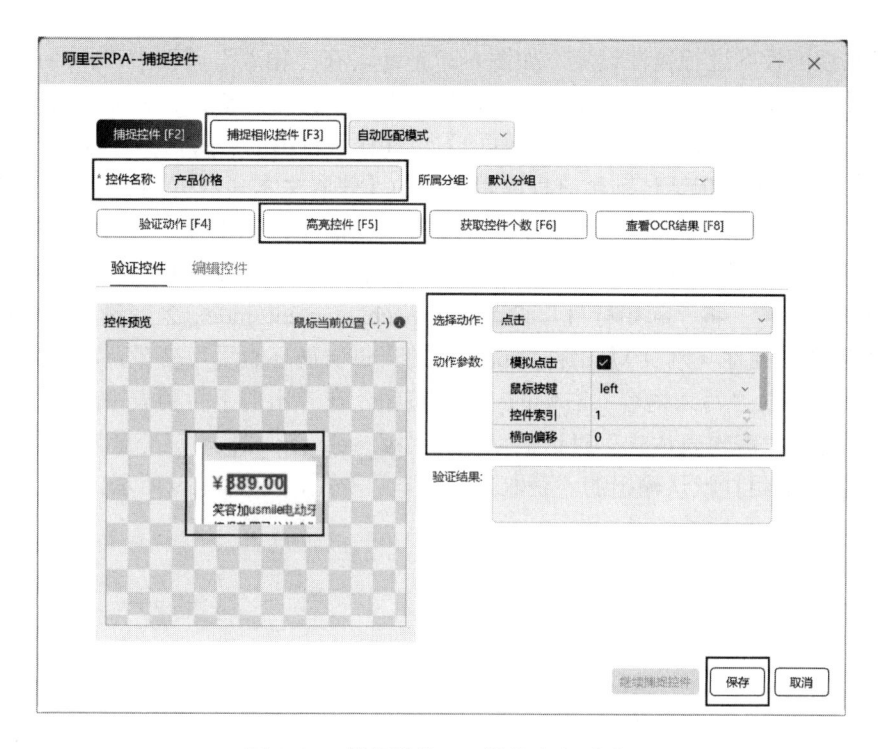

图 6-35 捕捉控件——控件命名（5）

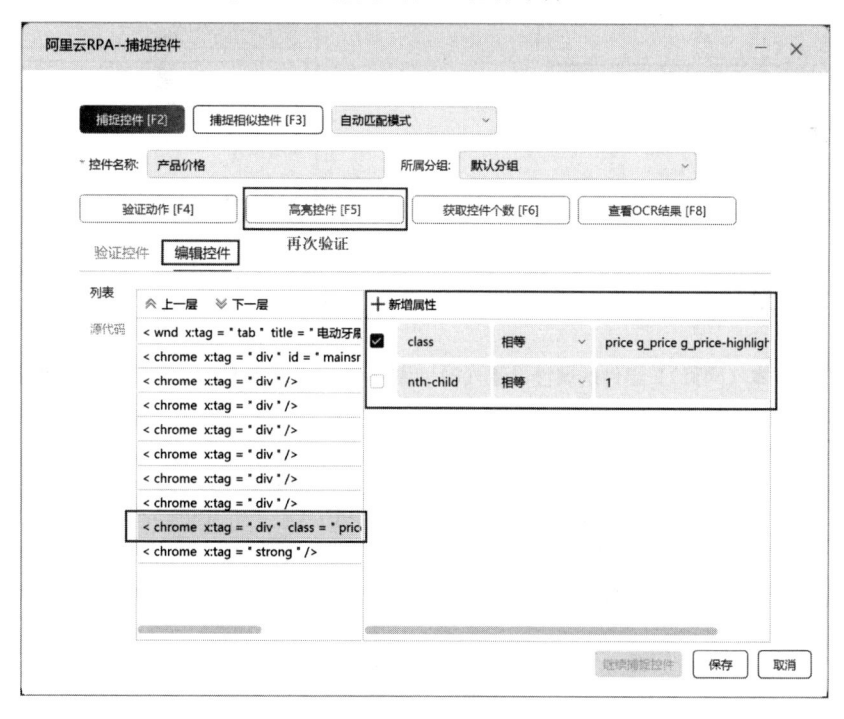

图 6-36 捕捉控件——编辑控件（1）

步骤 14：将鼠标指针移动至流程编辑区中的【循环相似控件（网页）】组件下方，单击二级目录处出现的"⊕"按钮，在弹出的下拉列表中选择【获取文本（网页）】组件，

· 137 ·

在右侧的属性面板中进行属性设置，如图 6-37 所示。在"输入"属性中，将"已打开浏览器对象"设置为 v_web_obj_1 变量；将"目标控件"设置为 v_web_element_item_2 变量，该变量为步骤 13 中【循环相似控件（网页）】组件默认输出的"每次循环项"变量。

步骤 15：将鼠标指针移动至流程编辑区中的【获取文本（网页）】组件下方，单击出现的"⊕"按钮，在弹出的下拉列表中选择【写入 Excel 列】组件，在右侧的属性面板中进行属性设置，如图 6-38 所示。在"输入"属性中，将"已打开的 Sheet 对象"设置为 v_sheet_obj_1 变量；将"起始行号"设置为 v_web_element_index_2 变量，该变量为步骤 13 中【循环相似控件（网页）】组件默认输出的"每次循环索引"变量；将"起始列号"设置为"B"；单击"写入内容"右侧的"..."按钮，在弹出的下拉列表中选择"编辑表达式"选项，打开"编辑表达式"对话框，输入"[v_web_text_2]"，该变量为步骤 14 中【获取文本（网页）】组件默认输出的"获取到的文本"变量，如图 6-39 所示。

图 6-37　【获取文本（网页）】组件的属性设置（2）　　图 6-38　【写入 Excel 列】组件的属性设置（2）

图 6-39　"编辑表达式"对话框（2）

◎ 任务六 Web 人机交互自动化

步骤 16：将鼠标指针移动至流程编辑区中的【写入 Excel 列】组件下方，单击一级目录处出现的"⊕"按钮，在弹出的下拉列表中选择【循环相似控件（网页）】组件，参照步骤 10～12，提取并记录产品销售信息，如图 6-40 所示。【循环相似控件（网页）】组件的属性设置如图 6-41 所示，其中捕捉的控件为"产品销量"控件，如图 6-42 所示，单击"高亮控件"按钮，验证是否已识别并提取该页面中所有产品的产品销量，如果发现除产品销量外还捕获了其他控件，则选择"编辑控件"选项卡，勾选"class"属性前的复选框，然后再次单击"高亮控件"按钮进行测试，如图 6-43 所示。

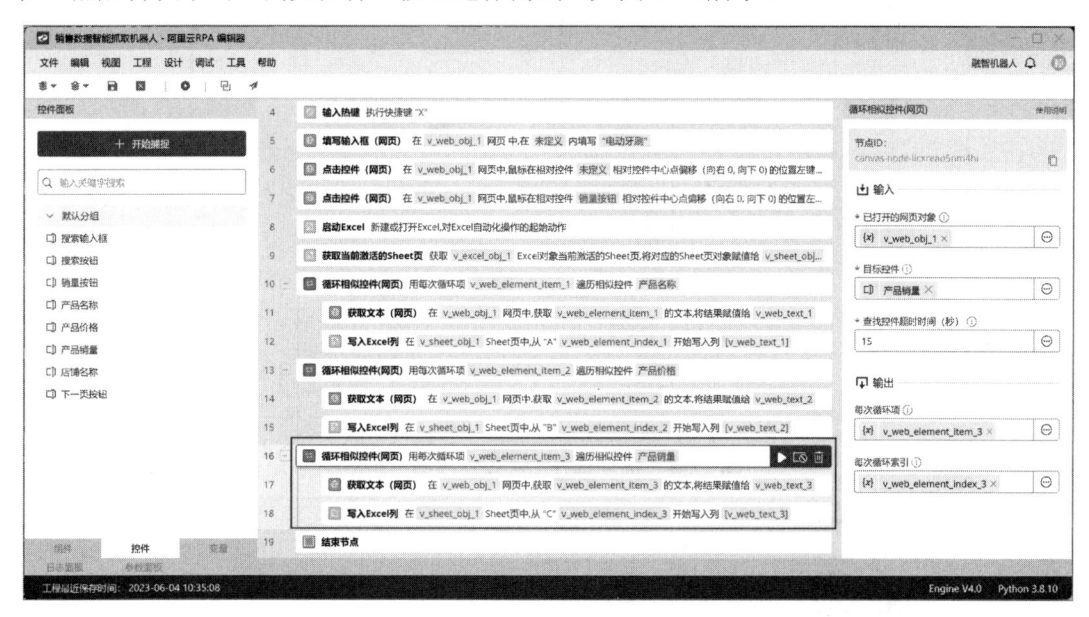

图 6-40 提取并记录产品销量信息

图 6-41 【循环相似控件（网页）】组件的属性设置（3）

· 139 ·

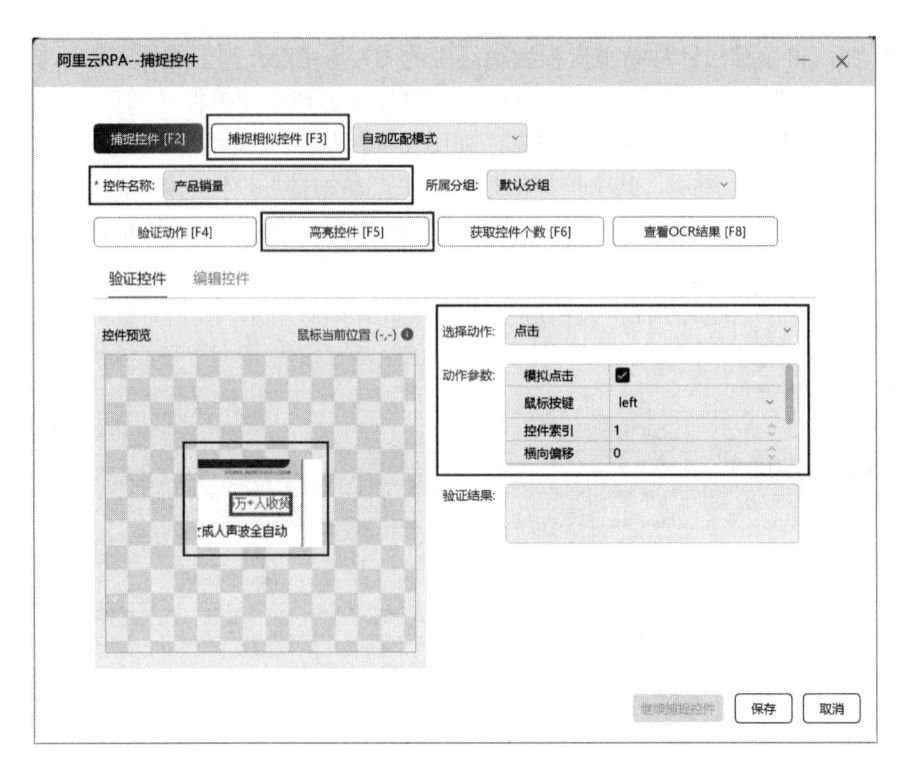

图 6-42 捕捉控件——控件命名（6）

图 6-43 捕捉控件——编辑控件（2）

步骤 17：将鼠标指针移动至流程编辑区中的【循环相似控件（网页）】组件下方，单击二级目录处出现的"⊕"按钮，在弹出的下拉列表中选择【获取文本（网页）】组件，在右侧的属性面板中进行属性设置，如图6-44所示。在"输入"属性中，将"已打开浏览器对象"设置为v_web_obj_1变量，将"目标控件"设置为v_web_element_item_3变量，该变量为步骤16中【循环相似控件（网页）】组件默认输出的"每次循环项"变量。

步骤 18：将鼠标指针移动至流程编辑区中的【获取文本（网页）】组件下方，单击出现的"⊕"按钮，在弹出的下拉列表中选择【写入 Excel 列】组件，在右侧的属性面板中进行属性设置，如图 6-45 所示。在"输入"属性中，将"已打开的 Sheet 对象"设置为v_Sheet_obj_1 变量；将"起始行号"设置为 v_web_element_index_3 变量，该变量为步骤16 中【循环相似控件（网页）】组件默认输出的"每次循环索引"变量；将"起始列号"设置为"C"；单击"写入内容"右侧的"..."按钮，在弹出的下拉列表中选择"编辑表达式"选项，打开"编辑表达式"对话框，输入"[v_web_text_3]"，该变量为步骤17中【获取文本（网页）】组件默认输出的"获取到的文本"变量。

图 6-44 【获取文本（网页）】组件的属性设置（3）

图 6-45 【写入 Excel 列】组件的属性设置（3）

步骤 19：将鼠标指针移动至流程编辑区中的【写入 Excel 列】组件下方，单击一级目录处出现的"⊕"按钮，在弹出的下拉列表中选择【循环相似控件（网页）】组件、【获取文本（网页）】组件、【写入 Excel 列】，参照步骤 10～12，提取并记录店铺名称信息，如图 6-46所示。【循环相似控件（网页）】组件的属性设置如图 6-47，其中捕捉的控件为"店铺名称"控件，如图 6-48所示，击"高亮控件"按钮，验证是否已识别并提取该页面中所有产品的店铺名称，如果发现除店铺名称外还捕获了其他控件，则选择"编辑控件"选项

· 141 ·

卡，勾选"class"属性前的复选框，然后再次单击"高亮控件"按钮进行测试，如图 6-49 所示。

图 6-46　提取并记录店铺名称信息

图 6-47　【循环相似控件（网页）】组件的属性设置（4）

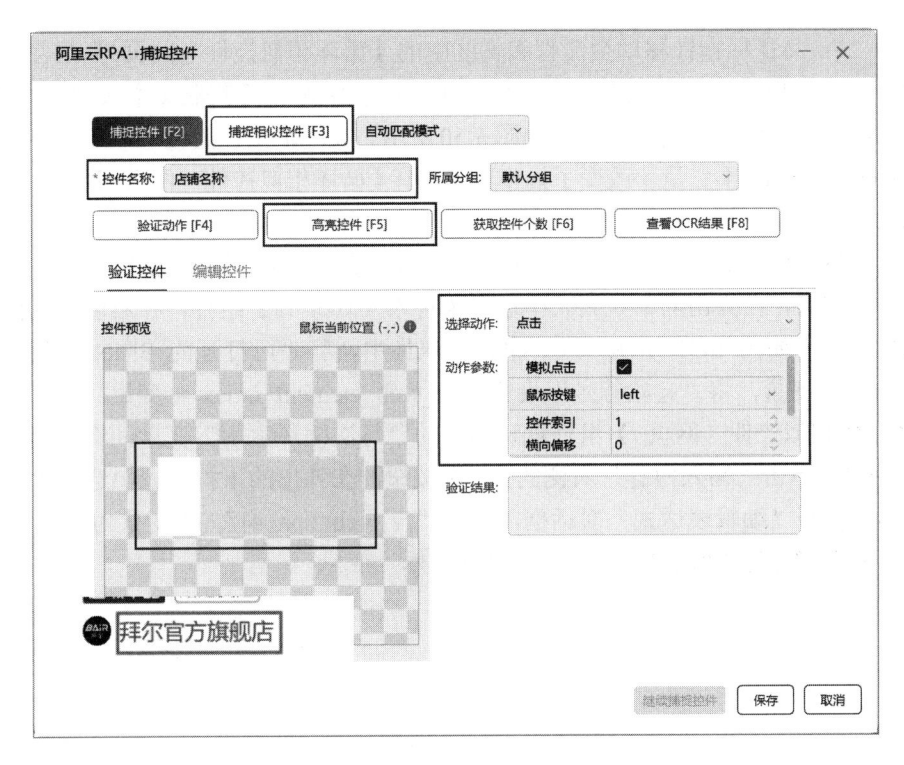

图 6-48　捕捉控件——控件命名（7）

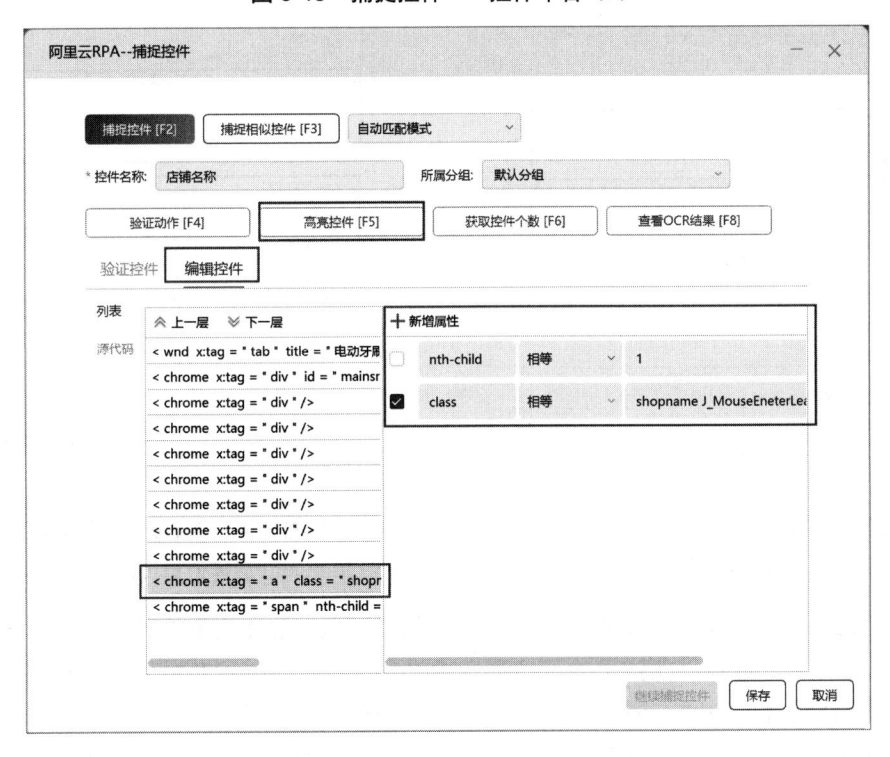

图 6-49　捕捉控件——编辑控件（3）

步骤 20：将鼠标指针移动至流程编辑区中的【循环相似控件（网页）】组件下方，单击二级目录处出现的"⊕"按钮，在弹出的下拉列表中选择【获取文本（网页）】组件，在右侧的属性面板中进行属性设置，如图6-50所示。在"输入"属性中，将"目标控件"v_web_element_item_4 变量，改变了为步骤19 中【循环相似控件（网页）】组件默认输出的"每次循环项"变量。

步骤 21：将鼠标指针移动至流程编辑区中的【获取文本（网页）】组件下方，单击出现的"⊕"按钮，在弹出的下拉列表中选择【写入 Excel 列】组件，在右侧的属性面板中进行属性设置，如图 6-51 所示。在"输入"属性中，将"已打开的 Sheet 对象"设置为 v_sheet_obj_1 变量，将"起始行号"设置为 v_web_element_index_4 变量，该变量为步骤 19 中【循环相似控件（网页）】组件默认输出的"每次循环索引"变量；将"起始列号"设置为"D"；单击"写入内容"右侧的"..."按钮，在弹出的下拉列表中选择"编辑表达式"选项，打开"编辑表达式"对话框，输入"[v_web_text_4]"，该变量为步骤20中【获取文本（网页）】组件默认输出的"获取到的文本"变量。

图 6-50 【获取文本（网页）】组件的属性设置（4）

图 6-51 【写入 Excel 列】组件的属性设置（4）

步骤 22：将鼠标指针移动至流程编辑区中的【写入 Excel 列】组件下方，单击一级目录处出现的"⊕"按钮，在弹出的下拉列表中选择【关闭 Excel】组件，在右侧的属性面板中进行属性设置，如图 6-52 所示。在"输入"属性中，将"已打开的 Excel 对象"设置为 v_excel_obj_1 变量，将"关闭时是否保存"设置为"是"。

◎ 任务六　Web 人机交互自动化

图 6-52　【关闭 Excel】组件的属性设置

3．流程运行

扫描右侧的二维码，可以观看本任务的销售数据智能抓取机器人的动态运行流程。

六、课后练习

小迪是睿智科技的销售数据分析师，主要负责分析日常智能手环市场的网络销售情况。具体要求为，收集评论排名前 60 名的各类智能手环的关键信息，包括产品价格、产品型号、评论数量和店铺名称。该任务对了解消费者偏好、分析竞争态势及制定营销策略具有重要意义。

任务七

OCR 智能识别自动化

知识目标： 1. 了解 OCR 组件的应用场景。
2. 了解阿里云 RPA 的 OCR 功能开通流程。
3. 掌握 OCR 的鉴权配置方式。
4. 掌握常用 OCR 组件的属性设置及应用方法。
5. 熟悉增值税发票识别的字典键值。

能力目标： 1. 能够正确完成阿里云 RPA 的 OCR 鉴权配置。
2. 能够应用 RPA 进行增值税发票的 OCR 识别。
3. 能够应用 RPA 提取、记录、保存发票信息。
4. 能够根据具体的任务灵活选择并应用 OCR 的相关组件。
5. 能够根据实际需要优化 OCR 识别结果。

素质目标： 1. 具备梳理和归纳流程规律的能力。
2. 具备适应不同情境且灵活应对变化的素质。
3. 具备良好的沟通能力及人机合作的协调能力。
4. 具备持续反思和自我提升意识。
5. 培养跨学科知识的融合能力。

扫一扫

德技并修：让万亿旅客出行更美好

一、任务情境

小迪是安平市融创建材制造有限公司的财务人员，每月都会收到很多供应商开具的发票，为了确保发票的真实性和准确性，小迪需要定期登录国家税务总局全国增值税发票查验平台，其模拟页面如图 7-1 所示，依次输入发票代码、发票号码、开票日期、开票金额（增值税专用发票）或校验码后 6 位（增值税普通发票）、验证码，查验发票的真伪。

◎ 任务七 OCR 智能识别自动化

图 7-1 国家税务总局全国增值税发票查验平台（仿真）

二、任务痛点

查验发票真伪的手工操作流程如图 7-2 所示，首先登录国家税务总局全国增值税发票查验平台（仿真），并且打开电子发票的 PDF 文件，在查验平台上逐一手动输入发票代码、发票号码、开票日期、开票金额（增值税专用发票）或校验码后 6 位（增值税普通发票），然后输入验证码，单击"查验"按钮，平台即可开始查验发票并返回查验结果。如果输入的发票信息是正确的，那么系统会返回相应的发票详情；如果输入的发票信息有误，则查验结果返回"不一致"。尽管流程简单明确，但随着电子发票的普及使用，人工查验电子发票变得烦琐且低效，并且明显增加了成本。

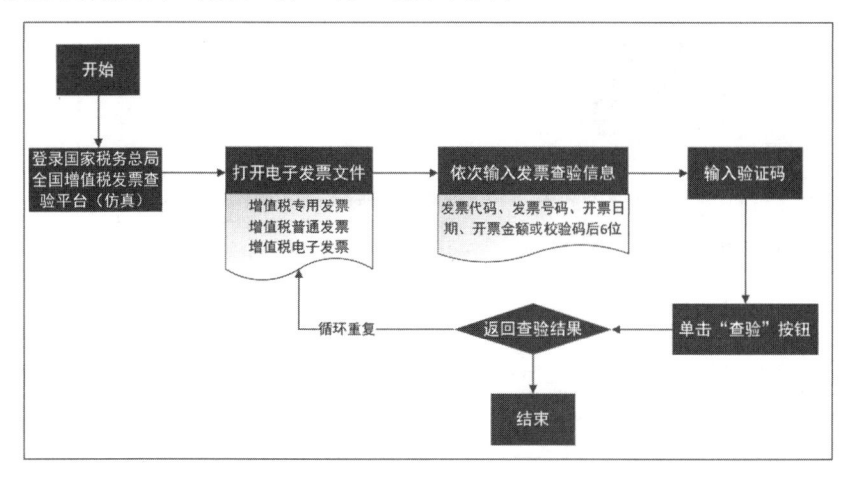

图 7-2 查验发票真伪的手工操作流程

任务痛点如下。
- 逐一手动输入发票信息、发票号码等数据，操作烦琐，容易出错。
- 处理速度慢，效率低下，难以满足大量电子发票的验真需求。
- 验证码复杂多变，出错率高，有时需要输入多遍才能正确。
- 长期从事该业务，不利于财务人员的提升和专业发展。

三、任务描述

设计一个 OCR 发票查验小助手机器人，使其能够自动提取发票信息并进行电子发票的验真操作。如果查验结果为真，那么该机器人会保存相应的发票信息；如果查验结果为不一致，那么该机器人会记录异常信息，并且通知相关人员。

四、知识准备

1. 阿里云 RPA 编辑器的 OCR 功能开通方式

由于 OCR 功能属于阿里云 RPA 编辑器的收费功能，因此无法使用教学账号进行演示，需要重新申请阿里云主账号，完成实名认证，并且将服务器切换为阿里云公有云服务器：https://console-rpa.aliyun.com。

使用主账号登录阿里云 RPA 编辑器并开通 OCR 功能的方式如下。

（1）阿里云 RPA 编辑器的登录界面，将当前使用的服务器切换为阿里云公有云服务器，并且单击"主账号登录"按钮，如图 7-3 所示。

图 7-3 切换当前使用的服务器并使用主账号登录

（2）可以使用阿里云 App、支付宝、钉钉扫描左侧的二维码登录，下面以使用钉钉扫描左侧二维码登录为例进行讲解，如图 7-4[①]所示。

图 7-4　使用钉钉扫描左侧二维码登录

（3）根据界面提示，完成阿里云主账号的注册，如图 7-5 所示。

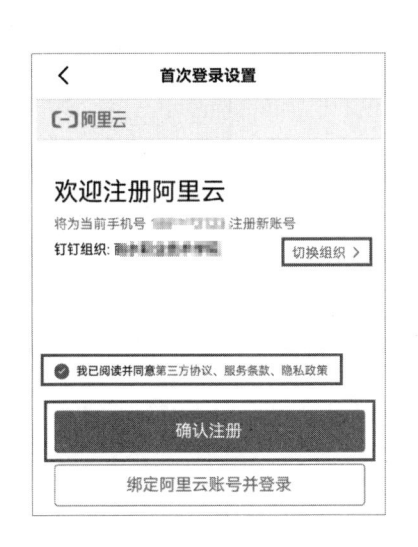

图 7-5　完成阿里云主账号的注册

[①] 本图仅为参考，具体登录操作以实际二维码为准。

（4）根据界面提示。完成阿里云主账号的实名认证，如图7-6所示。

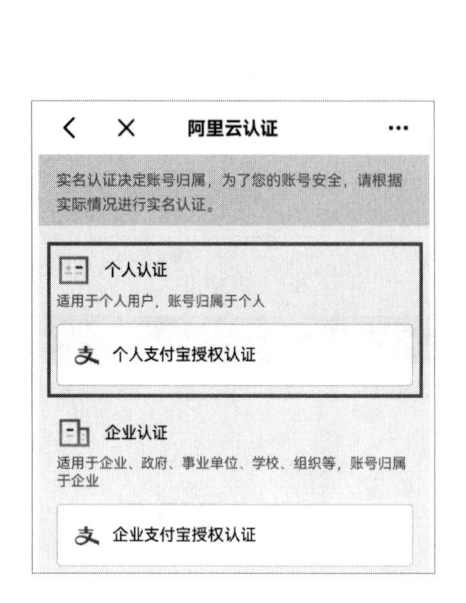

图7-6 完成阿里云主账号的实名认证

（5）根据界面提示，完成阿里云主账号的试用申请，如图7-7所示。

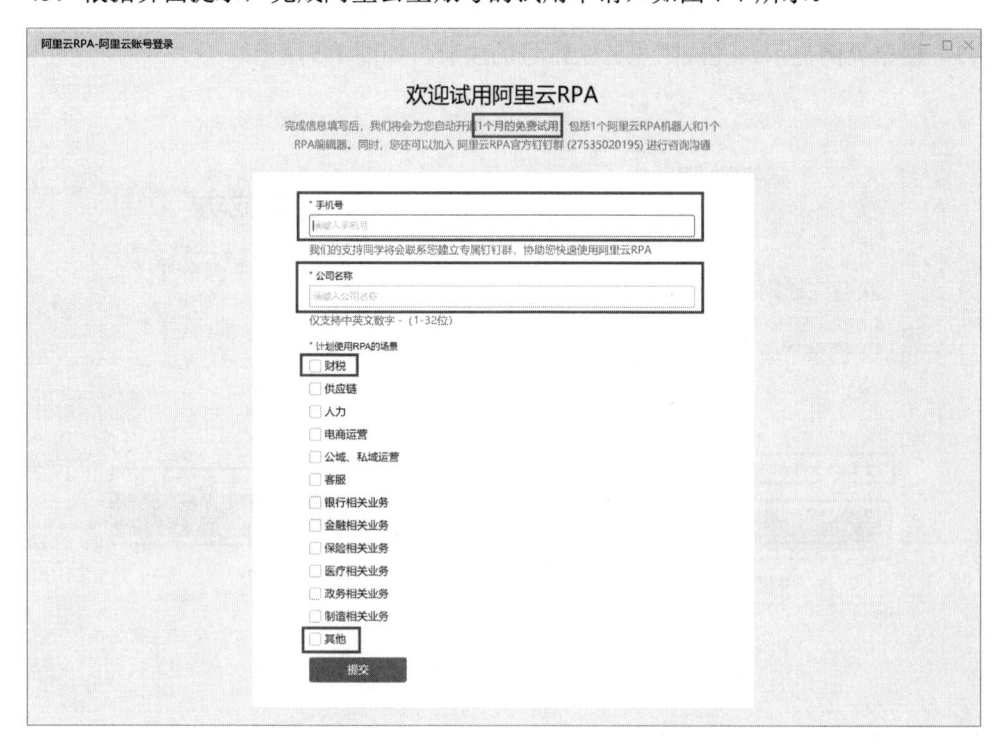

图7-7 完成阿里云RPA的试用申请

◎ 任务七 OCR 智能识别自动化

（6）访问"如何在 RPA 中使用阿里云文字识别（OCR）能力"网页，网址为 https://help.aliyun.com/document_detail/473140.html，开通 OCR 服务，具体操作如图 7-8 所示。

图 7-8 访问"如何在 RPA 中使用阿里云文字识别（OCR）能力"网页并开通 OCR 服务

（7）开通票据凭证识别服务，具体操作如图 7-9 所示。

图 7-9 开通票据凭证识别服务

· 151 ·

（8）票据凭证识别服务开通成功的界面如图7-10所示。

图7-10　票据凭证识别服务开通成功的界面

（9）返回"如何在RPA中使用阿里云文字识别（OCR）能力"网页，配置鉴权方式，具体操作如图7-11所示。

图7-11　返回"如何在RPA中使用阿里云文字识别（OCR）能力"网页并配置鉴权方式

· 152 ·

阿里云 RPA 支持两种调用 OCR 服务的鉴权方式，分别为服务端鉴权方式和客户端鉴权方式。下面介绍两种鉴权方式的配置方法。

方式 1：配置服务端鉴权方式。

在"资产管理"界面中单击"立即授权"按钮，在弹出的"RPA 服务关联角色授权"对话框中单击"确定"按钮，如果显示"授权成功"，则表示服务端鉴权方式配置成功，如图 7-12 所示。

图 7-12　配置服务端鉴权方式

方式 2：配置客户端鉴权方式。

要配置客户端鉴权方式，需要获取 AccessKey ID 及 AccessKey Secret，具体获取方式如图 7-13～图 7-16 所示。需要注意的是，AccessKey ID 要保密，以防被外界盗用，在体验完毕后，要及时将其禁用。

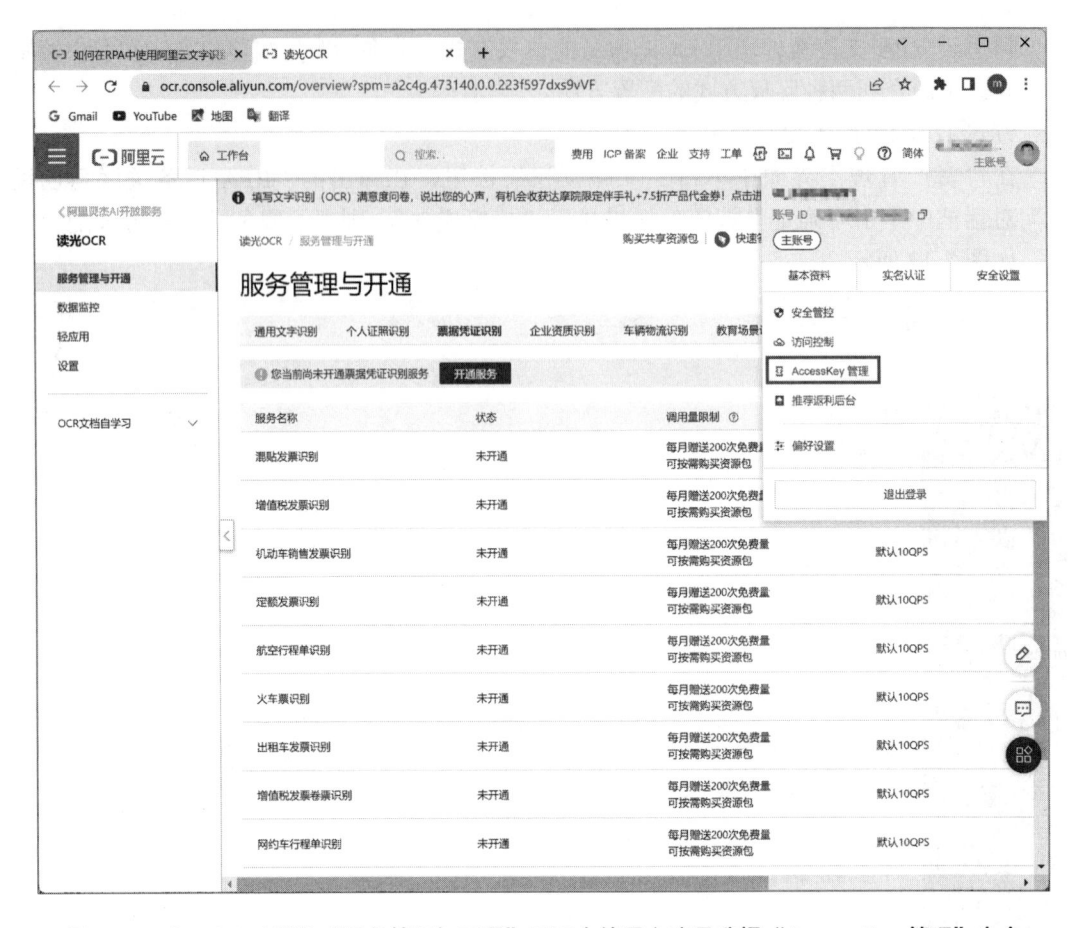

图 7-13　在 OCR 功能的"服务管理与开通"页面中使用主账号选择"AccessKey 管理"命令

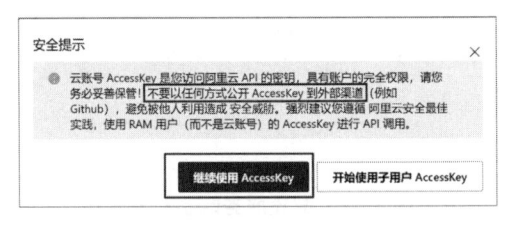

图 7-14　继续使用 AccessKey

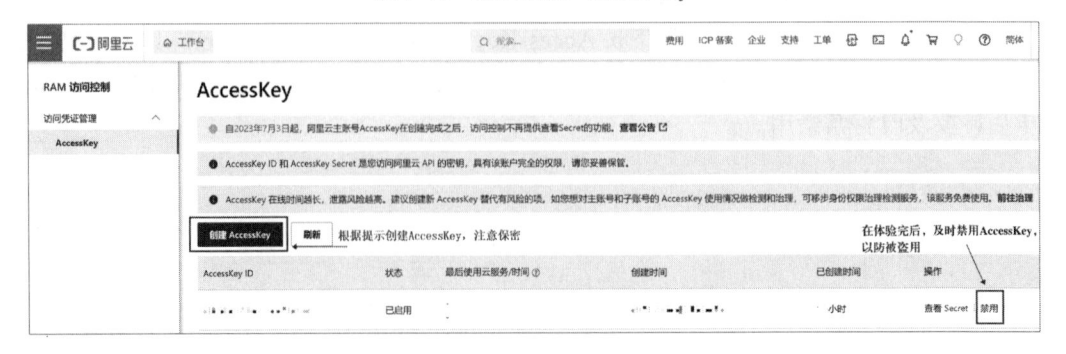

图 7-15　根据提示创建 AccessKey

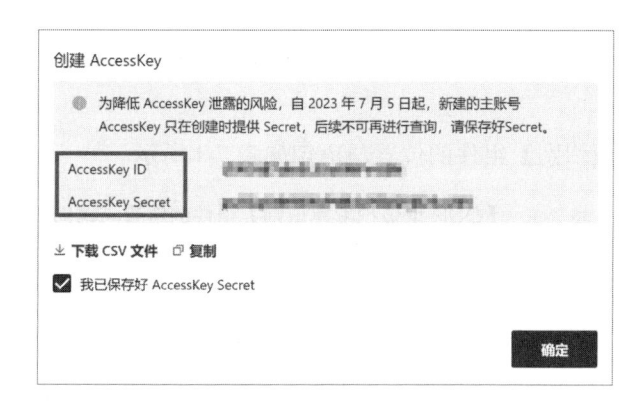

图 7-16　保存 AccessKey 并保密

如果要采用客户端鉴权方式，那么在阿里云 RPA 编辑器中调用 OCR 组件前，需要先配置鉴权方式。利用【调用自定义脚本】组件，将自己获取的或老师提供的 AccessKey ID 和 AccessKey Secret 输入客户端鉴权配置脚本，然后运行该脚本。客户端鉴权配置脚本如下（可以直接将其复制到"编辑表达式"对话框中）。【调用自定义脚本】组件的属性设置如图 7-17 所示。

```
# 服务获取可参考阿里云OCR服务官网：https://ai.aliyun.com/ocr
# 代码调用样例如下：
ak = '填写您的AccessKey ID'
ak_secret = '填写您的AccessKey Secret'
rpa.ai.aliyun_ocr.set_public_auth(ak ,ak_secret )
```

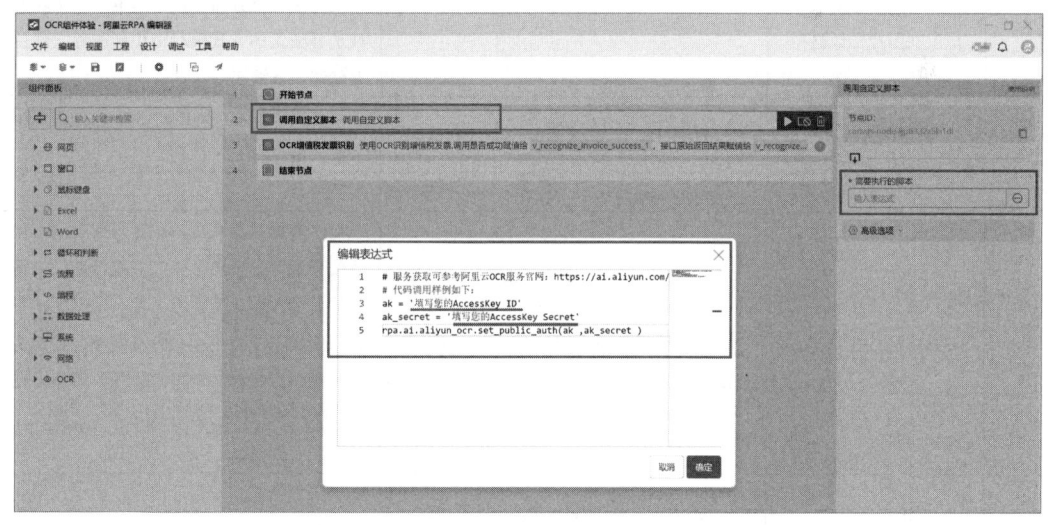

图 7-17　【调用自定义脚本】组件的属性设置

2.【OCR 增值税发票识别】组件应用介绍

1）功能

利用【OCR 增值税发票识别】组件可以使用 OCR 功能对增值税专用发票、增值税普通发票、增值税电子发票的发票代码、发票号码、开票日期等关键字段进行识别。

2）位置与语句

【OCR 增值税发票识别】组件的位置与语句如表 7-1 所示。

表 7-1　【OCR 增值税发票识别】组件的位置与语句

位置	语句
OCR 票据凭证类识别 OCR增值税发票识别	OCR增值税发票识别　使用OCR识别增值税发票,调用是否成功赋值给 v_recognize_invoi...

3）属性与说明

【OCR 增值税发票识别】组件的属性与说明如表 7-2 所示。

表 7-2　【OCR 增值税发票识别】组件的属性与说明

	属性	当前值	说明
输入	AI 引擎	阿里云文字识别（OCR）	阿里云 RPA 支持调用阿里云文字识别（OCR）能力对图片内容进行智能识别。在调用前，需要先在 RPA 控制台上对阿里云主账号进行 SLR 授权，具体操作参见"如何使用 RPA 调用阿里云文字识别能力"网页
	待识别图片文件路径	—	通过文件选择器、在文本框中直接输入或选择变量的方式填写待识别图片文件的存储路径或链接
输出	调用是否成功	v_recognize_invoice_success_1（默认）	如果调用成功，则返回 True；如果调用失败，则返回 False
	接口原始返回结果	v_recognize_invoice_response_1（默认）	—
	接口关键返回结果	v_recognize_invoice_data_1（默认），该变量在后续组件中引用较多，可根据实际自定义命名	以字典格式返回接口关键识别结果，包含发票代码、发票号码、开票日期、机器编码、校验码、受票方名称、密码区、不含税金额、发票税额、大写金额、发票金额、销售方名称、销售方税号、销售方地址+电话、销售方开户行+账号、开票人、标题、发票类型
	错误信息	v_recognize_invoice_message_1（默认）	如果调用成功，则返回空；如果调用失败，则返回错误信息

4）【OCR 增值税发票识别】组件的字典键值

【OCR 增值税发票识别】组件的字典键值如表 7-3 所示。

表 7-3 【OCR 增值税发票识别】组件的字典键值

key	key 含义	value 数据类型
invoiceCode	发票代码	字符串
invoiceNumber	发票号码	字符串
invoiceDate	开票日期	字符串
machineCode	机器编码	字符串
checkCode	校验码	字符串
purchaserName	受票方名称	字符串
passwordArea	密码区	字符串
invoiceAmountPreTax	不含税金额	字符串
invoiceTax	发票税额	字符串
totalAmountInWords	大写金额	字符串
totalAmount	发票金额	字符串
sellerName	销售方名称	字符串
sellerTaxNumber	销售方税号	字符串
sellerContactInfo	销售方地址、电话	字符串
sellerBankAccountInfo	销售方开户行、账号	字符串
drawer	开票人	字符串
title	标题	字符串
invoiceType	发票类型（电子普通发票、电子专用发票、专用发票、普通发票、通用发票）	字符串

5）应用示例

识别增值税普通发票，并且打印发票上的销售方名称、总金额、发票类型。增值税普通发票样例如图 7-18 所示。本应用示例的具体流程如图 7-19 所示。

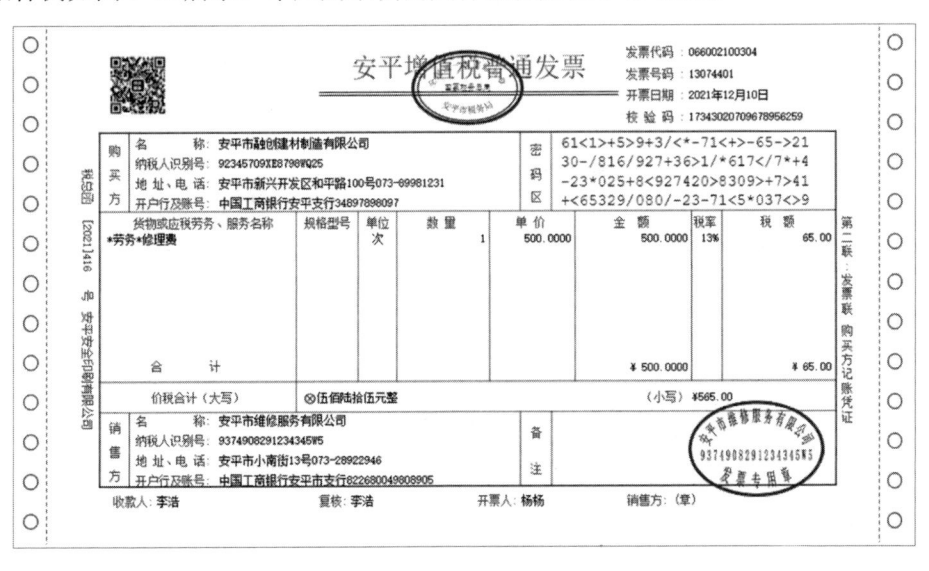

图 7-18 增值税普通发票样例

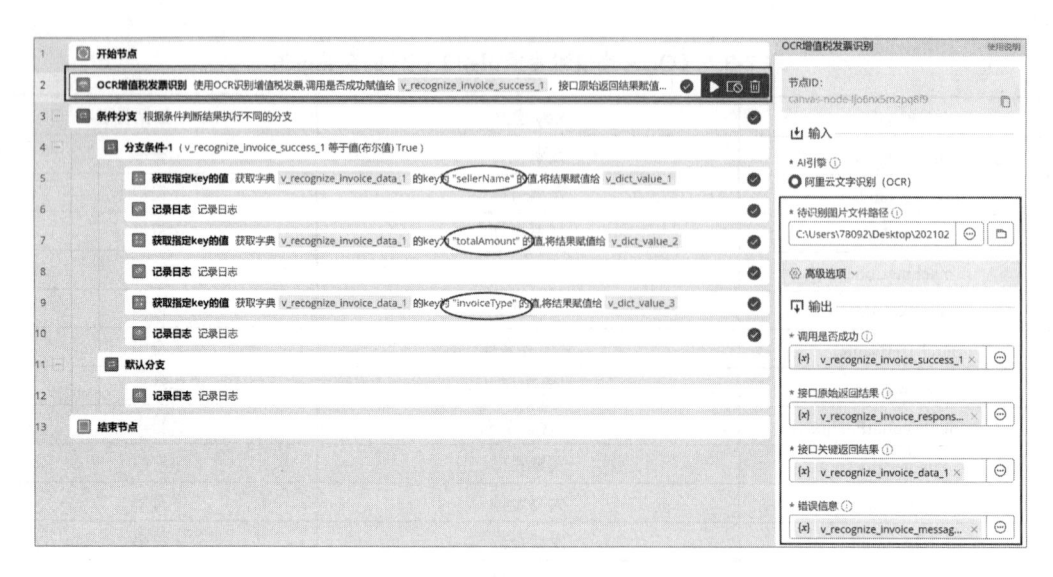

图 7-19 【OCR 增值税发票识别】组件应用示例的具体流程

（1）利用【OCR 增值税发票识别】组件选取待识别图片文件的存储路径。

（2）利用【条件分支】组件，通过分支条件（v_recognize_invoice_success_1 值为 True）判断该 OCR 功能是否调用成功。

（3）利用【获取指定 key 的值】组件，在调用成功的条件分支中，获取接口关键返回结果字典中指定的 key（sellerName 表示销售方名称，totalAmount 表示发票金额，invoiceType 表示发票类型）。

（4）利用【记录日志】组件，打印获取的关键识别结果。

（5）利用【记录日志】组件，在调用失败的条件分支中，打印错误信息。

执行结果：在成功调用该 OCR 功能后，会在日志面板中打印识别结果，如图 7-20 所示。

图 7-20 【OCR 增值税发票识别】组件应用示例流程的执行结果

五、任务实施

1．流程设计

与手工操作直接在发票查验平台中输入发票信息不同，本任务的 RPA 流程在实现自动验真过程前，首先进行了前置步骤，即提取发票的关键信息，包括发票代码、发票号码、发票日期、发票金额（增值税专用发票）或校验码后 6 位（增值税普通发票），并且将其写入 Excel 文件，该步骤在本 RPA 开发任务中起着核心作用；然后使用【获取文件列表】组件获取所有发票的存储路径，使用【循环列表内容】组件和【OCR 增值税发票识别】组件逐张逐项读取发票信息，使用【写入 Excel 行】组件将提取并识别的发票信息写入 Excel 文件；接着，调整 Excel 文件中数据的类型与格式，使其符合发票查验网页的输入要求；最后使用【按照次数循环】组件、【获取 Excel 行的值】组件和【填写输入框（网页）】组件，逐一将发票信息填入网页，从而实现自动查验发票真伪的过程。OCR 发票查验小助手机器人的具体流程设计如表 7-4 所示，其核心操作为该表中序号 5~9 和 17~29 对应的操作。

表 7-4　OCR 发票查验小助手机器人的具体流程设计

流程	序号	使用组件	层级	属性设置
新建"发票信息汇总表.xlsx"文件	1	启动 Excel	一级	启动方式：新建 Excel。 新建 Excel 文件路径：选择合适的存储路径，并且将文件命名为"发票信息汇总表.xlsx"。 是否增加文件名后缀：否。 是否只读打开：否。 Excel 对象：v_excel_obj_1（默认）。 Excel 文件路径：v_file_path_1（默认）
	2	激活 Sheet 页	一级	已打开的 Excel 对象：v_excel_obj_1。 Sheet 页名称：sheet1。 Excel Sheet 对象：v_sheet_obj_1（默认）
	3	写入 Excel 行	一级	已打开的 Sheet 对象：v_sheet_obj_1。 起始行号：1。 起始列号：A。 写入内容—编辑表达式：['发票类型','发票代码','发票号码','开票日期','销售方名称','发票金额','校验码']

启动阿里云 OCR 功能	4	调用自定义脚本	一级	需要执行的脚本—编辑表达式：
				# 服务获取可参考阿里云 OCR 服务官网：https://ai.aliyun.com/ocr
				# 代码调用样例如下：
				ak = '填写您的 AccessKey ID'
				ak_secret = '填写您的 AccessKey Secret'
				rpa.ai.aliyun_ocr.set_public_auth(ak ,ak_secret)
				说明：进入 AccessKey 管理界面，可以获取相应 ID 和 Secret，注意保密

续表

流程	序号	使用组件	层级	属性设置
获取发票列表	5	获取文件列表	一级	目标文件夹路径：选择发票文件夹的存储路径。 文件名称匹配规则：*.png*。 是否查找子文件夹：否。 忽略隐藏的文件：是。 文件列表排序方式：文件名（降序）。 文件列表变量名称：v_file_fullpath_list_1（默认）。
读取发票信息并写入"发票信息汇总表.xlsx"文件	6	循环列表内容	一级	循环列表：v_file_fullpath_list_1。 每次循环项：v_item_1（默认）。
	7	OCR 增值税发票识别	二级	AI 引擎：阿里云文字识别（OCR）。 待识别图片文件路径：v_item_1。 调用是否成功：v_recognize_invoice_success_1（默认）。 接口原始返回结果：v_recognize_invoice_response_1（默认）。 接口关键返回结果：data（自定义）。 错误信息：v_recognize_invoice_message_1（默认）。
读取发票信息并写入"发票信息汇总表.xlsx"文件	8	获取列表指定内容的位置	二级	目标操作列表：v_file_fullpath_list_1。 查找列表项的数据类型：字符串。 查找列表项的值：v_item_1。 查找到的位置（列表结构）：v_list_item_index_1（默认）。
	9	写入 Excel 行	二级	已打开的 Sheet 对象：v_sheet_obj_1。 起始行号—编辑表达式：int(v_list_item_index_1[0]+2)。 起始列号：A。 写入内容—编辑表达式： [str(data['invoiceType']),""+str(data['invoiceCode']),str(data['invoiceNumber']),str(data['invoiceDate']),str(data['sellerName']),str(data['totalAmount']),""+str(data['checkCode'])]
修改表格日期格式	10	激活 Sheet 页	一级	已打开的 Excel 对象：v_excel_obj_1。 Sheet 页名称：sheet1。 Excel Sheet 对象：v_sheet_obj_2（默认）。
	11	输入热键	一级	按键组合：^{h}。 说明：Ctrl+H 为替换操作的快捷键
	12	获取窗口	一级	窗口：查找和替换。 窗口匹配模式：包含匹配。 窗口对象：v_win_obj_1（默认）。
	13	填写输入框（窗口）	一级	窗口：v_win_obj_1。 目标控件：查找内容输入框。 输入类型：文本。 输入内容：年。 输入方式：覆盖输入

续表

流程	序号	使用组件	层级	属性设置
修改表格日期格式	14	点击控件（窗口）	一级	窗口对象：v_win_obj_1。 目标控件：全部替换按键。 全部替换(A) 点击方式：左键单击。 模拟点击：是
	15	输入热键	一级	按键组合：{ENTER}
	16	重复步骤11~15，依次替换"年""月""日"，使日期格式转换为YYYYMMDD		
	17	点击控件（窗口）	一级	窗口对象：v_win_obj_1。 目标控件：查找替换窗口关闭按键。 关闭 点击方式：左键单击。 模拟点击：是
登录发票查验网站	18	获取Excel的行数	一级	已打开的Sheet对象：v_sheet_obj_2。 Excel行数：v_cell_row_cnt_1（默认）
	19	打开新网页	一级	打开网址：http://fz.chinaive.com/fpcy/?username=***。 浏览器类型：Chrome。 是否指定Chrome程序路径：否。 是否等待加载完成：是。 浏览器对象：v_web_obj_1（默认）
发票查验	20	按照次数循环	一级	循环起始值：2。 循环结束值：v_cell_row_cnt_1。 步长值：1。 每次循环项：v_range_item_1（默认）
	21	获取Excel行的值	二级	已打开的Sheet对象：v_sheet_obj_2。 行号：v_range_item_1。 取值最大列数：1000。 行数据变量名称：v_cell_row_values_1（默认）
	22	激活网页	二级	激活已打开的浏览器对象：v_web_obj_1
	23	填写输入框（网页）	二级	已打开浏览器对象：v_web_obj_1。 目标控件：发票代码。 *发票代码： 输入类型：文本。 输入内容—编辑表达式：v_cell_row_values_1[1]。 输入方式：覆盖输入

续表

流程	序号	使用组件	层级	属性设置
发票查验	24	填写输入框（网页）	二级	已打开浏览器对象：v_web_obj_1。 目标控件：发票号码。 *发票号码： 输入类型：文本。 输入内容—编辑表达式：v_cell_row_values_1[2]。 输入方式：覆盖输入
	25	填写输入框（网页）	二级	已打开浏览器对象：v_web_obj_1。 目标控件：开票日期。 *开票日期：YYYYMMDD 输入类型：文本。 输入内容—编辑表达式：v_cell_row_values_1[3]。 输入方式：覆盖输入
	26	条件分支	二级	—
	27	分支条件-1	三级	修改设置条件—编辑表达式：'专用'in v_cell_row_values_1[0]
	28	填写输入框（网页）	四级	已打开浏览器对象：v_web_obj_1。 目标控件：开具金额（不含税）。 *开具金额(不含税)： 输入类型：文本。 输入内容—编辑表达式：v_cell_row_values_1[5]。 输入方式：覆盖输入
	29	默认分支	三级	—
	30	填写输入框（网页）	四级	已打开浏览器对象：v_web_obj_1。 目标控件：校验码。 *校验码： 输入类型：文本。 输入内容—编辑表达式：v_cell_row_values_1[6][-6:]（说明：[-6:]表示后6位）。 将"输入方式"设置为"覆盖输入"
	31	获取网页元素的属性值	二级	已打开浏览器对象：v_web_obj_1。 目标控件：验证码。 属性名：value（可自定义名称）。 获取到的文本：v_web_element_value_1（默认）

续表

流程	序号	使用组件	层级	属性设置
发票查验	32	通过剪贴方式输入（网页）	二级	已打开浏览器对象：v_web_obj_1。 输入框控件：验证码输入框。 *验证码： 请输入验证码（不区分大小写） 输入内容：v_web_element_value_1。 输入方式：覆盖输入
	33	点击控件（网页）	二级	已打开浏览器对象：v_web_obj_1。 目标控件：查验按键。 查验 点击方式：左键单击。 模拟点击：是
查验结果截图	34	网页截图	二级	已打开浏览器：v_web_obj_1。 图片保存至：选择截图的存储路径。 图片名—编辑表达式：v_cell_row_values_1[4]+"截图.jpg"。 是否增加文件名后缀：否。 图片文件路径：v_web_image_path_1（默认）
关闭查验结果	35	点击控件（网页）	二级	已打开浏览器：v_web_obj_1。 目标控件：关闭按钮。 关闭 点击方式：左键单击。 模拟点击：是
重置	36	点击控件（网页）	二级	已打开浏览器：v_web_obj_1。 目标控件：充值按钮。 重置 点击方式：左键单击。 模拟点击：是
查验结束	37	关闭 Excel	一级	已打开的 Excel 对象：v_excel_obj_1。 关闭时是否保存：是
	38	关闭所有网页	一级	浏览器类型：Chrome

2. 操作过程

步骤 1：启动阿里云 RPA 编辑器，选择"新建本地工程"选项，弹出"新建本地工程"对话框，选择"基础可视化工程模板"选项，在"名称"文本框中输入"OCR 发票查验小助手机器人"，选择合适的存储路径，单击"确定"按钮，如图 7-21 所示，即可进入阿里云 RPA 编辑器的开发界面。

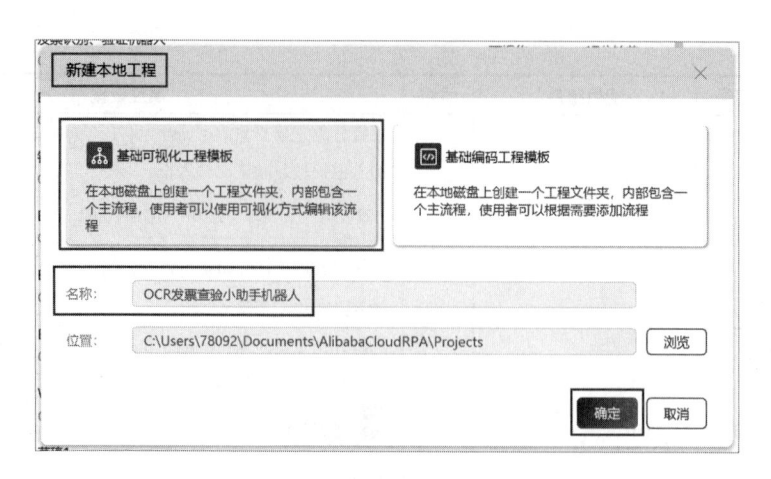

图 7-21 "新建本地工程"对话框

步骤 2：将鼠标指针移动至流程编辑区中的【开始节点】组件下方，单击出现的"⊕"按钮，在弹出的下拉列表中选择【启动 Excel】组件，在右侧的属性面板中进行属性设置，如图 7-22 所示。在"输入"属性中，将"启动方式"设置为"新建 Excel"；单击"新建 Excel 文件路径"右侧的 按钮，弹出"另存为"对话框，选择合适的存储路径；在"文件名"文本框中输入新建 Excel 文件的名称"发票信息汇总表.xlsx"。

步骤 3：将鼠标指针移动至流程编辑区中的【启动 Excel】组件下方，单击出现的"⊕"按钮，在弹出的下拉列表中选择【激活 Sheet 页】组件，在右侧的属性面板中进行属性设置，如图 7-23 所示。在"输入"属性中，将"已打开的 Excel 对象"设置为 v_excel_obj_1 变量，将"Sheet 页名称"设置为"sheet1"。

图 7-22 【启动 Excel】组件的属性设置　　图 7-23 【激活 Sheet 页】组件的属性设置（1）

步骤 4：将鼠标指针移动至流程编辑区中的【激活 Sheet 页】组件下方，单击出现的

"⊕"按钮，在弹出的下拉列表中选择【写入 Excel 行】组件，在右侧的属性面板中进行属性设置，如图 7-24 所示。在"输入"属性中，将"已打开的 Sheet 对象"设置为 v_sheet_obj_1 变量，将"起始行号"设置为"1"，将"起始列号"设置为"A"，在"写入内容"的"编辑表达式"对话框中输入"['发票类型','发票代码','发票号码','开票日期','销售方名称','发票金额','校验码']"。

图 7-24　【写入 Excel 行】组件的属性设置（1）

步骤 5：将鼠标指针移动至流程编辑区中的【写入 Excel 行】组件下方，单击出现的"⊕"按钮，在弹出的下拉列表中选择【调用自定义脚本】组件，用于调用 RPA 的 OCR 功能。在"需要执行的脚本"的"编辑表达式"对话框中输入以下内容，如图 7-25 所示。

```
# 服务获取可参考阿里云 OCR 服务官网：https://ai.aliyun.com/ocr
# 代码调用样例如下：
ak = ' 请填写您的 AccessKey ID '
ak_secret = ' 请填写您的 AccessKey Secret '
rpa.ai.aliyun_ocr.set_public_auth(ak ,ak_secret )
```

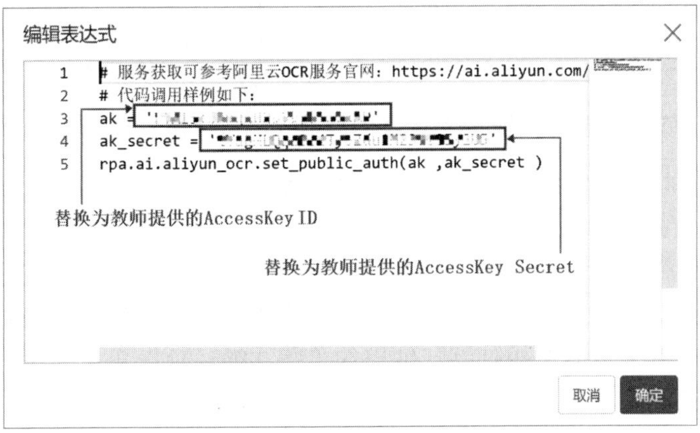

图 7-25　"编辑表达式"对话框

注意：如果采用服务端鉴权方式，则无须该步骤；如果采用客户端鉴权方式，则需要调用该组件，并且修改编辑表达式中的变量 ak 及 ak_secret 的值。

步骤 6：将鼠标指针移动至流程编辑区中的【调用自定义脚本】组件下方，单击出现的"⊕"按钮，在弹出的下拉列表中选择【获取文件列表】组件，在右侧的属性面板中进行属性设置，如图 7-26 所示。在"输入"属性中，将"目标文件夹路径"设置为待查验发票的存储路径，将"文件名称匹配规则"设置为"*.png*"。

步骤 7：将鼠标指针移动至流程编辑区中的【获取文件列表】组件下方，单击出现的"⊕"按钮，在弹出的下拉列表中选择【循环列表内容】组件，在右侧的属性面板中进行属性设置，如图 7-27 所示。在"输入"属性中，将"循环列表"设置为 v_file_fullpath_list_1 变量，该变量为步骤 6 中【获取文件列表】组件默认输出的"文件列表变量名称"变量。

图 7-26 【获取文件列表】组件的属性设置　　图 7-27 【循环列表内容】组件的属性设置

步骤 8：将鼠标指针移动至流程编辑区中的【循环列表内容】组件下方，单击二级目录处出现的"⊕"按钮，在弹出的下拉列表中选择【OCR 增值税发票识别】组件，在右侧的属性面板中进行属性设置，如图 7-28 所示。在"输入"属性中，将"AI 引擎"设置为"阿里云文字识别（OCR）"；将"待识别图片文件路径"设置为 v_item_1 变量，该变量为步骤 7 中【循环列表内容】组件默认输出的"每次循环项"变量。在"输出"属性中，因为"接口关键返回结果"变量在后续组件的编辑表达式中经常被引用，所以建议修改该变量的名称，使引用更方便，在本任务中，我们将该变量重命名为"data"，其他"输出"属性均采用默认设置。

◎ 任务七　OCR智能识别自动化

步骤9：将鼠标指针移动至流程编辑区中的【OCR增值税发票识别】组件下方，单击出现的"⊕"按钮，在弹出的下拉列表中选择【获取列表指定内容的位置】组件，在右侧的属性面板中进行属性设置，如图7-29所示。在"输入"属性中，将"目标操作列表"设置为 v_file_fullpath_list_1 变量；将"查找列表项的数据类型"设置为"字符串"；将"查找列表项的值"设置为 v_item_1 变量，该变量为步骤7中【循环列表内容】组件默认输出的"每次循环项"变量。

图 7-28　【OCR增值税发票识别】组件的属性设置

图 7-29　【获取列表指定内容的位置】组件的属性设置

步骤10：将鼠标指针移动至流程编辑区中的【获取列表指定内容的位置】组件下方，单击出现的"⊕"按钮，在弹出的下拉列表中选择【写入 Excel 行】组件，在右侧的属性面板中进行属性设置，如图 7-30 所示。在"输入"属性中，将"已打开的 Sheet 对象"设置为 v_sheet_obj_1 变量，在"起始行号"的"编辑表达式"对话框中输入"int(v_list_item_index_1[0]+2)"，将"起始列号"设置为"A"，在"写入内容"的"编辑表达式"对话框中输入"[str(data['invoiceType']),''''+str(data['invoiceCode']),str(data['invoiceNumber']),str(data['invoiceDate']),str(data['sellerName']),str(data['totalAmount']),''''+str(data['checkCode'])]"。【写入 Excel 行】组件涉及的表达式如图 7-31 所示。

图 7-30 【写入 Excel 行】组件的属性设置（2）

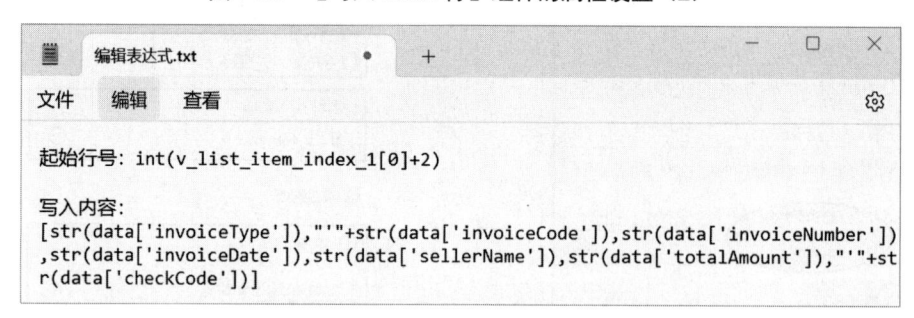

图 7-31 【写入 Excel 行】组件涉及的表达式

说明：

- "起始行号"属性中的 v_list_item_index_1 变量为步骤 9 中【获取列表指定内容的位置】组件输出的"查找到的位置（列表结构）"变量，该变量是一个列表变量，主要用于表示各个发票信息的位置，如 v_list_item_index_1[0]表示第一张发票信息的位置，其值为 0，但因为读取的发票信息需要从 Excel 文件的第 2 行开始写入，所以需要将其+2，因此使用 int(v_list_item_index_1[0]+2)表示写入操作的起始行号。
- 在"写入内容"属性中，data['invoiceType']、data['totalAmount']等的英文单引号中的内容为引用 OCR 增值税发票识别的字典键值，如果要识别并提取发票类型数据，则必须使用 invoiceType，具体可参考表 7-3。
- """为英文模式下的双引号+单引号，单引号的作用是将提取的数字以文本的形式填入 Excel 文件。

步骤 11：将鼠标指针移动至流程编辑区中的【写入 Excel 行】组件下方，单击一级目录处出现的"⊕"按钮，在弹出的下拉列表中选择【激活 Sheet 页】组件，在右侧的属性面板中进行属性设置，如图 7-32 所示。在"输入"属性中，将"已打开的 Excel 对象"设置为 v_excel_obj_1 变量，将"Sheet 页名称"设置为"sheet1"。

步骤 12：将鼠标指针移动至流程编辑区中的【激活 Sheet 页】组件下方，单击出现的"⊕"按钮，在弹出的下拉列表中选择【输入热键】组件，在右侧的属性面板中进行属性设置，如图 7-33 所示。在"输入"属性中，将"按键组合"设置为"^{h}"，表示替换操作的快捷键为"Ctrl+H"。

图 7-32　【激活 Sheet 页】组件的属性设置（2）　　图 7-33　【输入热键】组件的属性设置（1）

步骤 13：将鼠标指针移动至流程编辑区中的【输入热键】组件下方，单击出现的"⊕"按钮，在弹出的下拉列表中选择【获取窗口】组件，在右侧的属性面板中进行属性设置，如图 7-34 所示。在"输入"属性中，将"窗口"设置为"查找和替换"，将"窗口匹配模式"设置为"包含匹配"。

步骤 14：将鼠标指针移动至流程编辑区中的【获取窗口】组件下方，单击出现的"⊕"按钮，在弹出的下拉列表中选择【填写输入框（窗口）】组件，在右侧的属性面板中进行属性设置，如图 7-35 所示。在"输入"属性中，将"窗口"设置为 v_win_obj_1 变量；将"目标控件"设置为"查找内容输入框"，如图 7-36 所示；将"输入类型"设置为"文本"；将"输入内容"设置为"年"；将"输入方式"设置为"覆盖输入"。

步骤 15：将鼠标指针移动至流程编辑区中的【填写输入框（窗口）】组件下方，单击出现的"⊕"按钮，在弹出的下拉列表中选择【点击控件（窗口）】组件，在右侧的属性面板中进行属性设置，如图 7-37 所示。在"输入"属性中，将"窗口对象"设置为

v_win_obj_1 变量；将"目标控件"设置为"全部替换按键"，如图 7-38 所示；将"点击方式"设置为"左键单击"；将"模拟点击"设置为"是"。

图 7-34　【获取窗口】组件的属性设置　　图 7-35　【填写输入框（窗口）】组件的属性设置

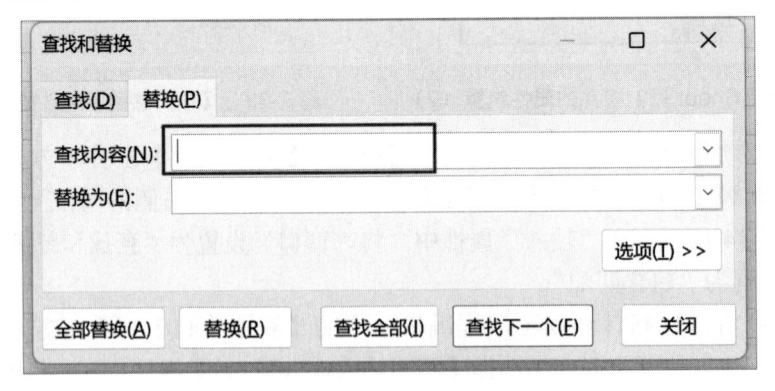

图 7-36　捕捉控件——控件定位（1）

步骤 16：将鼠标指针移动至流程编辑区中的【点击控件（窗口）】组件下方，单击出现的"⊕"按钮，在弹出的下拉列表中选择【输入热键】组件，在右侧的属性面板中进行属性设置，如图 7-39 所示。在"输入"属性中，将"按键组合"设置为"{ENTER}"，表示回车键。

◎ 任务七　OCR智能识别自动化

图 7-37　【点击控件（窗口）】组件的属性设置（1）

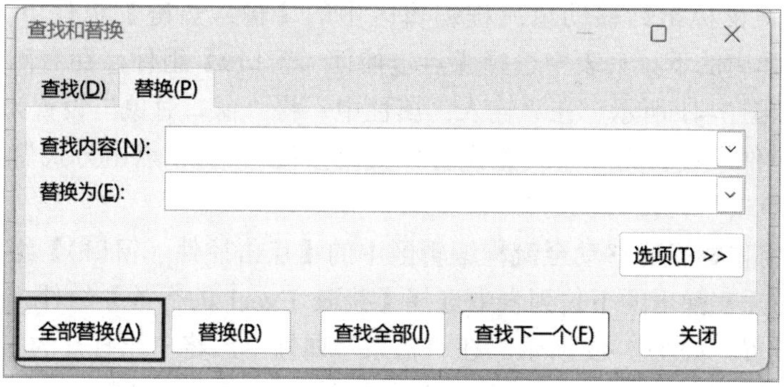

图 7-38　捕捉控件——控件定位（2）

图 7-39 【输入热键】组件的属性设置（2）

步骤 17：重复步骤 13～16，替换 Excel 文件中的"月"和"日"，如图 7-40 所示。

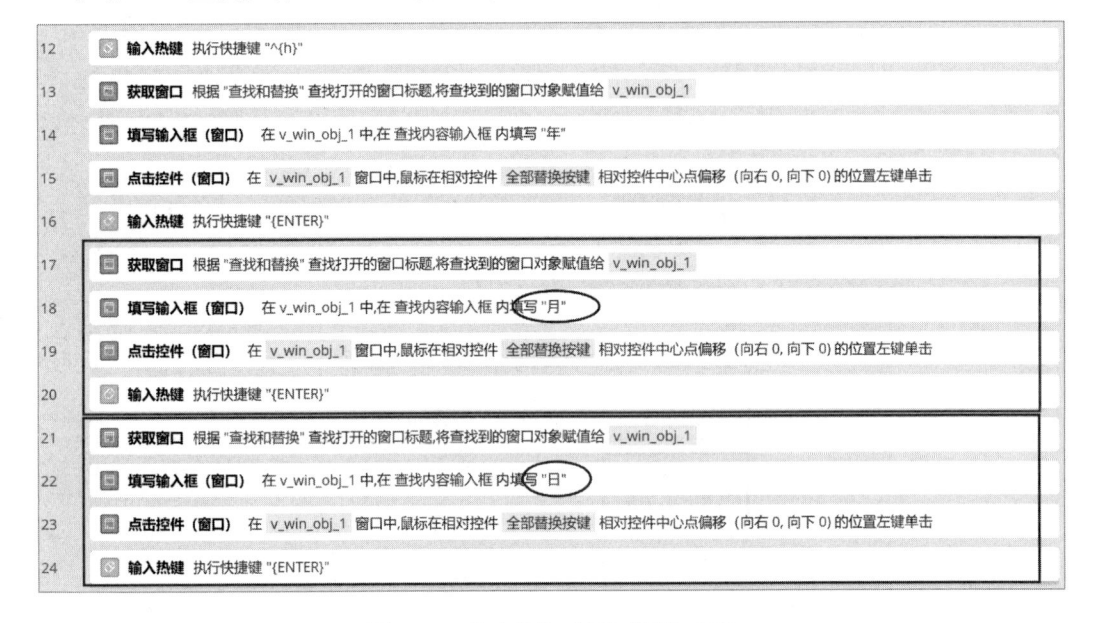

图 7-40 依次替换"月""日"步骤

步骤 18：将鼠标指针移动至流程编辑区中的【输入热键】组件下方，单击出现的"⊕"按钮，在弹出的下拉列表中选择【点击控件（窗口）】组件，在右侧的属性面板中进行属性设置，如图 7-41 所示。在"输入"属性中，将"窗口对象"设置为 v_win_obj_1 变量，将"目标控件"设置为"查找替换窗口关闭按键"，将"点击方式"设置为"左键单击"，将"模拟点击"设置为"是"。

步骤 19：将鼠标指针移动至流程编辑区中的【点击控件（窗口）】组件下方，单击出现的"⊕"按钮，在弹出的下拉列表中选择【获取 Excel 的行数】组件，在右侧的属性面板中进行属性设置，如图 7-42 所示。在"输入"属性中，将"已打开的 Sheet 对象"设置为 v_sheet_obj_2 变量，该变量为步骤 11 中【激活 Sheet 页】组件默认输出的"Excel Sheet 对象"变量。

◎ 任务七　OCR 智能识别自动化

图 7-41　【点击控件（窗口）】组件的属性设置（2）

图 7-42　【获取 Excel 的行数】组件的属性设置

步骤 20：将鼠标指针移动至流程编辑区中的【获取 Excel 的行数】组件下方，单击出现的"⊕"按钮，在弹出的下拉列表中选择【打开新网页】组件，在右侧的属性面板中进行属性设置，如图 7-43 所示。在"输入"属性中，将"打开网址"设置为"http://fz.chinaive.com/fpcy/?username=***"，***为你的融智数智化会计实践平台登录账号；将"浏览器类型"设置为"Chrome"；将"是否等待加载完成"设置为"是"。

步骤 21：将鼠标指针移动至流程编辑区中的【打开新网页】组件下方，单击出现的"⊕"按钮，在弹出的下拉列表中选择【按照次数循环】组件，在右侧的属性面板中进行属性设置，如图 7-44 所示。在"输入"属性中，将"循环起始值"设置为"2"；将"循环结束值"设置为 v_cell_row_cnt_1 变量，该变量为步骤 19 中【获取 Excel 的行数】组件默认输出的"Excel 行数"变量；将"步长值"设置为"1"。

· 173 ·

图 7-43 【打开新网页】组件的属性设置　　图 7-44 【按照次数循环】组件的属性设置

步骤22：将鼠标指针移动至流程编辑区中的【按照次数循环】组件下方，单击二级目录处出现的"⊕"按钮，在弹出的下拉列表中选择【获取 Excel 行的值】组件，在右侧的属性面板中进行属性设置，如图 7-45 所示。在"输入"属性中，将"已打开的 Sheet 对象"设置为 v_sheet_obj_2 变量，将"行号"设置为 v_range_item_1 变量，将"取值最大列数"设置为"1000"。

步骤23：将鼠标指针移动至流程编辑区中的【获取 Excel 行的值】组件下方，单击出现的"⊕"按钮，在弹出的下拉列表中选择【激活网页】组件，在右侧的属性面板中进行属性设置，如图 7-46 所示。在"输入"属性中，将"激活已打开的浏览器对象"设置为 v_web_obj_1 变量。

步骤24：将鼠标指针移动至流程编辑区中的【激活网页】组件下方，单击出现的"⊕"按钮，在弹出的下拉列表中选择【填写输入框（网页）】组件，在右侧的属性面板中进行属性设置，如图 7-47 所示。在"输入"属性中，将"已打开浏览器对象"设置为 v_web_obj_1 变量；将"目标控件"设置为"发票代码"，如图 7-48 所示；将"输入类型"设置为"文本"；在"输入内容"的"编辑表达式"对话框中输入"v_cell_row_values_1[1]"，该表达式的意思为"发票信息汇总表.xlsx"文件的第二列"发票代码"中的内容；将"输入方式"设置为"覆盖输入"。

图 7-45 【获取 Excel 行的值】组件的属性设置　　图 7-46 【激活网页】组件的属性设置

图 7-47 【填写输入框（网页）】组件的属性设置（1）

图 7-48 捕捉控件——控件定位（3）

步骤 25：将鼠标指针移动至流程编辑区中的【填写输入框（网页）】组件下方，单击出现的"⊕"按钮，在弹出的下拉列表中选择【填写输入框（网页）】组件，在右侧的属性面板中进行属性设置，如图 7-49 所示。在"输入"属性中，将"已打开浏览器对象"设置为 v_web_obj_1 变量；将"目标控件"设置为"发票号码"；将"输入类型"设置为"文本"；在"输入内容"的"编辑表达式"对话框中输入"v_cell_row_values_1[2]"，该表达式的意思为"发票信息汇总表.xlsx"文件的第三列"发票号码"中的内容；将"输入方式"设置为"覆盖输入"。

步骤 26：将鼠标指针移动至流程编辑区中的【填写输入框（网页）】组件下方，单击出现的"⊕"按钮，在弹出的下拉列表中选择【填写输入框（网页）】组件，在右侧的属性面板中进行属性设置，如图 7-50 所示。在"输入"属性中，将"已打开浏览器对象"设置为 v_web_obj_1 变量；将"目标控件"设置为"开票日期"；将"输入类型"设置为"文本"；在"输入内容"的"编辑表达式"对话框中输入"v_cell_row_values_1[3]"，该表达式的意思为"发票信息汇总表.xlsx"文件的第四列"开票日期"中的内容；将"输入方式"设置为"覆盖输入"。

步骤 27：将鼠标指针移动至流程编辑区中的【填写输入框（网页）】组件下方，单击出现的"⊕"按钮，在弹出的下拉列表中选择【条件分支】组件，在右侧的属性面板中单击"修改设置条件"按钮，打开"条件设置"对话框，输入"'专用'in v_cell_row_values_1[0]"，如图 7-51 所示。

说明：如果是增值税专用发票，那么在验证时填写的是"开具金额（不含税）"；如果是增值税普通发票，那么在验证时填写的是"校验码后六位"，因此需要使用【条件分支】组件对两种情况进行区分。

图 7-49　【填写输入框（网页）】组件的属性设置（2）

图 7-50　【填写输入框（网页）】组件的属性设置（3）

图 7-51　"条件设置"对话框

步骤 28：将鼠标指针移动至流程编辑区中的【分支条件-1】组件下方，单击四级目录处出现的"⊕"按钮，在弹出的下拉列表中选择【填写输入框（网页）】组件，在右侧的属性面板中进行属性设置，如图 7-52 所示。在"输入"属性中，将"已打开浏览器对象"设置为 v_web_obj_1 变量；将"目标控件"设置为"开具金额（不含税）"；将"输入类型"设置为"文本"；在"输入内容"的"编辑表达式"对话框中输入"v_cell_row_values_1[5]"，该编辑表达式的意思为"发票信息汇总表.xlsx"文件的第六列"开票金额"中的内容；将"输入方式"设置为"覆盖输入"。

图 7-52 【填写输入框（网页）】组件的属性设置（4）

步骤 29：将鼠标指针移动至流程编辑区中的【默认分支】组件下方，单击四级目录处出现的"⊕"按钮，在弹出的下拉列表中选择【填写输入框（网页）】组件，如图 7-53 所示；在右侧的属性面板中进行属性设置，如图 7-54 所示。在"输入"属性中，将"已打开浏览器对象"设置为 v_web_obj_1 变量；将"目标控件"设置为"校验码"；将"输入类型"设置为"文本"；在"输入内容"的"编辑表达式"对话框中输入"v_cell_row_values_1[6][-6:]"，"v_cell_row_values_1[6]"表示"发票信息汇总表.xlsx"文件的第七列"校验码"中的内容，"[-6:]"表示后六位；将"输入方式"设置为"覆盖输入"。

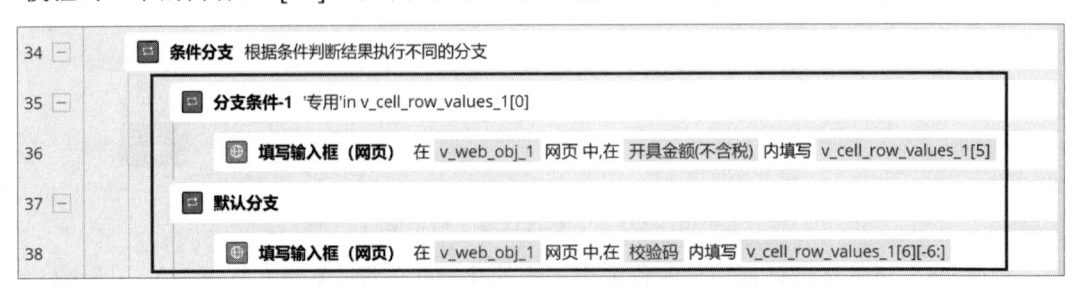

图 7-53 【填写输入框（网页）】组件的添加位置

· 178 ·

◎ 任务七 OCR 智能识别自动化

步骤 30：将鼠标指针移动至流程编辑区中的【填写输入框（网页）】组件下方，单击二级目录处出现的"⊕"按钮，在弹出的下拉列表中选择【获取网页元素的属性值】组件，在右侧的属性面板中进行属性设置，如图 7-55 所示。在"输入"属性中，将"已打开浏览器对象"设置为 v_web_obj_1 变量，将"目标控件"设置为"验证码"，将"属性名"设置为"value"或自定义属性名。

图 7-54　【填写输入框（网页）】组件的属性设置（5）

图 7-55　【获取网页元素的属性值】组件的属性设置

步骤 31：将鼠标指针移动至流程编辑区中的【获取网页元素的属性值】组件下方，单击出现的"⊕"按钮，在弹出的下拉列表中选择【通过剪贴方式输入（网页）】组件，在右侧的属性面板中进行属性设置，如图 7-56 所示。在"输入"属性中，将"已打开浏览器对象"设置为 v_web_obj_1 变量；将"输入框控件"设置为"验证码输入框"；将"输入内容"设置为 v_web_element_value_1 变量，该变量为步骤 29 中【获取网页元素的属性值】组件默认输出的"获取到的文本"变量；将"输入方式"设置为"覆盖输入"。

步骤 32：将鼠标指针移动至流程编辑区中的【通过剪贴方式输入（网页）】组件下方，单击出现的"⊕"按钮，在弹出的下拉列表中选择【点击控件（网页）】组件，在右侧的属性面板中进行属性设置，如图 7-57 所示。在"输入"属性中，将"已打开浏览器对象"设置为 v_web_obj_1 变量，将"目标控件"设置为"查验按键"，将"点击方式"设置为"左键单击"，将"模拟点击"设置为"是"。

· 179 ·

图 7-56 【通过剪贴方式输入（网页）】组件的属性设置

图 7-57 【点击控件（网页）】组件的属性设置

步骤 33：将鼠标指针移动至流程编辑区中的【点击控件（网页）】组件下方，单击出现的"⊕"按钮，在弹出的下拉列表中选择【网页截图】组件，在右侧的属性面板中进行属性设置，如图 7-58 所示。在"输入"属性中，将"已打开浏览器对象"设置为 v_web_obj_1 变量；将"图片保存至"设置为截图的存储路径；在"图片名"的"编辑表达式"对话框中输入"v_cell_row_values_1[4]+"截图.jpg""，"v_cell_row_values_1[4]"表示"发票信息汇总表.xlsx"文件的第五列"销售方名称"中的内容。

步骤 34：将鼠标指针移动至流程编辑区中的【网页截图】组件下方，单击出现的

"⊕"按钮，在弹出的下拉列表中选择【点击控件（网页）】组件，在"输入"属性中，将"目标控件"设置为"关闭按钮"，关闭查验结果，其他属性设置与步骤32中【点击控件（网页）】组件的属性设置相同。

步骤35：将鼠标指针移动至流程编辑区中的【点击控件（网页）】组件下方，单击出现的"⊕"按钮，在弹出的下拉列表中选择【点击控件（网页）】组件，在"输入"属性中，将"目标控件"设置为"重置按钮"，重置查验信息输入框，其他属性设置与步骤32中【点击控件（网页）】组件的属性设置相同。

步骤36：将鼠标指针移动至流程编辑区中的【点击控件（网页）】组件下方，单击一级目录处出现的"⊕"按钮，在弹出的下拉列表中选择【关闭Excel】组件，在右侧的属性面板中进行属性设置，如图7-59所示。在"输入"属性中，将"已打开的Excel对象"设置为v_excel_obj_1变量，将"关闭时是否保存"设置为"是"。

图7-58 【网页截图】组件的属性设置　　图7-59 【关闭Excel】组件的属性设置

步骤37：将鼠标指针移动至流程编辑区中的【关闭Excel】组件下方，单击出现的"⊕"按钮，在弹出的下拉列表中选择【关闭所有网页】组件，在右侧的属性面板中进行属性设置，如图7-60所示。

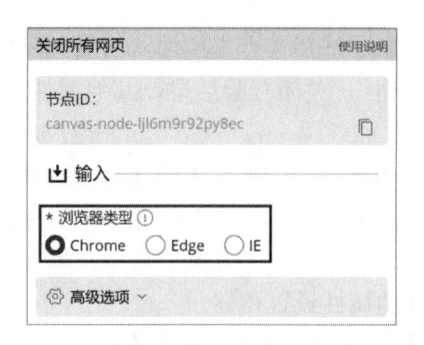

图 7-60　【关闭所有网页】组件的属性设置

3．流程运行

扫描右侧的二维码，可以观看本任务的 OCR 发票查验小助手机器人的动态运行流程。

综合篇

任务八

网银付款机器人

扫一扫

德技并修：支付演变

知识目标： 1. 熟悉网银系统的基本手工操作。
2. 熟悉网银付款机器人的财会应用场景。
3. 掌握网银付款机器人的设计流程与开发方法。

能力目标： 1. 能够在网银付款机器人开发中模拟网银基本操作。
2. 能够梳理从录入信息、提交付款到保存单据的操作流程并绘制流程图。
3. 能够在开发前识别本业务潜在的问题并找到解决方案。
4. 具备监控机器人运行状态的能力，在遇到付款失败等问题时，能够复核程序、查找原因并提出修改方案。

素质目标： 1. 具备良好的自主学习能力和实际操作能力。
2. 具备在法律法规、数据保护、安全性等方面的合规意识。

一、任务情境

小莱是安平市融创建材制造有限公司的出纳员，每周都需要从财务系统中导出本周已审批完成的"网银付款申请汇总表.xlsx"文件，并且通过U盾登录工商银行网银系统，将每笔付款业务的关键信息（包括收款单位/收款人、收款账号、收款银行、汇款金额及汇款用途）都逐一录入工商银行网银系统。工商银行网银对公付款录入系统（仿真）如图 8-1 所示，对私付款录入系统（仿真）如图 8-2 所示。在确认输入信息无误后，单击"提交"按钮，完成付款业务，并且逐笔下载支付回单。本任务使用的网上银行仿真平台为北京融智国创科技有限公司的工商银行网上银行仿真平台。

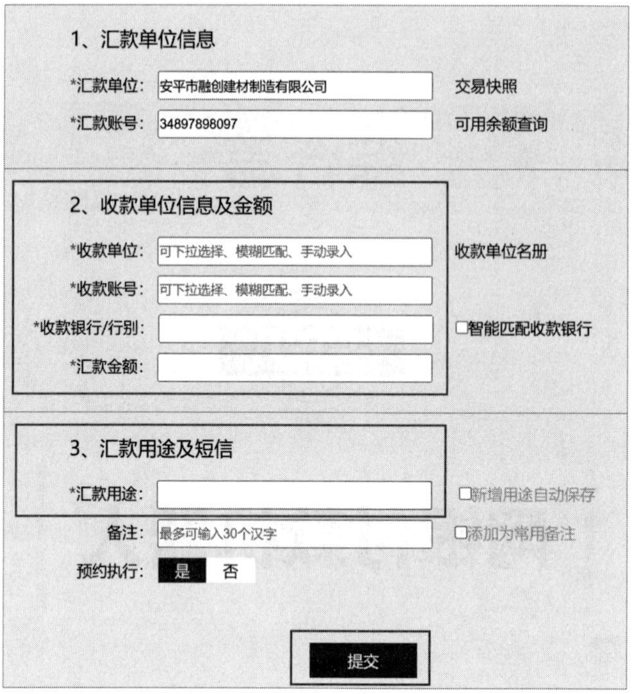

图 8-1　工商银行网银对公付款录入系统（仿真）

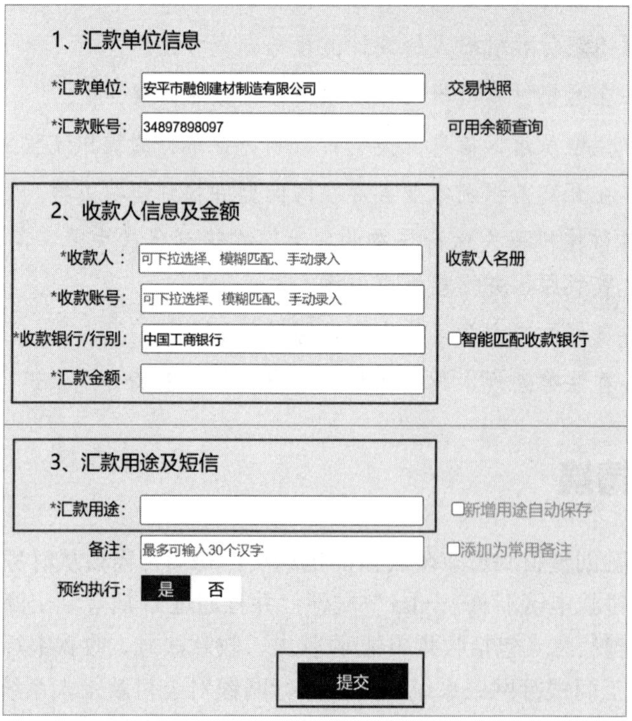

图 8-2　工商银行网银对私付款录入系统（仿真）

二、任务痛点

网银付款的手工操作流程如图 8-3 所示。首先打开预先下载好的网银付款申请汇总表。然后登录工商银行网上银行仿真平台，对于对公付款业务，单击页面中的"付款业务"按钮，逐一复制"网银付款申请汇总表"中对公付款的收款单位、收款账号、收款银行、汇款金额及汇款用途，将其粘贴至对公付款录入系统中并提交；对于对私付款业务，依次单击页面左侧菜单栏中的"企业财务室"按钮及"逐笔支付"按钮，将复制好的对私付款信息逐一粘贴至对私付款录入系统中并提交。最后进入账户明细查询页面，下载并保存本次付款的支付回单。

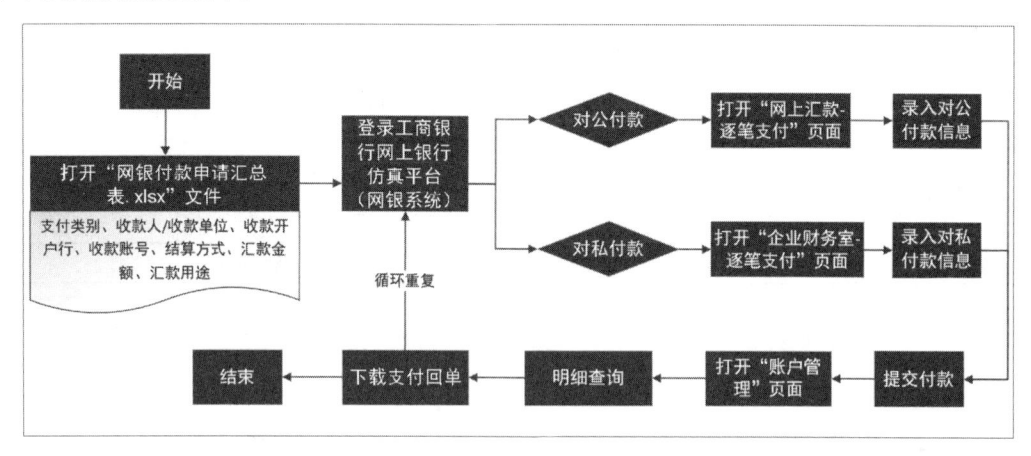

图 8-3 网银付款的手工操作流程

任务痛点如下。
- 每周的付款申请有 100 份左右，旺季更多，操作重复且工作量大。
- 频繁地在 Excel 文件和网银系统之间进行切换，容易使系统不稳定。
- 大量重复的复制、粘贴工作，鼠标、键盘操作工作量大，工作价值低。

三、任务描述

设计一个网银自动付款助手机器人，使其能够自动区分对公付款及对私付款，并且从网银付款申请汇总表中准确提取相关的业务数据，将其自动填写至网银系统中，在完成支付后，机器人会及时下载并保存支付回单。

四、任务实施

1．开发难点

本任务的 RPA 开发包含 6 个流程模块，分别是打开"网银付款申请汇总表.xlsx"文件、登录工商银行网上银行仿真平台、读取"网银付款申请汇总表.xlsx"文件中的内容并逐笔对公支付、逐笔对私支付、下载支付回单及退出工商银行网银系统。在这些流程模块中，流程模块 1 主要涉及 Excel 组件的应用，流程模块 2 和 6 主要涉及 Web 组件的应用，流程模块 3、4 和 5 主要涉及多种 RPA 组件的交互，是本开发任务的关键所在。其中，首要任务是循环读取付款业务，确保能够按照网银付款申请汇总表中的付款信息进行付款操作，可以使用【按照次数循环】组件，结合 Excel 组件和 Web 组件，交互实现该功能。其次要自动区分对公付款和对私付款，要求能够根据不同的情况选择不同的付款路径，可以使用【条件分支】组件，结合 Web 组件，交互实现该功能。

2．开发设计

1）流程模块 1：打开"网银付款申请汇总表.xlsx"文件

打开"网银付款申请汇总表.xlsx"文件，设计流程如表 8-1 所示，操作过程如图 8-4 所示。

表 8-1　流程模块 1——设计流程

流程	序号	使用组件	层级	属性设置
打开"网银付款申请汇总表.xlsx"文件	1	出现字幕	一级	字幕内容：机器人正在打开 Excel 文件。 颜色：红色/黑色/黄色/蓝色。 字体大小：40 或其他
	2	启动 Excel	一级	启动方式：打开 Excel。 Excel 文件路径：选择"网银付款申请汇总表.xlsx"文件的存储路径。 是否只读打开：否。 Excel 对象：v_excel_obj_1（默认）。 Excel 文件路径：v_file_path_1（默认）
	3	获取当前激活的 Sheet 页	一级	已打开的 Excel 对象：v_excel_obj_1。 Excel Sheet 对象：v_sheet_obj_1（默认）
	4	获取 Excel 的行数	一级	已打开的 Sheet 对象：v_sheet_obj_1。 Excel 行数：v_cell_row_cnt_1（默认）

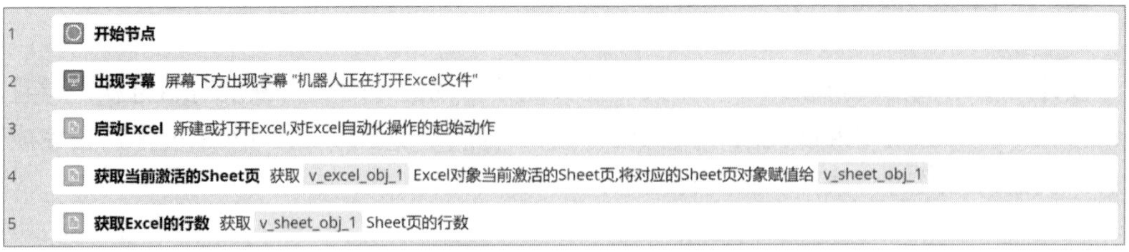

1	开始节点	
2	出现字幕	屏幕下方出现字幕"机器人正在打开Excel文件"
3	启动Excel	新建或打开Excel,对Excel自动化操作的起始动作
4	获取当前激活的Sheet页	获取 v_excel_obj_1 Excel对象当前激活的Sheet页,将对应的Sheet页对象赋值给 v_sheet_obj_1
5	获取Excel的行数	获取 v_sheet_obj_1 Sheet页的行数

图 8-4　流程模块 1——操作过程

2）流程模块 2：登录工商银行网上银行仿真平台

登录工商银行网上银行仿真平台，设计流程如表 8-2 所示，操作过程如图 8-5 所示。

表 8-2　流程模块 2——设计流程

流程	序号	使用组件	层级	属性设置
登录工商银行网上银行仿真平台	1	出现字幕	一级	字幕内容：机器人正在登录网银。 颜色：红色/黑色/黄色/蓝色。 字体大小：40 或其他
	2	打开新网页	一级	打开网址：http://fz.chinaive.com/wsyh/?username=***。 浏览器类型：Chrome。 是否指定 Chrome 程序路径：否。 是否等待加载完成：是。 单次执行超时时间（秒）：100。 浏览器对象：v_web_obj_1（默认）
	3	点击控件（网页）	一级	已打开浏览器对象：v_web_obj_1。 目标控件：企业网上银行登录按键。  企业网上银行登录 > 点击方式：左键单击 模拟点击：是
	4	点击控件（网页）	一级	已打开浏览器对象：v_web_obj_1。 目标控件：U盾登录按键。  U 盾 登 录 点击方式：左键单击。 模拟点击：是
	5	填写输入框（网页）	一级	已打开浏览器对象：v_web_obj_1。 目标控件：U盾密码输入框。  请输入6-30位的U盾密码 输入类型：文本。 输入内容：设置为变量 password，该变量的默认值为 123456。 输入方式：覆盖输入
	6	点击控件（网页）	一级	已打开浏览器对象：v_web_obj_1。 目标控件：U盾密码输入框确定按键。  确定 点击方式：左键单击。 模拟点击：是

```
6   出现字幕  屏幕下方出现字幕"机器人正在登录网银"
7   打开新网页  在 chrome 中新建网页访问 "http://fz.chinaive.com/wsyh/?username=803328",将浏览器对象赋值给 v_web_obj_1
8   点击控件（网页） 在 v_web_obj_1 网页中,鼠标在相对控件 企业网上银行登录按键 相对控件中心点偏移（向右0,向下0）的位置左键单击
9   点击控件（网页） 在 v_web_obj_1 网页中,鼠标在相对控件 U盾登录按键 相对控件中心点偏移（向右0,向下0）的位置左键单击
10  填写输入框（网页） 在 v_web_obj_1 网页中,在 U盾密码输入框 内填写 password
11  点击控件（网页） 在 v_web_obj_1 网页中,鼠标在相对控件 U盾密码输入框确定按键 相对控件中心点偏移（向右0,向下0）的位置左键单击
```

图 8-5　流程模块 2——操作过程

3）流程模块 3：读取"网银付款申请汇总表.xlsx"文件中的内容并逐笔对公支付

读取"网银付款申请汇总表.xlsx"文件中的内容并逐笔对公支付，设计流程如表 8-3 所示，操作过程如图 8-6 所示。

表 8-3　流程模块 3——设计流程

流程	序号	使用组件	层级	属性设置
读取"网银付款申请汇总表.xlsx"文件中的内容	1	按照次数循环	一级	循环起始值：2。 循环结束值：v_cell_row_cnt_1（【获取 Excel 的行数】组件默认输出的"Excel 行数"变量）。 步长值：1。 每次循环项：v_range_item_1（默认）
	2	获取 Excel 行的值	二级	已打开的 Sheet 对象：v_sheet_obj_1（【获取当前激活的 Sheet 页】组件默认输出的"Excel Sheet 对象"变量）。 行号：v_range_item_1（【按照次数循环】组件默认输出的"每次循环项"变量）。 取值最大列数：1000。 行数据变量名称：v_cell_row_values_1（默认）
判断	3	条件分支	二级	—
	4	分支条件-1	三级	编辑表达式：v_cell_row_values_1[1]=='对公'
逐笔对公支付	5	出现字幕	四级	字幕内容：机器人正在进行对公支付业务。 颜色：红色/黑色/黄色/蓝色。 字体大小：40 或其他
	6	点击控件（网页）	四级	已打开浏览器对象：v_web_obj_1。 目标控件：付款业务按键。 付款业务 点击方式：左键单击。 模拟点击：是。 依次单击控件顺序：付款业务按键→网上汇款按键→转账汇款按键→逐笔支付按键
	7	填写输入框（网页）	四级	已打开浏览器对象：v_web_obj_1。 目标控件：收款单位输入框。 *收款单位： 可下拉选择、模糊匹配、手动录入 输入类型：文本。 输入内容—编辑表达式：v_cell_row_values_1[2]（对应"网银付款申请汇总表.xlsx"文件中"收款单位"列）。 输入方式：覆盖输入

续表

流程	序号	使用组件	层级	属性设置
逐笔对公支付	8	填写输入框（网页）	四级	已打开浏览器对象：v_web_obj_1。 目标控件：收款账号输入框。 *收款账号：可下拉选择、模糊匹配、手动录入 输入类型：文本。 输入内容—编辑表达式：v_cell_row_values_1[4]（对应"网银付款申请汇总表.xlsx"文件中的"收款账号"列）。 输入方式：覆盖输入
	9	填写输入框（网页）	四级	已打开浏览器对象：v_web_obj_1。 目标控件：收款银行/银别输入框。 *收款银行/行别： 输入类型：文本。 输入内容—编辑表达式：v_cell_row_values_1[3]（对应"网银付款申请汇总表.xlsx"文件表中的"收款开户行"列）。 输入方式：覆盖输入
	10	填写输入框（网页）	四级	已打开浏览器对象：v_web_obj_1。 目标控件：汇款金额输入框。 *汇款金额： 输入类型：文本。 输入内容—编辑表达式：v_cell_row_values_1[6]（对应"网银付款申请汇总表.xlsx"文件表中的"收款汇款金额"列）。 输入方式：覆盖输入
	11	填写输入框（网页）	四级	已打开浏览器对象：v_web_obj_1。 目标控件：汇款用途输入框。 *汇款用途： 输入类型：文本。 输入内容—编辑表达式：v_cell_row_values_1[7]（对应"网银付款申请汇总表.xlsx"文件中"收款汇款用途"列）。 输入方式：覆盖输入
	12	点击控件（网页）	四级	已打开浏览器对象：v_web_obj_1。 目标控件：逐笔支付提交按键。 提交 点击方式：左键单击。 模拟点击：是

12	按照次数循环 从2开始到 v_cell_row_cnt_1 结束,步长1,每次循环的值赋值给 v_range_item_1
13	获取Excel行的值 获取 v_sheet_obj_1 Sheet页的 v_range_item_1 行的值并将结果赋值给 v_cell_row_values_1
14	条件分支 根据条件判断结果执行不同的分支
15	分支条件-1 v_cell_row_values_1[1]=='对公'
16	出现字幕 屏幕下方出现字幕 "机器人正在进行对公支付业务"
17	点击控件（网页） 在 v_web_obj_1 网页中,鼠标在相对控件 付款业务按键 相对控件中心点偏移 (向右0,向下0)的位置左键...
18	点击控件（网页） 在 v_web_obj_1 网页中,鼠标在相对控件 网上汇款按键 相对控件中心点偏移 (向右0,向下0)的位置左键...
19	点击控件（网页） 在 v_web_obj_1 网页中,鼠标在相对控件 转账汇款按键 相对控件中心点偏移 (向右0,向下0)的位置左键...
20	点击控件（网页） 在 v_web_obj_1 网页中,鼠标在相对控件 逐笔支付按键 相对控件中心点偏移 (向右0,向下0)的位置左键...
21	填写输入框（网页） 在 v_web_obj_1 网页中,在 收款单位输入框 内填写 v_cell_row_values_1[2]
22	填写输入框（网页） 在 v_web_obj_1 网页中,在 收款账号输入框 内填写 v_cell_row_values_1[4]
23	填写输入框（网页） 在 v_web_obj_1 网页中,在 收款银行/行别输入框 内填写 v_cell_row_values_1[3]
24	填写输入框（网页） 在 v_web_obj_1 网页中,在 汇款金额输入框 内填写 v_cell_row_values_1[6]
25	填写输入框（网页） 在 v_web_obj_1 网页中,在 汇款用途输入框 内填写 v_cell_row_values_1[7]
26	点击控件（网页） 在 v_web_obj_1 网页中,鼠标在相对控件 逐笔支付提交按键 相对控件中心点偏移 (向右0,向下0)的位置...

图 8-6 流程模块 3——操作过程

4）流程模块 4：逐笔对私支付

逐笔对私支付，设计流程如表 8-4 所示，操作过程如图 8-7 所示。

表 8-4 流程模块 4——设计流程

流程	序号	使用组件	层级	属性设置
判断	1	默认分支	三级	—
逐笔对私支付	2	出现字幕	四级	字幕内容：机器人正在进行对私支付业务。 颜色：红色/黑色/黄色/蓝色。 字体大小：40 或其他
	3	点击控件（网页）	四级	已打开浏览器对象：v_web_obj_1。 目标控件：付款业务按键。  付款业务 点击方式：左键单击。 模拟点击：是。 依次单击控件顺序：付款业务按键→企业财务室按键→企业财务室逐笔支付按键
	4	填写输入框（网页）	四级	已打开浏览器对象：v_web_obj_1。 目标控件：企业财务室收款人输入框。  *收款人： 可下拉选择、模糊匹配、手动录入 输入类型：文本。 输入内容—编辑表达式：v_cell_row_values_1[2]。 输入方式：覆盖输入

续表

流程	序号	使用组件	层级	属性设置
逐笔对私支付	5	填写输入框（网页）	四级	已打开浏览器对象：v_web_obj_1。 目标控件：企业财务室收款账号。 *收款账号：可下拉选择、模糊匹配、手动录入 输入类型：文本。 输入内容—编辑表表达式：v_cell_row_values_1[4]。 输入方式：覆盖输入
	6	填写输入框（网页）	四级	已打开浏览器对象：v_web_obj_1。 目标控件：企业财务室汇款金额输入框。 *汇款金额： 输入类型：文本。 输入内容—编辑表表达式：v_cell_row_values_1[6]。 输入方式：覆盖输入
	7	填写输入框（网页）	四级	已打开浏览器对象：v_web_obj_1。 目标控件：企业财务室汇款用途输入框。 *汇款用途： 输入类型：文本。 输入内容—编辑表表达式：v_cell_row_values_1[7]。 输入方式：覆盖输入
	8	点击控件（网页）	四级	已打开浏览器对象：v_web_obj_1。 目标控件：提交按键。 提交 点击方式：左键单击。 模拟点击：是

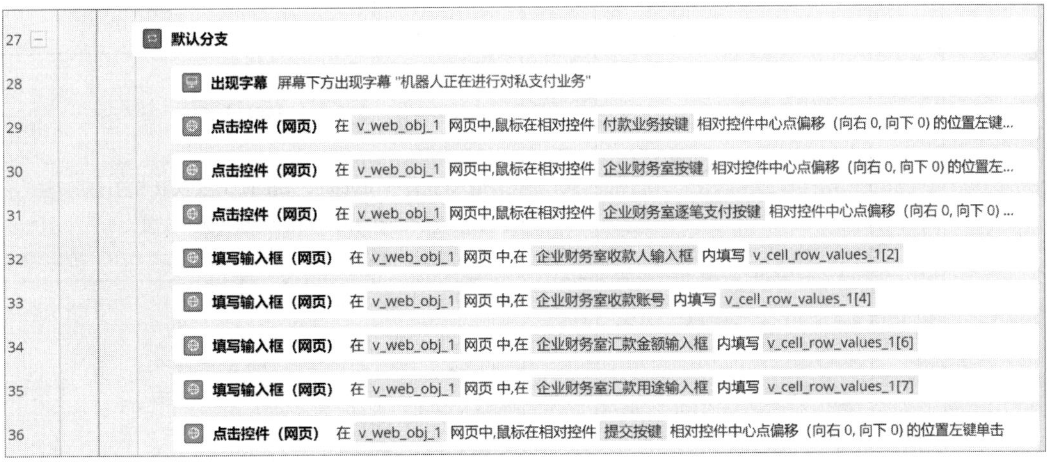

27		默认分支
28		出现字幕 屏幕下方出现字幕 "机器人正在进行对私支付业务"
29		点击控件（网页） 在 v_web_obj_1 网页中,鼠标在相对控件 付款业务按键 相对控件中心点偏移 (向右 0,向下 0) 的位置左键…
30		点击控件（网页） 在 v_web_obj_1 网页中,鼠标在相对控件 企业财务室按键 相对控件中心点偏移 (向右 0,向下 0) 的位置左…
31		点击控件（网页） 在 v_web_obj_1 网页中,鼠标在相对控件 企业财务室逐笔支付按键 相对控件中心点偏移 (向右 0,向下 0) …
32		填写输入框（网页） 在 v_web_obj_1 网页 中,在 企业财务室收款人输入框 内填写 v_cell_row_values_1[2]
33		填写输入框（网页） 在 v_web_obj_1 网页 中,在 企业财务室收款账号 内填写 v_cell_row_values_1[4]
34		填写输入框（网页） 在 v_web_obj_1 网页 中,在 企业财务室汇款金额输入框 内填写 v_cell_row_values_1[6]
35		填写输入框（网页） 在 v_web_obj_1 网页 中,在 企业财务室汇款用途输入框 内填写 v_cell_row_values_1[7]
36		点击控件（网页） 在 v_web_obj_1 网页中,鼠标在相对控件 提交按键 相对控件中心点偏移 (向右 0,向下 0) 的位置左键单击

图 8-7 流程模块 4——操作过程

5）流程模块 5：下载支付回单

下载支付回单（在次数循环内），设计流程如表 8-5 所示，操作过程如图 8-8 所示。

表 8-5　流程模块 5——设计流程

流程	序号	使用组件	层级	属性设置
下载支付回单	1	出现字幕	二级	字幕内容：机器人正在查询支付明细并下载回单。 颜色：红色/黑色/黄色/蓝色。 字体大小：40 或其他
	2	点击控件（网页）	二级	已打开浏览器对象：v_web_obj_1。 目标控件：账户管理按键。 账户管理 点击方式：左键单击。 模拟点击：是
	3	点击控件（网页）	二级	已打开浏览器对象：v_web_obj_1。 目标控件：明细查询按键。 明细查询 点击方式：左键单击。 模拟点击：是
	4	获取当前日期和时间	二级	时间格式：YYYY-mm-dd。 时间变量名称：v_datetime_current_1（默认）
	5	通过剪贴方式输入（网页）	二级	已打开浏览器对象：v_web_obj_1。 输入框控件：交易起始日期输入框。 *交易日期：点击选择 输入内容：v_datetime_current_1【获取当前日期和时间】组件默认输出的"时间变量名称"变量）。 输入方式：覆盖输入
	6	通过剪贴方式输入（网页）	二级	已打开浏览器对象：v_web_obj_1。 输入框控件：交易截止日期输入框。 至 点击选择 输入内容：v_datetime_current_1【获取当前日期和时间】组件默认输出的"时间变量名称"变量）。 输入方式：覆盖输入
	7	填写输入框（网页）	二级	已打开浏览器对象：v_web_obj_1。 输入框控件：对方账号输入框。 对方账号： 输入类型：文本。 输入内容——编辑表达式：v_cell_row_values_1[4]。 输入方式：覆盖输入

续表

流程	序号	使用组件	层级	属性设置
下载支付回单	8	填写输入框（网页）	二级	已打开浏览器对象：v_web_obj_1。 输入框控件：交易金额起始值输入框。 输入类型：文本。 输入内容—编辑表达式：v_cell_row_values_1[6]。 输入方式：覆盖输入
	9	填写输入框（网页）	二级	已打开浏览器对象：v_web_obj_1。 输入框控件：交易金额终止值输入值。 输入类型：文本。 输入内容—编辑表达式：v_cell_row_values_1[6]。 输入方式：覆盖输入
	10	点击控件（网页）	二级	已打开浏览器对象：v_web_obj_1。 目标控件：转出按键。 点击方式：左键单击。 模拟点击：是。 依次单击控件顺序：转出按键→查询按键→回单按键
	11	获取窗口	二级	窗口：另存为。 窗口匹配模式：包含匹配。 窗口对象：v_win_obj_1（默认）
	12	通过剪贴方式输入（窗口）	二级	窗口对象：v_win_obj_1。 目标控件：文件名输入框。 输入内容—编辑表达式：os.path.join("回单另存为的存储路径",(v_datetime_current_1+v_cell_row_values_1[2]+'回单'+'.pdf'))。 输入方式：覆盖输入。 说明：v_datetime_current_1 为当前日期，v_cell_row_values_1[2]为收款单位名称。 注意：文件存储路径的各级目录需要用"\\"符号隔开，并且在存储路径的末尾再加一个"\\"符号
	13	点击控件（窗口）	二级	窗口对象：v_win_obj_1。 目标控件：保存按键。 点击方式：左键单击。 模拟点击：是

37	出现字幕 屏幕下方出现字幕 "机器人正在查询支付明细并下载回单"
38	点击控件（网页） 在 v_web_obj_1 网页中,鼠标在相对控件 账户管理按键 相对控件中心点偏移（向右 0,向下 0)的位置左键单击
39	点击控件（网页） 在 v_web_obj_1 网页中,鼠标在相对控件 明细查询按键 相对控件中心点偏移（向右 0,向下 0)的位置左键单击
40	获取当前时间和日期 获取当前时间,将结果赋值给 v_datetime_current_1
41	通过剪贴方式输入（网页） 在 v_web_obj_1 网页中,通过剪贴方式在 交易起始日期输入框 内填写 v_datetime_current_1
42	通过剪贴方式输入（网页） 在 v_web_obj_1 网页中,通过剪贴方式在 交易截止日期输入框 内填写 v_datetime_current_1
43	填写输入框（网页） 在 v_web_obj_1 网页 中,在 对方账号输入框 内填写 v_cell_row_values_1[4]
44	填写输入框（网页） 在 v_web_obj_1 网页中,在 交易金额起始值输入框 内填写 v_cell_row_values_1[6]
45	填写输入框（网页） 在 v_web_obj_1 网页中,在 交易金额终止值输入框 内填写 v_cell_row_values_1[6]
46	点击控件（网页） 在 v_web_obj_1 网页中,鼠标在相对控件 转出按键 相对控件中心点偏移（向右 0,向下 0)的位置左键单击
47	点击控件（网页） 在 v_web_obj_1 网页中,鼠标在相对控件 查询按键 相对控件中心点偏移（向右 0,向下 0)的位置左键单击
48	点击控件（网页） 在 v_web_obj_1 网页中,鼠标在相对控件 回单按键 相对控件中心点偏移（向右 0,向下 0)的位置左键单击
49	获取窗口 根据 "另存为" 查找打开的窗口标题,将查找到的窗口对象赋值给 v_win_obj_1
50	通过剪贴方式输入（窗口） 在 v_win_obj_1 中,通过剪贴方式在 文件名输入框 内填写 os.path.join("C:\\Users\\Administrator\\Desktop\\...
51	点击控件（窗口） 在 v_win_obj_1 窗口中,鼠标在相对控件 保存按键 相对控件中心点偏移（向右 0,向下 0)的位置左键单击

图 8-8　流程模块 5——操作过程

6）流程模块 6：退出工商银行网银系统

退出工商银行网银系统，设计流程如表 8-6 所示，操作过程如图 8-9 所示。

表 8-6　流程模块 6——设计流程

流程	序号	使用组件	层级	属性设置
退出工商银行网银系统	1	点击控件（网页）	一级	已打开浏览器对象：v_web_obj_1。 目标控件：退出按键。  ⏻ 退出 点击方式：左键单击。 模拟点击：是
	2	关闭 Excel	一级	已打开的 Excel 对象：v_excel_obj_1。 关闭时是否保存：否
	3	出现字幕	一级	字幕内容：机器人已完成所有任务，正在关闭。 颜色：红色/黑色/黄色/蓝色。 字体大小：40 或其他

52	点击控件（网页）	在 v_web_obj_1 网页中,鼠标在相对控件 退出按键 相对控件中心点偏移（向右 0,向下 0)的位置左键单击
53	关闭Excel	将 v_excel_obj_1 Excel对象 关闭
54	出现字幕	屏幕下方出现字幕 "机器人已完成所有任务，正在关闭"
55	结束节点	

图 8-9　流程模块 6——操作过程

3．流程运行

扫描右侧的二维码，可以观看本任务的网银自动付款助手机器人的动态运行流程。

任务九

银企对账机器人

扫一扫

德技并修：税案通报

知识目标： 1. 熟悉 U8-ERP 财务系统的基本手工操作流程
2. 熟悉银企对账机器人的财会应用场景。
3. 掌握银企对账机器人的设计流程和开发方式。

能力目标： 1. 能够在银企对账机器人开发过程中模拟 U8-ERP 的基本操作。
2. 能够梳理从下载交易记录、制作银行对账单到对账的操作流程并绘制流程图。
3. 能够在开发前识别本业务潜在的问题并找到解决方案。
4. 具备监控机器人运行状态的能力，在遇到运行失败等问题时，能够复核程序、查找原因并提出修改方案。

素质目标： 1. 具备财务流程自动化的设计思维能力。
2. 具备良好的系统运营及维护能力。
3. 坚守诚信、客观、尽职和合规的职业道德。

一、任务情境

安平市融创建材制造有限公司日常交易业务量大，并且大部分交易均通过银行办理。为了正确掌握企业银行存款实有数，出纳员小莱需要定期进行银企对账工作，每月至少一次，用于确保企业银行存款日记账与银行对账单的一致性。如果二者不符，则应查明原因，并且予以调整。小莱每月都要在该工作上花费较多时间，首先，在网银系统中下载交易流水，即相应的银行对账单，如图 9-1 所示；然后将其上传至 U8-ERP 财务系统中，如图 9-2 所示；再逐一比对关键信息，如收款金额、付款金额、日期、用途、对方公司名称等；接下来，在此基础上编制银行存款余额调节表；最后，在财务系统和网银系统中完成银企对账确认操作，如图 9-3 所示。本任务使用的网上银行仿真平台为融智国创科技有限公司的工商银行网上银行仿真平台，并且 U8-ERP 教学平台已预置好基础账套。

◎ 任务九　银企对账机器人

图 9-1　在网银系统中下载银行对账单（仿真）

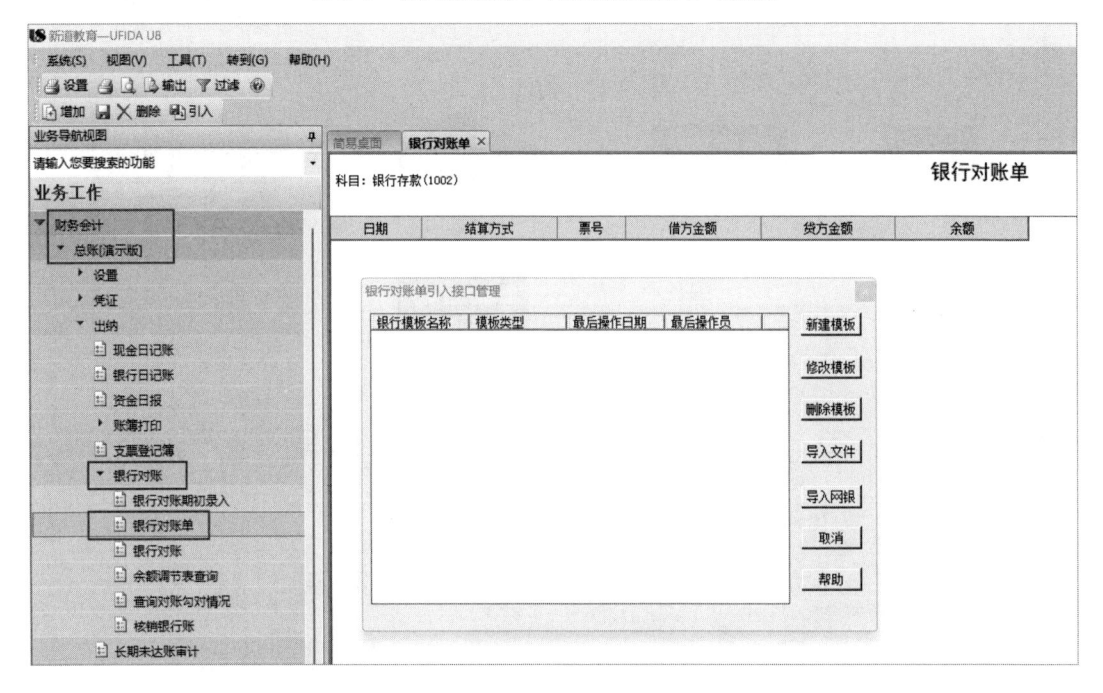

图 9-2　将银行对账单上传至 U8-ERP 财务系统中

图 9-3　银企对账确认

二、任务痛点

银企对账的手工流程如图 9-4 所示。首先，登录工商银行网上银行仿真平台，下载本月的全部交易明细，如图 9-5 所示，并且将其按照特定的模板要求进行整理，如图 9-6 所示；然后，将整理好的数据上传至 U8-ERP 财务系统中，依次完成自动对账、编制银行存款余额调节表工作；最后，截图保存银行存款余额调节表。

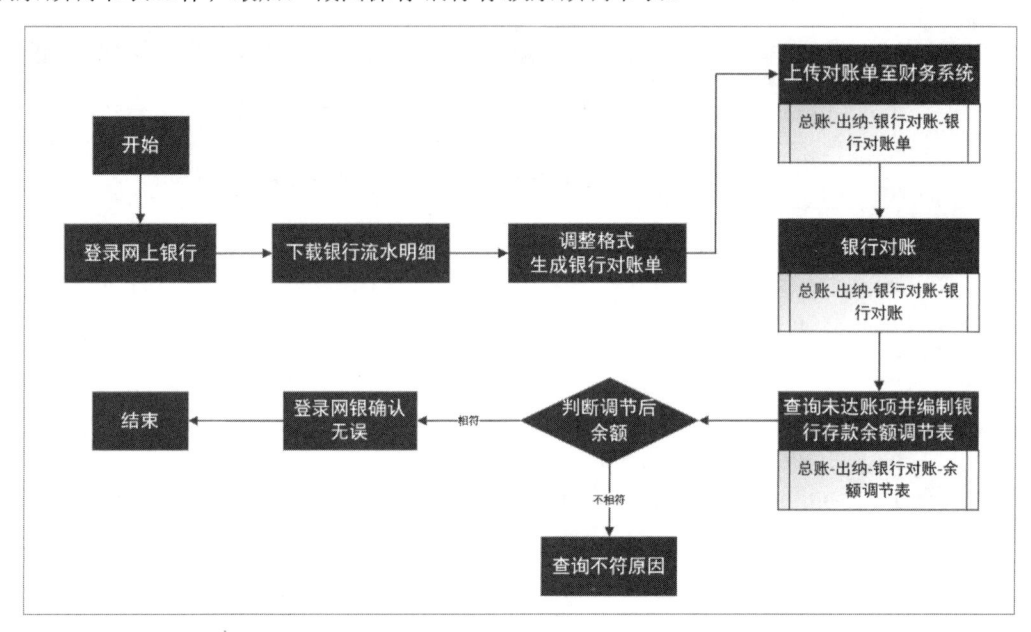

图 9-4　银企对账的手工操作流程

图 9-5　电子对账单

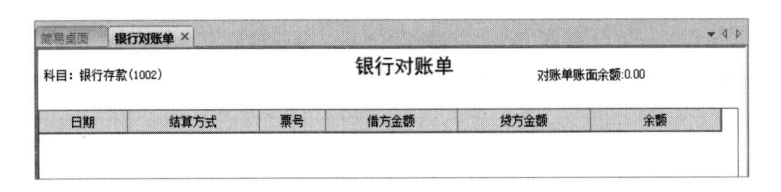

图 9-6 U8-ERP 财务系统电子对账单上传模板

任务痛点如下。
- 手工下载交易流水并整理数据，操作烦琐且耗时。
- 如果企业拥有多个银行账户，那么重复操作需要执行多次，提高了操作失误的概率，从而影响工作完成的及时性。
- 该业务会在不同的应用程序之间频繁切换，操作者容易疲劳，并且在切换过程中容易出错，导致数据不一致或遗漏，同时增加了出错环节排查的难度。

三、任务描述

设计一个银企自助对账助手机器人，使其首先自动登录网银系统下载当月银行对账单，再根据特定模板要求完成数据整理，最后自动登录公司 U8-ERP 系统，并且按照系统操作要求进行银企对账操作，包括自动对账、自动编制并截图保存银行存款余额调节表。

四、任务实施

1. 开发难点

本任务的 RPA 开发包含 5 个流程模块，分别是登录工商银行网上银行仿真平台，查询并下载银行交易记录；制作银行对账单；将银行对账单上传至 U8-ERP 财务系统中；编制银行存款余额调节表；在网银系统中确认账实是否相符。在这些流程模块中，流程模块 1 和 5 主要涉及 Web 组件的应用，流程模块 2 主要涉及 Excel 组件、循环组件及判断组件的应用，流程模块 3 和 4 主要涉及与 U8-ERP 财务系统进行交互，即 App 窗口组件的应用。其中，流程模块 2 是本任务的关键所在，首先使用【按照次数循环】组件和【获取 Excel 行的值】组件循环读取交易记录，然后使用【条件分支】组件与【写入 Excel 单元格】组件将交易记录转换为银行对账单中的"借方金额"和"贷方金额"，最后与 U8-ERP 财务系统进行交互，确保整个自动对账流程的高效顺利执行。

2. 开发设计

1）流程模块 1：登录工商银行网上银行仿真平台，查询并下载银行交易记录

登录工商银行网上银行仿真平台，查询并下载银行交易记录，设计流程如表 9-1 所示，操作过程如图 9-7 所示。

表 9-1　流程模块 1——设计流程

流程	序号	使用组件	层级	属性设置
登录工商银行网上银行仿真平台	1	打开新网页	一级	打开网址：http://fz.chinaive.com/wsyh/?username=***（*填写登录用户名）。 浏览器类型：Chrome。 是否指定 Chrome 程序路径：否。 是否等待加载完成：是。 浏览器对象：v_web_obj_1（默认）
	2	点击控件（网页）	一级	已打开浏览器对象：v_web_obj_1。 目标控件：企业网上银行登录按键。 点击方式：左键单击。 模拟点击：是
	3	点击控件（网页）	一级	已打开浏览器对象：v_web_obj_1。 目标控件：U 盾登录按键。 点击方式：左键单击。 模拟点击：是
	4	填写输入框（网页）	一级	已打开浏览器对象：v_web_obj_1。 目标控件：U 盾密码输入框。 输入类型：文本。 输入内容：123456。 输入方式：覆盖输入
	5	点击控件（网页）	一级	已打开浏览器对象：v_web_obj_1。 目标控件：U 盾密码输入框确定按键。 点击方式：左键单击。 模拟点击：是
	6	点击控件（网页）	一级	已打开浏览器对象：v_web_obj_1。 目标控件：账户管理按键。 点击方式：左键单击。 模拟点击：是。 依次单击控件顺序：账户管理按键→电子对账单按键→普通对账单按键→查询条件—日期按键

续表

流程	序号	使用组件	层级	属性设置
查询并下载银行交易记录	7	填写输入框（网页）	一级	已打开浏览器对象：v_web_obj_1。 目标控件：日期起始值输入框。 从 [点击设置] 输入类型：文本。 输入内容：2021-12-1。 输入方式：覆盖输入
	8	填写输入框（网页）	一级	已打开浏览器对象：v_web_obj_1。 目标控件：日期终止值输入框。 至 [点击设置] 输入类型：文本。 输入内容：2021-12-31。 输入方式：覆盖输入
	9	点击控件（网页）	一级	已打开浏览器对象：v_web_obj_1。 目标控件：下载按键。 [下载] 点击方式：左键单击。 模拟点击：是
	10	获取窗口	一级	窗口：另存为。 窗口匹配模式：包含匹配。 窗口对象：v_win_obj_1（默认）
	11	通过剪贴方式输入（窗口）	一级	窗口对象：v_win_obj_1。 目标控件：另存为文件名输入框。 文件名(N): [银行电子对账单.xlsx] 输入内容：*:*\\银行电子对账单.xlsx（对账单的存储路径+名称.xlsx）
	12	点击控件（窗口）	一级	窗口对象：v_win_obj_1。 目标控件：另存为保存按键。 [保存(S)] 点击方式：左键单击。 模拟点击：是

2）流程模块 2：制作银行对账单

制作银行对账单，设计流程如表 9-2 所示，操作过程如图 9-8 所示。

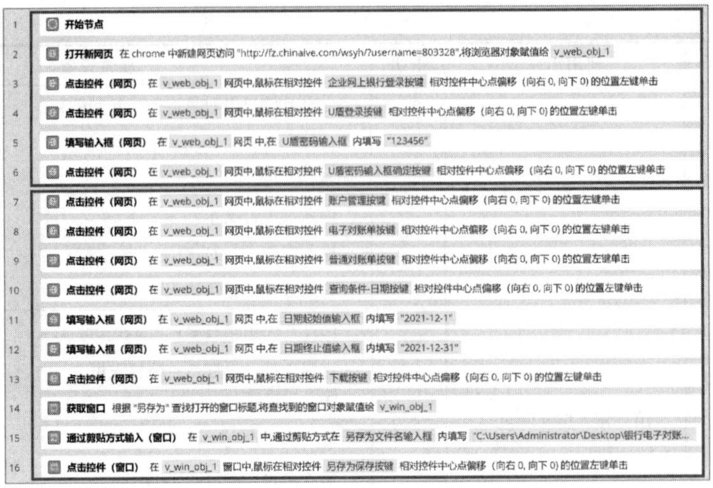

	1	开始节点		
	2	打开新网页	在 chrome 中新键网页访问 "http://fz.chinalve.com/wsyh/?username=803328",将浏览器对象赋值给 v_web_obj_1	
	3	点击控件（网页）	在 v_web_obj_1 网页中,鼠标在相对控件 企业网上银行登录按键 相对控件中心点偏移（向右 0,向下 0）的位置左键单击	
	4	点击控件（网页）	在 v_web_obj_1 网页中,鼠标在相对控件 U盾登录按键 相对控件中心点偏移（向右 0,向下 0）的位置左键单击	
	5	填写输入框（网页）	在 v_web_obj_1 网页 中,在 U盾密码输入框 内填写 "123456"	
	6	点击控件（网页）	在 v_web_obj_1 网页中,鼠标在相对控件 U盾密码输入框确定按键 相对控件中心点偏移（向右 0,向下 0）的位置左键单击	
	7	点击控件（网页）	在 v_web_obj_1 网页中,鼠标在相对控件 账户管理按键 相对控件中心点偏移（向右 0,向下 0）的位置左键单击	
	8	点击控件（网页）	在 v_web_obj_1 网页中,鼠标在相对控件 电子对账单按键 相对控件中心点偏移（向右 0,向下 0）的位置左键单击	
	9	点击控件（网页）	在 v_web_obj_1 网页中,鼠标在相对控件 普通对账单按键 相对控件中心点偏移（向右 0,向下 0）的位置左键单击	
	10	点击控件（网页）	在 v_web_obj_1 网页中,鼠标在相对控件 查询条件-日期按键 相对控件中心点偏移（向右 0,向下 0）的位置左键单击	
	11	填写输入框（网页）	在 v_web_obj_1 网页 中,在 日期起始值输入框 内填写 "2021-12-1"	
	12	填写输入框（网页）	在 v_web_obj_1 网页 中,在 日期终止值输入框 内填写 "2021-12-31"	
	13	点击控件（网页）	在 v_web_obj_1 网页中,鼠标在相对控件 下载按键 相对控件中心点偏移（向右 0,向下 0）的位置左键单击	
	14	获取窗口	根据"另存为"查找打开的窗口标题,将查找到的窗口对象赋值给 v_win_obj_1	
	15	通过剪贴方式输入（窗口）	在 v_win_obj_1 中,通过剪贴方式在 另存为文件名输入框 内填写 "C:\Users\Administrator\Desktop\银行电子对账..."	
	16	点击控件（窗口）	在 v_win_obj_1 窗口中,鼠标在相对控件 另存为保存按键 相对控件中心点偏移（向右 0,向下 0）的位置左键单击	

图 9-7 流程模块 1——操作过程

表 9-2 流程模块 2——设计流程

流程	序号	使用组件	层级	属性设置
制作银行对账单	1	启动 Excel	一级	启动方式：打开 Excel。 Excel 文件路径：选择流程模块 1 中银行交易记录的存储路径。 是否只读打开：否。 Excel 对象：v_excel_obj_1（默认）。 Excel 文件路径：v_file_path_1（默认）
	2	激活 Sheet 页	一级	已打开的 Excel 对象：v_excel_obj_1。 Sheet 页名称：银行明细。 Excel Sheet 对象：v_sheet_obj_1（默认）
	3	获取 Excel 的行数	一级	已打开的 Sheet 对象：v_sheet_obj_1。 Excel 行数：v_cell_row_cnt_1（默认）
	4	启动 Excel	一级	启动方式：新建 Excel。 新建 Excel 文件路径：选择"对账单导入模板.xlsx"文件的存储路径。 是否增加文件名后缀：否。 是否只读打开：否。 Excel 对象：v_excel_obj_2（默认）。 Excel 文件路径：v_file_path_2（默认）
	5	激活 Sheet 页	一级	已打开的 Excel 对象：v_excel_obj_2。 Sheet 页名称：sheet1。 Excel Sheet 对象：v_sheet_obj_2（默认）
	6	写入 Excel 行	一级	已打开的 Sheet 对象：v_sheet_obj_2。 起始行号：1。 起始列号：A。 写入内容—编辑表达式：["日期","结算方式","票号","借方金额","贷方金额"]

续表

流程	序号	使用组件	层级	属性设置
制作银行对账单	7	获取 Excel 列的值	一级	已打开的 Sheet 对象：v_sheet_obj_1。 列号：C（交易时间）。 取值最大行数：5000（默认）。 列的值：v_cell_column_values_1（默认）
	8	写入 Excel 列	一级	已打开的 Sheet 对象：v_sheet_obj_2。 起始行号：1。 起始列号：A。 写入内容：v_cell_column_values_1
	9	设置 Excel 区域数字格式	一级	已打开的 Sheet 对象：v_sheet_obj_2。 区域起始行号：1。 区域起始列号：A。 区域结束行号：v_cell_row_cnt_1。 区域结束列号：A。 区域的数字格式：yyyy"年"m"月"d"日"
	10	按照次数循环	一级	循环起始值：2。 循环结束值：v_cell_row_cnt_1（或82）。 步长值：1。 每次循环项：v_range_item_2（默认）
	11	获取 Excel 行的值	二级	已打开的 Sheet 对象：v_sheet_obj_1。 行号：v_range_item_2。 取值最大列数：1000（默认）。 行数据变量名称：v_cell_row_values_1（默认）
	12	条件分支	二级	—
	13	分支条件-1	三级	编辑表达式：v_cell_row_values_1[3] == "借"
	14	写入 Excel 单元格	四级	已打开的 Sheet 对象：v_sheet_obj_2。 单元格行号：v_range_item_2。 单元格列号：E。 写入内容—编辑表达式：v_cell_row_values_1[6]
	15	分支条件-2	三级	编辑表达式：v_cell_row_values_1[3] == "贷"
	16	写入 Excel 单元格	四级	已打开的 Sheet 对象：v_sheet_obj_2。 单元格行号：v_range_item_2。 单元格列号：D。 写入内容—编辑表达式：v_cell_row_values_1[6]
	17	默认分支	三级	—
	18	关闭 Excel	一级	已打开的 Excel 对象：v_excel_obj_1。 关闭时是否保存：否
	19	关闭 Excel	一级	已打开的 Excel 对象：v_excel_obj_2。 关闭时是否保存：是

17	启动Excel 新建或打开Excel,对Excel自动化操作的起始动作
18	激活Sheet页 在 v_excel_obj_1 Excel对象中激活Sheet页 "银行明细",将对应的Sheet页对象赋值给 v_sheet_obj_1
19	获取Excel的行数 获取 v_sheet_obj_1 Sheet页的行数
20	启动Excel 新建或打开Excel,对Excel自动化操作的起始动作
21	激活Sheet页 在 v_excel_obj_2 Excel对象中激活Sheet页 "sheet1",将对应的Sheet页对象赋值给 v_sheet_obj_2
22	写入Excel行 在 v_sheet_obj_2 Sheet页中从"A"1 开始写入行 ["日期","结算方式","票号","借方金额","贷方金额"]
23	获取Excel列的值 获取 v_sheet_obj_1 Sheet页的 "C" 列前 5000 行 全部的值,并将结果赋值给 v_cell_column_values_1
24	写入Excel列 在 v_sheet_obj_2 Sheet页中从"A"1 开始写入列 v_cell_column_values_1
25	设置Excel区域数字格式 设置 v_sheet_obj_2 Sheet页中 "A":1 "A": v_cell_row_cnt_1 区域的单元格数字格式
26	按照次数循环 从 2 开始至 82 结束 步长 1 ,每次循环的值赋值给 v_range_item_2
27	获取Excel行的值 获取 v_sheet_obj_1 Sheet页的 v_range_item_2 行的值,并将结果赋值给 v_cell_row_values_1
28	条件分支 根据条件判断结果执行不同的分支
29	分支条件-1 v_cell_row_values_1[3] == "借"
30	写入Excel单元格 在 v_sheet_obj_2 Sheet页的"E" v_range_item_2 单元写入 v_cell_row_values_1[6]
31	分支条件-2 v_cell_row_values_1[3] == "贷"
32	写入Excel单元格 在 v_sheet_obj_2 Sheet页的"D" v_range_item_2 单元写入 v_cell_row_values_1[6]
33	默认分支
34	关闭Excel 将 v_excel_obj_1 Excel对象 关闭
35	关闭Excel 将 v_excel_obj_2 Excel对象 保存

图 9-8 流程模块 2——操作过程

3）流程模块 3：将银行对账单上传至 U8-ERP 财务系统中

将银行对账单上传至 U8-ERP 财务系统中，设计流程如表 9-3 所示，操作过程如图 9-9 所示。

表 9-3 流程模块 3——设计流程

流程	序号	使用组件	层级	属性设置
将银行对账单上传至 U8-ERP 财务系统中	1	运行程序	一级	程序文件路径（exe）：选择启动 U8-ERP 财务系统的路径。 等待程序关闭：否。 进程编号变量名称：v_pid_1（默认）
	2	获取窗口	一级	窗口：登录。 窗口匹配模式：包含匹配。 窗口对象：v_win_obj_2（默认）
	3	点击控件（窗口）	一级	窗口对象：v_win_obj_2。 目标控件：操作日期。 操作日期：2023-07-10 点击方式：左键单击。 模拟点击：是
	4	输入热键	一级	按键组合：{left 2}
	5	输入热键	一级	按键组合：2021-12-31
	6	点击控件（窗口）	一级	窗口对象：v_win_obj_2。 目标控件：U8 登录按键。 登录 点击方式：左键单击。 模拟点击：是

续表

流程	序号	使用组件	层级	属性设置
将银行对账单上传至U8-ERP财务系统中	7	获取窗口	一级	窗口：UFIDA。 窗口匹配模式：包含匹配。 窗口对象：v_win_obj_3（默认）
	8	点击控件（窗口）	一级	窗口对象：v_win_obj_3。 目标控件：U8财务会计。 ▶ 财务会计 点击方式：左键双击。 模拟点击：是。 依次双击控件顺序：U8财务会计→总账→出纳按键→银行对账按键→银行对账单按键
	9	获取窗口	一级	窗口：银行科目选择。 窗口匹配模式：包含匹配。 窗口对象：v_win_obj_4（默认）
	10	点击控件（窗口）	一级	窗口对象：v_win_obj_4。 目标控件：银行科目选择窗口确认按键。 确定 点击方式：左键单击。 模拟点击：是
	11	点击控件（窗口）	一级	窗口对象：v_win_obj_3。 目标控件：引用按键。 工具(T) 转到(输出 过滤 引入 点击方式：左键单击。 模拟点击：是
	12	获取窗口	一级	窗口：银行对账单。 窗口匹配模式：包含匹配。 窗口对象：v_win_obj_5（默认）
	13	点击控件（窗口）	一级	窗口对象：v_win_obj_5。 目标控件：导入文件按键。 导入文件 点击方式：左键单击。 模拟点击：是
	14	获取窗口	一级	窗口：打开。 窗口匹配模式：包含匹配。 窗口对象：v_win_obj_6（默认）

续表

流程	序号	使用组件	层级	属性设置
将银行对账单上传至 U8-ERP 财务系统中	15	通过剪贴方式输入（窗口）	一级	窗口对象：v_win_obj_6。 目标控件：U8 打开窗口文件名输入框。  文件名(N): 输入内容："对账单导入模板.xlsx" 文件的存储路径，与编辑器步骤 20 中新建的 Excel 文件的存储路径保持一致。 输入方式：覆盖输入
	16	输入热键	一级	按键组合：{ENTER}
	17	输入热键	一级	按键组合：{DOWN 5}，表示结算方式为 5
	18	输入热键	一级	按键组合：{TAB}
	19	输入热键	一级	按键组合：{ENTER}
	20	输入热键	一级	按键组合：{ENTER}
	21	输入热键	一级	按键组合：{ENTER}
	22	输入热键	一级	按键组合：{ENTER}
	23	输入热键	一级	按键组合：^{F4}，表示退出当前窗口快捷键

```
36  运行程序  运行程序 "C:\U8SOFT\EnterprisePortal.exe"
37  获取窗口  根据 "登录" 查找打开的窗口标题,将查找到的窗口对象赋给  v_win_obj_2
38  点击控件（窗口） 在 v_win_obj_2 窗口中,鼠标在相对控件 操作日期 相对控件中心点偏移（向右 0,向下 0）的位置左键单击
39  输入热键  执行快捷键 "{left 2}"
40  输入热键  执行快捷键 "2021-12-31"
41  点击控件（窗口） 在 v_win_obj_2 窗口中,鼠标在相对控件 U8登陆按键 相对控件中心点偏移（向右 0,向下 0）的位置左键单击
42  获取窗口  根据 "UFIDA" 查找打开的窗口标题,将查找到的窗口对象赋值给  v_win_obj_3
43  点击控件（窗口） 在 v_win_obj_3 窗口中,鼠标在相对控件 U8财务会计 相对控件中心点偏移（向右 0,向下 0）的位置左键双击
44  点击控件（窗口） 在 v_win_obj_3 窗口中,鼠标在相对控件 总账 相对控件中心点偏移（向右 0,向下 0）的位置左键双击
45  点击控件（窗口） 在 v_win_obj_3 窗口中,鼠标在相对控件 出纳按键 相对控件中心点偏移（向右 0,向下 0）的位置左键双击
46  点击控件（窗口） 在 v_win_obj_3 窗口中,鼠标在相对控件 银行对账按键 相对控件中心点偏移（向右 0,向下 0）的位置左键双击
47  点击控件（窗口） 在 v_win_obj_3 窗口中,鼠标在相对控件 银行对账单按键 相对控件中心点偏移（向右 0,向下 0）的位置左键双击
48  获取窗口  根据 "银行科目选择" 查找打开的窗口标题,将查找到的窗口对象赋值给  v_win_obj_4
49  点击控件（窗口） 在 v_win_obj_4 窗口中,鼠标在相对控件 银行科目选择窗口确认按键 相对控件中心点偏移（向右 0,向下 0）的位置左键单击
50  点击控件（窗口） 在 v_win_obj_3 窗口中,鼠标在相对控件 引用按键 相对控件中心点偏移（向右 0,向下 0）的位置左键单击
51  获取窗口  根据 "银行对账单" 查找打开的窗口标题,将查找到的窗口对象赋值给  v_win_obj_5
52  点击控件（窗口） 在 v_win_obj_5 窗口中,鼠标在相对控件 导入文件按键 相对控件中心点偏移（向右 0,向下 0）的位置左键单击
53  获取窗口  根据 "打开" 查找打开的窗口标题,将查找到的窗口对象赋值给  v_win_obj_6
54  通过剪贴方式输入（窗口） 在 v_win_obj_6 中,通过剪贴方式在 U8打开窗口文件名输入框 内填写 "C:\Users\Administrator\Desktop\对账单导...
55  输入热键  执行快捷键 "{ENTER}"
56  输入热键  执行快捷键 "{DOWN 5}"
57  输入热键  执行快捷键 "{TAB}"
58  输入热键  执行快捷键 "{ENTER}"
59  输入热键  执行快捷键 "{ENTER}"
60  输入热键  执行快捷键 "{ENTER}"
61  输入热键  执行快捷键 "{ENTER}"
62  输入热键  执行快捷键 "^{F4}"
```

图 9-9　流程模块 3——操作过程

4）流程模块 4：编制银行存款余额调节表

编制银行存款余额调节表，设计流程如表 9-4 所示，操作过程如图 9-10 所示。

表 9-4　流程模块 4——设计流程

流程	序号	使用组件	层级	属性设置
编制银行存款余额调节表	1	点击控件（窗口）	一级	窗口对象：v_win_obj_3。 目标控件：银行对账子按键。 银行对账 点击方式：左键双击。 模拟点击：是
	2	输入热键	一级	按键组合：{ENTER}
	3	点击控件（窗口）	一级	窗口对象：v_win_obj_3。 目标控件：对账按键。 系统(S)　模 对账 取消 点击方式：左键单击。 模拟点击：是
	4	输入热键	一级	按键组合：{ENTER}
	5	点击控件（窗口）	一级	窗口对象：v_win_obj_3。 目标控件：余额调节表查询按键。 余额调节表查询 点击方式：左键双击。 模拟点击：是
	6	点击控件（窗口）	一级	窗口对象：v_win_obj_3。 目标控件：银行科目（账户）框。 银行科目（账户） 点击方式：左键双击。 模拟点击：是
	7	获取窗口	一级	窗口：银行存款余额调节表。 窗口匹配模式：包含匹配。 窗口对象：v_win_obj_7（默认）
	8	点击控件（窗口）	一级	窗口对象：v_win_obj_3。 目标控件：详细按键。 详细 点击方式：左键单击。 模拟点击：是
	9	窗口截图	一级	窗口对象：v_win_obj_3。 截图保存的文件夹路径：选择截图文件的存储路径。 图片名：银行余额调节表截图.png。 是否增加文件名后缀：是。 文件名格式：根据需要选择合适的文件名格式。 图片文件路径：v_win_image_path_1（默认）

63	点击控件（窗口）	在 v_win_obj_3 窗口中,鼠标在相对控件 银行对账子按键 相对控件中心点偏移（向右 0, 向下 0）的位置左键双击
64	输入热键	执行快捷键 "{ENTER}"
65	点击控件（窗口）	在 v_win_obj_3 窗口中,鼠标在相对控件 对账按键 相对控件中心点偏移（向右 0, 向下 0）的位置左键单击
66	输入热键	执行快捷键 "{ENTER}"
67	点击控件（窗口）	在 v_win_obj_3 窗口中,鼠标在相对控件 余额调节表查询按键 相对控件中心点偏移（向右 0, 向下 0）的位置左键双击
68	点击控件（窗口）	在 v_win_obj_3 窗口中,鼠标在相对控件 银行科目（账户）框 相对控件中心点偏移（向右 0, 向下 0）的位置左键双击
69	获取窗口	根据"银行存款余额调节表"查找打开的窗口标题,将查找到的窗口对象赋值给 v_win_obj_7
70	点击控件（窗口）	在 v_win_obj_3 窗口中,鼠标在相对控件 详细按键 相对控件中心点偏移（向右 0, 向下 0）的位置左键单击
71	窗口截图	将 v_win_obj_3 窗口截图,保存到 "C:\Users\Administrator\Desktop" 文件夹,文件路径信息会赋值给 v_win_image_path_1

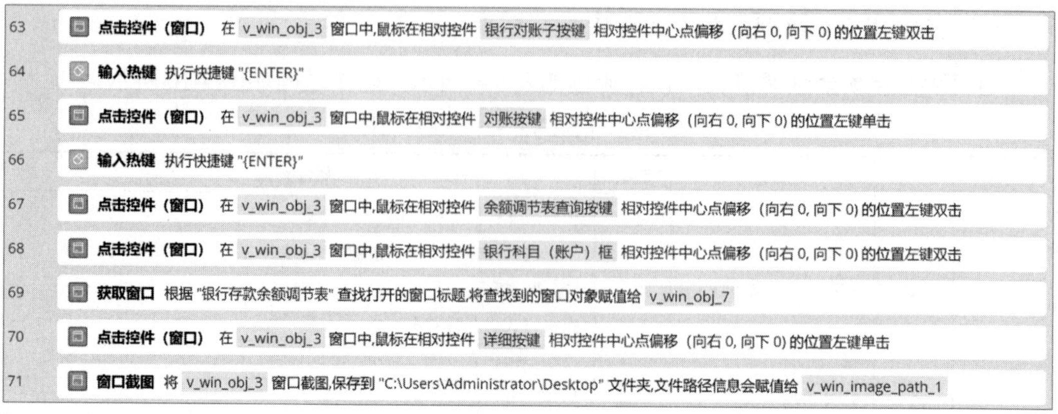

图 9-10　流程模块 4——操作过程

5）流程模块 5：在网银系统中确认账实是否相符

在网银系统中确认账实是否相符，设计流程如表 9-5 所示，操作过程如图 9-11 所示。

表 9-5　流程模块 5——设计流程

流程	序号	使用组件	层级	属性设置
在网银系统中确认账实是否相符	1	激活网页	一级	激活已打开的浏览器对象：v_web_obj_1，是编辑器步骤 2 中打开的新网页
	2	点击控件（网页）	一级	已打开浏览器对象：v_web_obj_1。 目标控件：银企对账按键。  ▶银企对账 点击方式：左键单击。 模拟点击：是
	3	点击控件（网页）	一级	已打开浏览器对象：v_web_obj_1。 目标控件：银企对账子按键。 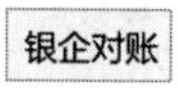 银企对账 点击方式：左键单击。 模拟点击：是
	4	点击控件（网页）	一级	已打开浏览器对象：v_web_obj_1。 目标控件：相符按键。  相符 不相符 点击方式：左键单击。 模拟点击：是
	5	弹出提示框	一级	信息等级：信息。 提示内容：银企对账机器人对账已完成。 是否等待用户确认：是。 按钮样式：只显示确定按钮。 用户点击结果变量名称：v_notice_alert_value_1（默认）

72	激活网页 将 v_web_obj_1 网页切换到窗口的最前面
73	点击控件（网页） 在 v_web_obj_1 网页中,鼠标在相对控件 银企对账按键 相对控件中心点偏移（向右0,向下0）的位置左键单击
74	点击控件（网页） 在 v_web_obj_1 网页中,鼠标在相对控件 银企对账子按键 相对控件中心点偏移（向右0,向下0）的位置左键单击
75	点击控件（网页） 在 v_web_obj_1 网页中,鼠标在相对控件 相符按键 相对控件中心点偏移（向右0,向下0）的位置左键单击
76	弹出提示框 弹出提示框,等待用户确认,点击结果赋值给 v_notice_alert_value_1
77	结束节点

图 9-11　流程模块 5——操作过程

3．流程运行

扫描右侧的二维码，可以观看本任务的银企自助对账助手机器人的动态运行流程。

任务十

财务报表分析机器人

扫一扫

德技并修:"白马"跌入深渊

知识目标: 1. 掌握盈利能力各项财务分析指标的计算公式。
2. 熟悉财务报表分析机器人的财会应用场景。
3. 掌握财务报表分析机器人的设计流程和开发方式。
4. 掌握输出变量的重命名及引用方法。
5. 掌握通过编辑表达式计算财务指标的方法。

能力目标: 1. 能够梳理财务报表分析的操作流程并绘制流程图。
2. 能够综合应用 Excel 相关组件对财务数据进行处理和分析。
3. 能够正确地编辑表达式。
4. 能够在开发前识别本任务潜在的问题并找到解决方案。
5. 具备监控机器人运行状态的能力,能够在运行失败时进行程序复核,查找原因并提出修改方案。

素质目标: 1. 具备财务流程自动化的设计思维。
2. 具备自我反思和持续改进意识。
3. 培养数据敏感性和保密意识,保障客户的信息安全。
4. 具备积极的团队合作精神。

一、任务情境

小恩是卓越管理咨询有限公司的一名业务人员,根据公司的安排,他需要对 10 家建材类公司 2019—2021 年的商品经营盈利能力进行全面分析,具体涵盖收入利润率分析、成本利润率分析、销售获现比率分析及同行业公司销售获利能力比较分析等方面。此外,为了更好地呈现分析结果,需要生成相应的可视化图表,其模板如图 10-1~图 10-4 所示。尽管不同公司的分析数据有所差异,但采用的分析步骤及可视化图表模板是统一的。

◎ 任务十　财务报表分析机器人

收入利润率分析

收入利润率分析表

分析项目	2019年	2020年	2021年	2021与2020的差异	2020与2019的差异
营业收入利润率				0.00%	0.00%
营业收入毛利率				0.00%	0.00%
销售净利润率				0.00%	0.00%
销售息税前利润率				0.00%	0.00%

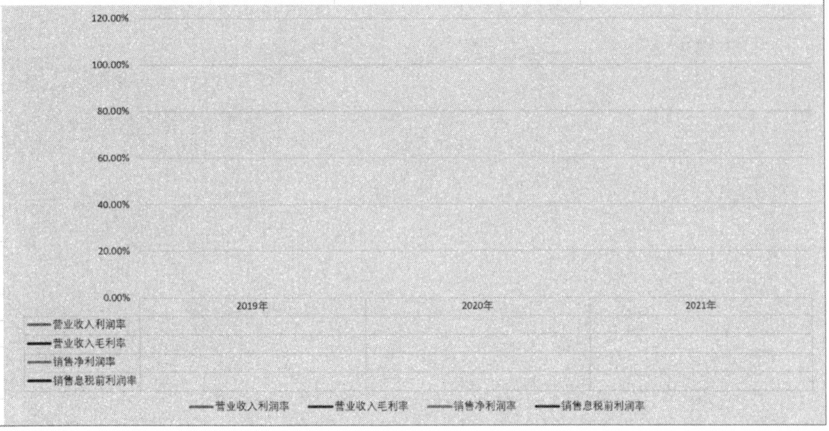

图 10-1　收入利润率分析表模板

成本利润率分析

成本利润率分析表

分析项目	2019年	2020年	2021年	2021与2020的差异	2020与2019的差异
营业成本利润率				0.00%	0.00%
营业费用利润率				0.00%	0.00%
全部成本费用总利润率				0.00%	0.00%
全部成本费用净利润率				0.00%	0.00%

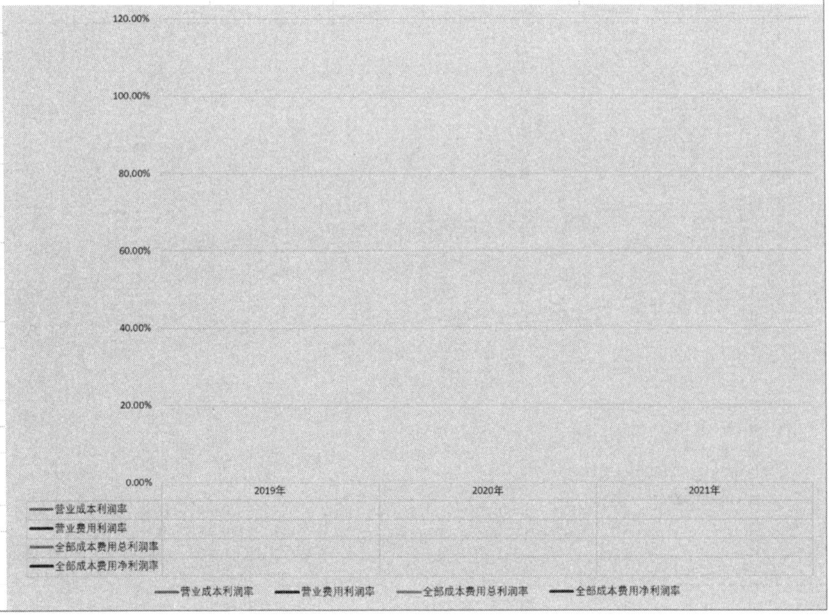

图 10-2　成本利润率分析表模板

• 211 •

现金流量指标对商品经营盈利能力的补充						
销售获现比率分析表						
分析项目	2019年	2020年	2021年	2021与2020的差异	2020与2019的差异
销售商品、提供劳务收到的现金（万元）				-	-
营业收入（万元）				-	-
销售获现比率（%）				-	-

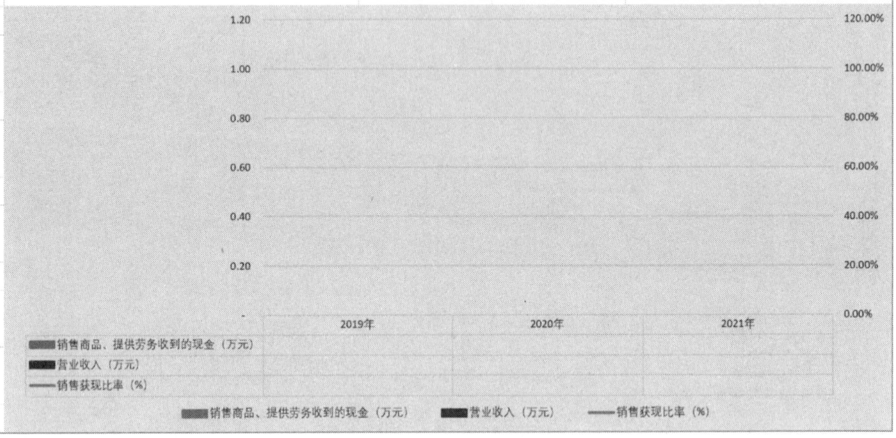

图 10-3　销售获现比率分析表模板

同行业公司销售获利能力比较分析表				
公司名称	营业收入毛利率	销售获现比率	销售净利润率	销售净利润率差异
安平市融创建材制造有限公司				
安乐市贝卡建材制造有限公司				
安康市东方建材制造有限公司				
安平市诺培达建材制造有限公司				
安平市凯山建材制造有限公司				

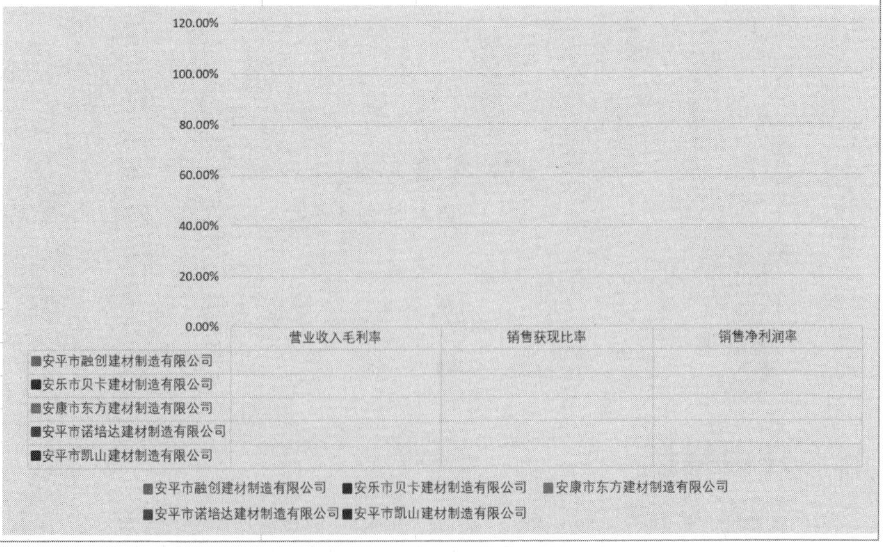

图 10-4　同行业公司销售获利能力比较分析表模板

二、任务痛点

财务报表分析的手工操作流程如图 10-5 所示。首先，收集分析主体公司 2019—2021 年的财务报表及对标公司 2021 年的财务报表，利用公式计算出分析主体公司每年的收入利润率指标、成本利润率指标、销售获现比率指标，并且根据计算结果生成相应的可视化图表；然后，用相同的方法计算对标公司 2021 年相应的财务指标，并且将其与分析主体公司相应的财务指标进行比较，生成相应的可视化图表；最后，根据获得的财务指标对分析主体公司进行综合分析和评价，形成商品经营盈利能力分析报告。

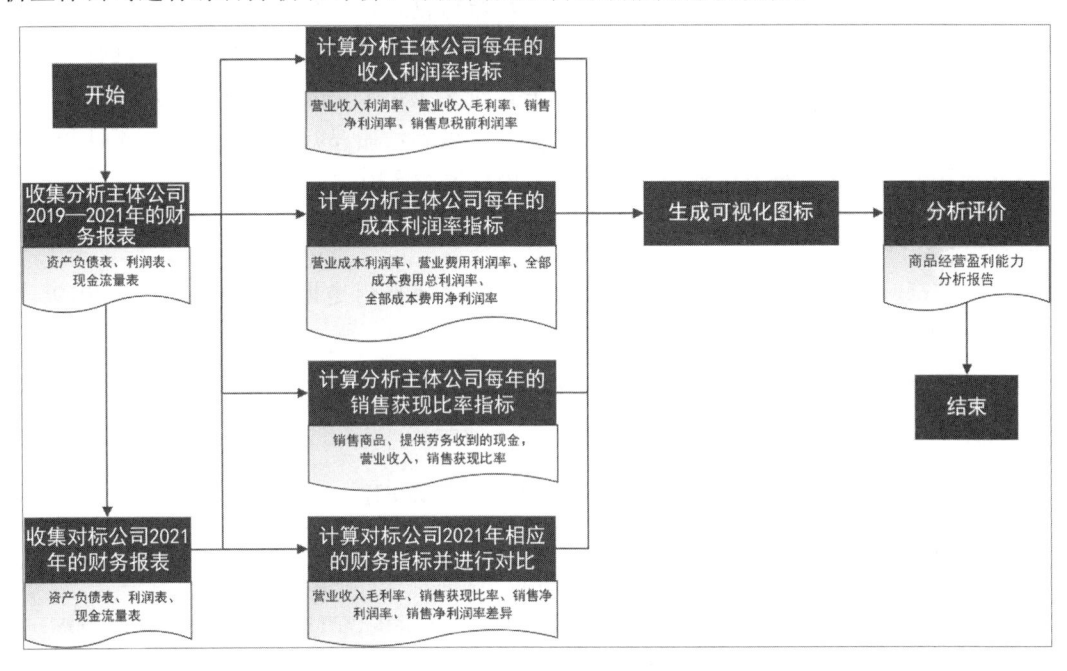

图 10-5 财务报表分析的手工操作流程

任务痛点如下。
- 存在大量的公式计算和数据整理工作，容易出现错误，影响数据的准确性。
- 当分析的公司数量增加时，同样的计算操作需要执行多次，工作量翻倍且提高了操作失误的概率。
- 缺乏自动化工具和流程，使财务报表分析过程可能因为不够标准化和规范化，导致分析结果不一致。

三、任务描述

设计一个商品经营盈利能力分析助手机器人，使其能够从分析主体公司及对标公司的财务报表中自动提取数据，计算出所需的各项财务指标，生成可视化图表，为小恩的深入综合分析提供数据支持。本任务以安平市融创建材制造有限公司为例进行开发操作。

四、任务实施

1. 开发难点

本任务的 RPA 开发包含 7 个流程模块，分别是打开并读取分析主体公司（安平市融创建材制造有限公司）2019—2021 年的财务报表、打开并读取 4 家对标公司 2021 年的财务报表、自动填写财务分析报告封面、自动计算与填写收入利润率指标、自动计算与填写成本利润率指标、自动计算与填写销售获现比率指标、自动计算与填写用于进行同行业公司销售获利能力比较的相应财务指标。本任务主要涉及 Excel 相关组件的综合应用，其中，流程模块 4、5、6 和 7 主要涉及大量财务指标计算公式，需要编辑表达式，是本任务开发的关键所在，需要在理解表达式函数的基础上进行灵活应用。

2. 开发设计

1）流程模块 1：打开并读取分析主体公司（安平市融创建材制造有限公司）2019—2021 年的财务报表

打开并读取分析主体公司（安平市融创建材制造有限公司）2019—2021 年的财务报表，设计流程如表 10-1 所示，操作过程如图 10-6 所示。

表 10-1　流程模块 1——设计流程

流程	序号	使用组件	层级	属性设置
打开并读取分析主体公司（安平市融创建材制造有限公司）2019 年的财务报表	1	启动 Excel	一级	启动方式：打开 Excel。 Excel 文件路径："分析主体公司财务报表-2019.xlsx"文件的存储路径。 是否只读打开：否。 Excel 对象：cb_2019_excel（重命名，cb 为财报的拼音缩写）。 Excel 文件路径：v_file_path_1（默认）
	2	激活 Sheet 页	一级	已打开的 Excel 对象：cb_2019_excel。 Sheet 页名称：利润表。 Excel Sheet 对象：lrb_2019_sheet（重命名，lrb 为利润表的拼音缩写）
	3	获取 Excel 列的值	一级	已打开的 Sheet 对象：lrb_2019_Sheet。 列号：B。 取值最大行数：5000（默认）。 列的值：IC_2019（重命名）。 作用：计算财务指标
	4	获取 Excel 单元格的值	一级	已打开的 Sheet 对象：lrb_2019_sheet。 单元格行号：2。 单元格列号：A。 单元格的值：gsmc（公司名称的拼音缩写）。 作用：输入财务报表封面中的公司名称

续表

流程	序号	使用组件	层级	属性设置
打开并读取分析主体公司（安平市融创建材制造有限公司）2019年的财务报表	5	激活Sheet页	一级	已打开的Excel对象：cb_2019_excel。 Sheet页名称：现金流量表。 Excel Sheet对象：xjllb_2019_sheet（重命名，xjllb为现金流量表的拼音缩写）
	6	获取Excel列的值	一级	已打开的Sheet对象：xjllb_2019_sheet。 列号：B。 取值最大行数：5000（默认）。 列的值：AC_2019（重命名）
	7	关闭Excel	一级	已打开的Excel对象：cb_2019_excel。 关闭时是否保存：否
打开并读取分析主体公司（安平市融创建材制造有限公司）2020年的财务报表	8	启动Excel	一级	启动方式：打开Excel。 Excel文件路径："分析主体公司财务报表-2020.xlsx"文件的存储路径。 是否只读打开：否。 Excel对象：cb_2020_excel（重命名）。 Excel文件路径：v_file_path_2（默认）
	9	激活Sheet页	一级	已打开的Excel对象：cb_2020_excel。 Sheet页名称：利润表。 Excel Sheet对象：lrb_2020_sheet（重命名）
	10	获取Excel列的值	一级	已打开的Sheet对象：lrb_2020_sheet。 列号：B。 取值最大行数：5000（默认）。 列的值：IC_2020（重命名）
	11	激活Sheet页	一级	已打开的Excel对象：cb_2020_excel。 Sheet页名称：现金流量表。 Excel Sheet对象：xjllb_2020_sheet（重命名）
	12	获取Excel列的值	一级	已打开的Sheet对象：xjllb_2020_sheet。 列号：B。 取值最大行数：5000（默认）。 列的值：AC_2020（重命名）
	13	关闭Excel	一级	已打开的Excel对象：cb_2020_excel。 关闭时是否保存：否
打开并读取分析主体公司（安平市融创建材制造有限公司）2021年的财务报表	14	启动Excel	一级	启动方式：打开Excel。 Excel文件路径："分析主体公司财务报表-2021.xlsx"文件的存储路径。 是否只读打开：否。 Excel对象：cb_2021_excel（重命名）。 Excel文件路径：v_file_path_3（默认）
	15	激活Sheet页	一级	已打开的Excel对象：cb_2021_excel。 Sheet页名称：利润表。 Excel Sheet对象：lrb_2021_sheet（重命名）

续表

流程	序号	使用组件	层级	属性设置
打开并读取分析主体公司（安平市融创建材制造有限公司）2021年的财务报表	16	获取Excel列的值	一级	已打开的Sheet对象：lrb_2021_sheet。 列号：B。 取值最大行数：5000（默认）。 列的值：IC_2021（重命名）
	17	激活Sheet页	一级	已打开的Excel对象：cb_2021_excel。 Sheet页名称：现金流量表。 Excel Sheet对象：xjllb_2021_sheet（重命名）
	18	获取Excel列的值	一级	已打开的Sheet对象：xjllb_2021_sheet。 列号：B。 取值最大行数：5000（默认）。 列的值：AC_2021（重命名）
	19	关闭Excel	一级	已打开的Excel对象：cb_2021_excel。 关闭时是否保存：否

1	开始节点
2	启动Excel 新建或打开Excel,对Excel自动化操作的起始动作
3	激活Sheet页 在 cb_2019_excel Excel对象中激活Sheet页 "利润表",将对应的Sheet页对象赋值给 lrb_2019_sheet
4	获取Excel列的值 获取 lrb_2019_sheet Sheet页的 "B" 列前 5000 行 全部 的值,并将结果赋值给 IC_2019
5	获取Excel单元格的值 获取 lrb_2019_sheet Sheet页的 "A" 2 单元格的值,并将结果赋值给 gsmc
6	激活Sheet页 在 cb_2019_excel Excel对象中激活Sheet页 "现金流量表",将对应的Sheet页对象赋值给 xjllb_2019_sheet
7	获取Excel列的值 获取 xjllb_2019_sheet Sheet页的 "B" 列前 5000 行 全部 的值,并将结果赋值给 AC_2019
8	关闭Excel 将 cb_2019_excel Excel对象 关闭
9	启动Excel 新建或打开Excel,对Excel自动化操作的起始动作
10	激活Sheet页 在 cb_2020_excel Excel对象中激活Sheet页 "利润表",将对应的Sheet页对象赋值给 lrb_2020_sheet
11	获取Excel列的值 获取 lrb_2020_sheet Sheet页的 "B" 列前 5000 行 全部 的值,并将结果赋值给 IC_2020
12	激活Sheet页 在 cb_2020_excel Excel对象中激活Sheet页 "现金流量表",将对应的Sheet页对象赋值给 xjllb_2020_sheet
13	获取Excel列的值 获取 xjllb_2020_sheet Sheet页的 "B" 列前 5000 行 全部 的值,并将结果赋值给 AC_2020
14	关闭Excel 将 cb_2020_excel Excel对象 关闭
15	启动Excel 新建或打开Excel,对Excel自动化操作的起始动作
16	激活Sheet页 在 cb_2021_excel Excel对象中激活Sheet页 "利润表",将对应的Sheet页对象赋值给 lrb_2021_sheet
17	获取Excel列的值 获取 lrb_2021_sheet Sheet页的 "B" 列前 5000 行 全部 的值,并将结果赋值给 IC_2021
18	激活Sheet页 在 cb_2021_excel Excel对象中激活Sheet页 "现金流量表",将对应的Sheet页对象赋值给 xjllb_2021_sheet
19	获取Excel列的值 获取 xjllb_2021_sheet Sheet页的 "B" 列前 5000 行 全部 的值,并将结果赋值给 AC_2021
20	关闭Excel 将 cb_2021_excel Excel对象 关闭

图10-6 流程模块1——操作过程

2）流程模块 2：打开并读取 4 家对标公司 2021 年的财务报表

打开并读取 4 家对标公司 2021 年的财务报表，设计流程如表 10-2 所示，操作过程如图 10-7 所示。

表 10-2　流程模块 2——设计流程

流程	序号	使用组件	层级	属性设置
打开并读取对标公司 1（安乐市贝卡建材制造有限公司）2021 年的财务报表	1	启动 Excel	一级	启动方式：打开 Excel。 Excel 文件路径："对标公司 1 财务报表-2021.xlsx"文件的存储路径。 是否只读打开：否。 Excel 对象：cb_dbgs1_excel（重命名，dbgs 为对标公司的拼音缩写）。 Excel 文件路径：v_file_path_4（默认）
	2	激活 Sheet 页	一级	已打开的 Excel 对象：cb_dbgs1_excel。 Sheet 页名称：利润表。 Excel Sheet 对象：lrb_dbgs1_sheet（重命名）
	3	获取 Excel 列的值	一级	已打开的 Sheet 对象：lrb_dbgs1_sheet。 列号：B。 取值最大行数：5000（默认）。 列的值：IC_dbgs1（重命名）
	4	激活 Sheet 页	一级	已打开的 Excel 对象：cb_dbgs1_excel。 Sheet 页名称：现金流量表。 Excel Sheet 对象：xjllb_dbgs1_sheet（重命名）
	5	获取 Excel 列的值	一级	已打开的 Sheet 对象：xjllb_dbgs1_sheet。 列号：B。 取值最大行数：5000（默认）。 列的值：AC_dbgs1（重命名）
	6	关闭 Excel	一级	已打开的 Excel 对象：cb_dbgs1_excel。 关闭时是否保存：否
打开并读取对标公司 2（安康市东方建材制造有限公司）2021 年的财务报表	7	启动 Excel	一级	启动方式：打开 Excel。 Excel 文件路径："对标公司 2 财务报表-2021.xlsx"文件的存储路径。 是否只读打开：否。 Excel 对象：cb_dbgs2_excel（重命名）。 Excel 文件路径：v_file_path_5（默认）
	8	激活 Sheet 页	一级	已打开的 Excel 对象：cb_dbgs2_excel。 Sheet 页名称：利润表。 Excel Sheet 对象：lrb_dbgs2_sheet（重命名）
	9	获取 Excel 列的值	一级	已打开的 Sheet 对象：lrb_dbgs2_sheet。 列号：B。 取值最大行数：5000（默认）。 列的值：IC_dbgs2（重命名）

续表

流程	序号	使用组件	层级	属性设置
打开并读取对标公司2（安康市东方建材制造有限公司）2021年的财务报表	10	激活Sheet页	一级	已打开的Excel对象：cb_dbgs2_excel。 Sheet页名称：现金流量表。 Excel Sheet对象：xjllb_dbgs2_sheet（重命名）
	11	获取Excel列的值	一级	已打开的Sheet对象：xjllb_dbgs2_sheet。 列号：B。 取值最大行数：5000（默认）。 列的值：AC_dbgs2（重命名）
	12	关闭Excel	一级	已打开的Excel对象：cb_dbgs2_excel。 关闭时是否保存：否
同理，打开并读取对标公司3（安平市诺培达建材制造有限公司）的财务报表（"对标公司3 财务报表-2021.xlsx"文件），将输出的"列的值"变量分别设置为 IC_dbgs3、AC_dbgs3；打开并读取对标公司4（安平市凯山建材制造有限公司）的财务报表（"对标公司4财务报表-2021.xlsx"文件），将输出的"列的值"变量分别设置为 IC_dbgs4、AC_dbgs4					

21	启动Excel 新建或打开Excel,对Excel自动化操作的起始动作
22	激活Sheet页 在 cb_dbgs1_excel Excel对象中激活Sheet页 "利润表",将对应的Sheet页对象赋值给 lrb_dbgs1_sheet
23	获取Excel列的值 获取 lrb_dbgs1_sheet Sheet页的"B"列前 5000 行 全部的值，并将结果赋值给 IC_dbgs1
24	激活Sheet页 在 cb_dbgs1_excel Excel对象中激活Sheet页 "现金流量表",将对应的Sheet页对象赋值给 xjllb_dbgs1_sheet
25	获取Excel列的值 获取 xjllb_dbgs1_sheet Sheet页的"B"列前 5000 行 全部的值，并将结果赋值给 AC_dbgs1
26	关闭Excel 将 cb_dbgs1_excel Excel对象 关闭
27	启动Excel 新建或打开Excel,对Excel自动化操作的起始动作
28	激活Sheet页 在 cb_dbgs2_excel Excel对象中激活Sheet页 "利润表",将对应的Sheet页对象赋值给 lrb_dbgs2_sheet
29	获取Excel列的值 获取 lrb_dbgs2_sheet Sheet页的"B"列前 5000 行 全部的值，并将结果赋值给 IC_dbgs2
30	激活Sheet页 在 cb_dbgs2_excel Excel对象中激活Sheet页 "现金流量表",将对应的Sheet页对象赋值给 xjllb_dbgs2_sheet
31	获取Excel列的值 获取 xjllb_dbgs2_sheet Sheet页的"B"列前 5000 行 全部的值，并将结果赋值给 AC_dbgs2
32	关闭Excel 将 cb_dbgs2_excel Excel对象 关闭
33	启动Excel 新建或打开Excel,对Excel自动化操作的起始动作
34	激活Sheet页 在 cb_dbgs3_excel Excel对象中激活Sheet页 "利润表",将对应的Sheet页对象赋值给 lrb_dbgs3_sheet
35	获取Excel列的值 获取 lrb_dbgs3_sheet Sheet页的"B"列前 5000 行 全部的值，并将结果赋值给 IC_dbgs3
36	激活Sheet页 在 cb_dbgs3_excel Excel对象中激活Sheet页 "现金流量表",将对应的Sheet页对象赋值给 xjllb_dbgs3_sheet
37	获取Excel列的值 获取 xjllb_dbgs3_sheet Sheet页的"B"列前 5000 行 全部的值，并将结果赋值给 AC_dbgs3
38	关闭Excel 将 cb_dbgs3_excel Excel对象 关闭
39	启动Excel 新建或打开Excel,对Excel自动化操作的起始动作
40	激活Sheet页 在 cb_dbgs4_excel Excel对象中激活Sheet页 "利润表",将对应的Sheet页对象赋值给 lrb_dbgs4_sheet
41	获取Excel列的值 获取 lrb_dbgs4_sheet Sheet页的"B"列前 5000 行 全部的值，并将结果赋值给 IC_dbgs4
42	激活Sheet页 在 cb_dbgs4_excel Excel对象中激活Sheet页 "现金流量表",将对应的Sheet页对象赋值给 xjllb_dbgs4_sheet
43	获取Excel列的值 获取 xjllb_dbgs4_sheet Sheet页的"B"列前 5000 行 全部的值，并将结果赋值给 AC_dbgs4
44	关闭Excel 将 cb_dbgs4_excel Excel对象 关闭

图 10-7　流程模块 2——操作过程

3）流程模块 3：自动填写财务分析报告封面

自动填写财务分析报告封面，设计流程如表 10-3 所示，操作过程如图 10-8 所示。

表 10-3　流程模块 3——设计流程

流程	序号	使用组件	层级	属性设置
自动填写财务分析报告封面	1	启动 Excel	一级	启动方式：打开 Excel。 Excel 文件路径："商品经营盈利能力分析报告模板.xlsx"文件的存储路径。 是否只读打开：否。 Excel 对象：mb_excel（重命名，mb 为模板的拼音缩写）。 Excel 文件路径：v_file_path_8（默认）
	2	激活 Sheet 页	一级	已打开的 Excel 对象：mb_excel。 Sheet 页名称：盈利能力分析报告封面。 Excel Sheet 对象：fm_sheet（重命名，fm 为封面的拼音缩写）
	3	写入 Excel 单元格	一级	已打开的 Sheet 对象：fm_sheet。 单元格行号：2。 单元格列号：B。 写入内容："商品经营盈利能力分析报告"
	4	写入 Excel 单元格	一级	已打开的 Sheet 对象：fm_sheet。 单元格行号：4。 单元格列号：B。 写入内容："期间：2019 年度—2021 年度"
	5	写入 Excel 单元格	一级	已打开的 Sheet 对象：fm_sheet。 单元格行号：5。 单元格列号：B。 写入内容：gsmc（阿里云 RPA 编辑器中第 5 步操作（图 10-6 中序号 5 对应的操作）获取的变量）
	6	获取当前时间和日期	一级	时间格式：YYYYmmdd。 时间变量名称：v_datetime_current_1（默认）
	7	写入 Excel 单元格	一级	已打开的 Sheet 对象：fm_sheet。 单元格行号：6。 单元格列号：B。 写入内容—编辑表达式：'编制日期:'+v_datetime_current_1
	8	写入 Excel 单元格	一级	已打开的 Sheet 对象：fm_sheet。 单元格行号：7。 单元格列号：B。 写入内容："制表人：×××"

45	启动Excel 新建或打开Excel,对Excel自动化操作的起始动作
46	激活Sheet页 在 mb_excel Excel对象中激活Sheet页 "盈利能力分析报告封面",将对应的Sheet页对象赋值给 fm_sheet
47	写入Excel单元格 在 fm_sheet Sheet页的 "B" 2 单元写入 "商品经营盈利能力分析报告"
48	写入Excel单元格 在 fm_sheet Sheet页的 "B" 4 单元写入 "期间: 2019年度-2021年度"
49	写入Excel单元格 在 fm_sheet Sheet页的 "B" 5 单元写入 gsmc
50	获取当前时间和日期 获取当前时间,将结果赋值给 v_datetime_current_1
51	写入Excel单元格 在 fm_sheet Sheet页的 "B" 6 单元写入 '编制日期:'+v_datetime_current_1
52	写入Excel单元格 在 fm_sheet Sheet页的 "B" 7 单元写入 "制表人: XXX"

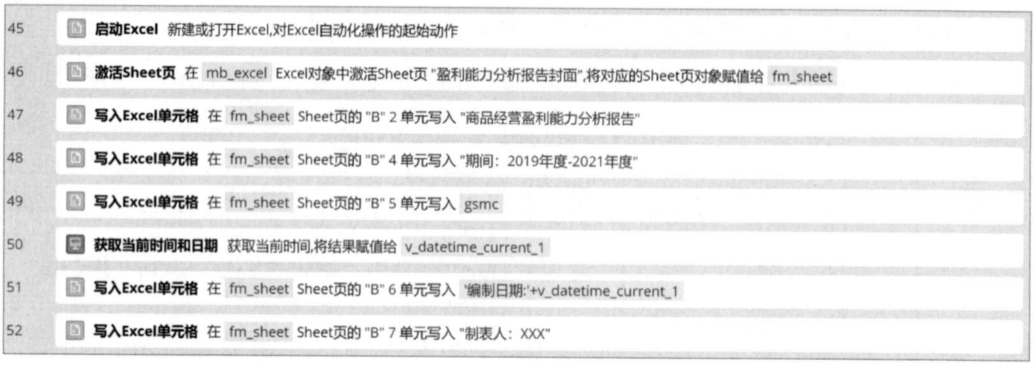

图 10-8　流程模块 3——操作过程

4）流程模块 4：自动计算与填写收入利润率指标

自动计算与填写收入利润率指标，设计流程如表 10-4 所示，操作过程如图 10-9 所示。

表 10-4　流程模块 4——设计流程

流程	序号	使用组件	层级	属性设置
自动计算与填写收入利润率指标	1	激活 Sheet 页	一级	已打开的 Excel 对象：mb_excel。 Sheet 页名称：商品经营盈利能力分析页。 Excel Sheet 对象：jyylnl_sheet（重命名，jyylnl 为经营盈利能力的拼音缩写）
	2	写入 Excel 区域	一级	已打开的 Sheet 对象：jyylnl_sheet。 区域起始行号：6。 区域起始列号：D。 写入内容—编辑表达式：编辑好的表达式如图 10-10 所示

| 53 | 激活Sheet页 在 mb_excel Excel对象中激活Sheet页 "商品经营盈利能力分析页",将对应的Sheet页对象赋值给 jyylnl_sheet |
| 54 | 写入Excel区域 在 jyylnl_sheet Sheet页以 "D" 6 为起始单元格的区域写入 [[float(IC_2019[24])/float(IC_2019[3]),float(IC_2020[24])/float(IC_20... |

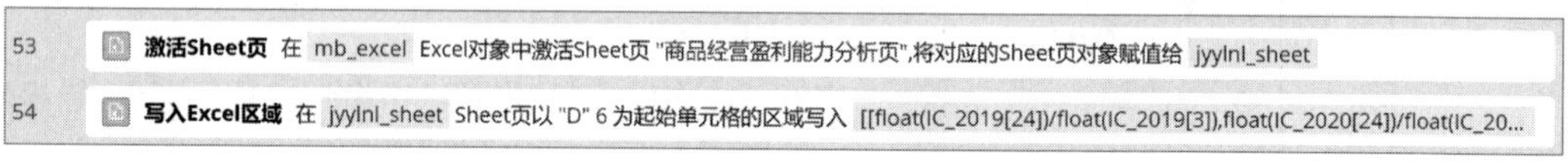

图 10-9　流程模块 4——操作过程

```
[[float(IC_2019[24])/float(IC_2019[3]),float(IC_2020[24])/float(IC_
2021[24])/float(IC_2021[3])],[(float(IC_2019[3])-float(IC_2019[4]))/float(IC_
2019[3]),(float(IC_2020[3])-float(IC_2020[4]))/float(IC_2020[3]),(float(IC_2021[3])-
float(IC_2021[4]))/float(IC_2021[3])],[float(IC_2019[26])/float(IC_2019[3]),float(IC_
2020[26])/float(IC_2020[3]),float(IC_2021[26])/float(IC_2021[3])],[(float(IC_
2019[26])+float(IC_2019[25])+float(IC_2019[10]))/float(IC_2019[3]),(float(IC_
2020[26])+float(IC_2020[25])+float(IC_2020[10]))/float(IC_2020[3]),(float(IC_
2021[26])+float(IC_2021[25])+float(IC_2021[10]))/float(IC_2021[3])]]
```

图 10-10　编辑好的表达式（1）

说明：

（1）营业收入利润率的计算公式如下：

营业收入利润率=利润总额÷营业总收入

- 2019 年计算营业收入利润率的表达式为 A1：
$$float(IC\_2019[24])/float(IC\_2019[3])$$
- 2020 年计算营业收入利润率的表达式为 A2：
$$float(IC\_2020[24])/float(IC\_2020[3])$$
- 2021 年计算营业收入利润率的表达式为 A3：
$$float(IC\_2021[24])/float(IC\_2021[3])$$

在写入 Excel 区域时，编辑好的表达式为[A1,A2,A3]，使用英文逗号","隔开，将其横向写入单元格。

（2）营业收入毛利率的计算公式如下：

$$营业收入毛利率=（营业总收入-营业成本）÷营业总收入$$

- 2019 年计算营业收入毛利率的表达式为 B1：
$$(float(IC\_2019[3])-float(IC\_2019[4]))/float(IC\_2019[3])$$
- 2020 年计算营业收入毛利率的表达式为 B2：
$$(float(IC\_2020[3])-float(IC\_2020[4]))/float(IC\_2020[3])$$
- 2021 年计算营业收入毛利率的表达式为 B3：
$$(float(IC\_2021[3])-float(IC\_2021[4]))/float(IC\_2021[3])$$

在写入 Excel 区域时，编辑好的表达式为[B1,B2,B3]，使用英文逗号","隔开，将其横向写入单元格。

（3）销售净利润率的计算公式如下：

$$销售净利润率=净利润÷营业总收入$$

- 2019 年计算销售净利润率的表达式为 C1：
$$float(IC\_2019[26])/float(IC\_2019[3])$$
- 2020 年计算销售净利润率的表达式为 C2：
$$float(IC\_2020[26])/float(IC\_2020[3])$$
- 2021 年计算销售净利润率的表达式为 C3：
$$float(IC\_2021[26])/float(IC\_2021[3])$$

在写入 Excel 区域时，编辑好的表达式为[C1,C2,C3]，使用英文逗号","隔开，将其横向写入单元格。

（4）销售息税前利润率的计算公式如下：

$$销售息税前利润率=（净利润+所得税费用+利息支出）÷营业总收入$$

- 2019 年计算销售息税前利润率的表达式为 D1：
$$(float(IC\_2019[26])+float(IC\_2019[25])+float(IC\_2019[10]))/float(IC\_2019[3])$$
- 2020 年计算销售息税前利润率的表达式为 D2：
$$(float(IC\_2020[26])+float(IC\_2020[25])+float(IC\_2020[10]))/float(IC\_2020[3])$$
- 2021 年计算销售息税前利润率的表达式为 D3：
$$(float(IC\_2021[26])+float(IC\_2021[25])+float(IC\_2021[10]))/float(IC\_2021[3])$$

在写入 Excel 区域时，编辑好的表达式为[D1,D2,D3]，使用英文逗号","隔开，将其横向写入单元格。

（5）完整的表达式如下：

[[A1,A2,A3],[B1,B2,B3],[C1,C2,C3],[D1,D2,D3]]

5）流程模块5：自动计算与填写成本利润率指标

自动计算与填写成本利润率指标，设计流程如表10-5所示，操作过程如图10-11所示。

表10-5 流程模块5——设计流程

流程	序号	使用组件	层级	属性设置
自动计算与填写成本利润率指标	1	写入Excel区域	一级	已打开的Sheet对象：jyylnl_sheet。 区域起始行号：34。 区域起始列号：D。 写入内容—编辑表达式：编辑好的表达式如图10-12所示

55　　写入Excel区域　在 jyylnl_sheet Sheet页以"D" 34 为起始单元格的区域写入　[[float(IC_2019[24])/float(IC_2019[4]),float(IC_2020[24])/float(IC_2...

图10-11 流程模块5——操作过程

```
[[float(IC_2019[24])/float(IC_2019[4]),float(IC_2020[24])/float(IC_2020[4]),float(IC_
2021[24])/float(IC_2021[4])],[float(IC_2019[24])/(float(IC_2019[6])+float(IC_2019[7])+float(IC_
2019[9])),float(IC_2020[24])/(float(IC_2020[6])+float(IC_2020[7])+float(IC_2020[9])),float(IC_
2021[24])/(float(IC_2021[6])+float(IC_2021[7])+float(IC_2021[9]))],[float(IC_2019[24])/(float(IC_
2019[4])+float(IC_2019[5])+float(IC_2019[6])+float(IC_2019[7])+float(IC_2019[9])),float(IC_
2020[24])/(float(IC_2020[4])+float(IC_2020[5])+float(IC_2020[6])+float(IC_2020[7])+float(IC_
2020[9])),float(IC_2021[24])/(float(IC_2021[4])+float(IC_2021[5])+float(IC_2021[6])+float(IC_
2021[7])+float(IC_2021[9]))],[float(IC_2019[26])/(float(IC_2019[4])+float(IC_2019[5])+float(IC_
2019[6])+float(IC_2019[7])+float(IC_2019[9])),float(IC_2020[26])/(float(IC_2020[4])+float(IC_
2020[5])+float(IC_2020[6])+float(IC_2020[7])+float(IC_2020[9])),float(IC_2021[26])/(float(IC_
2021[4])+float(IC_2021[5])+float(IC_2021[6])+float(IC_2021[7])+float(IC_2021[9]))]]
```

图10-12 编辑好的表达式（2）

说明：

（1）营业成本利润率的计算公式如下：

营业成本利润率=利润总额÷营业成本

- 2019年计算营业成本利润率的表达式为E1：

float(IC_2019[24])/float(IC_2019[4])

- 2020年计算营业成本利润率的表达式为E2：

float(IC_2020[24])/float(IC_2020[4])

- 2021年计算营业成本利润率的表达式为E3：

float(IC_2021[24])/float(IC_2021[4])

在写入Excel区域时，编辑好的表达式为[E1,E2,E3]，使用英文逗号"，"隔开，将其横向写入单元格。

（2）营业费用利润率的计算公式如下：

营业费用利润率=利润总额÷（销售费用+管理费用+财务费用）

- 2019 年计算营业费用利润率的表达式为 F1：
  float(IC_2019[24])/(float(IC_2019[6])+float(IC_2019[7])+float(IC_2019[9]))
- 2020 年计算营业费用利润率的表达式为 F2：
  float(IC_2020[24])/(float(IC_2020[6])+float(IC_2020[7])+float(IC_2020[9]))
- 2021 年计算营业费用利润率的表达式为 F3：
  float(IC_2021[24])/(float(IC_2021[6])+float(IC_2021[7])+float(IC_2021[9]))
- 在写入 Excel 区域时，编辑好的表达式为[F1,F2,F3]，使用英文逗号","隔开，将其横向写入单元格。

（3）全部成本费用总利润率的计算公式如下：

全部成本费用总利润率＝利润总额÷成本费用总额

- 2019 年计算全部成本费用总利润率的表达式为 G1：

float(IC_2019[24])/(float(IC_2019[4])+float(IC_2019[5])+float(IC_2019[6])+float(IC_2019[7])+float(IC_2019[9]))

- 2020 年计算全部成本费用总利润率的表达式为 G2：

float(IC_2020[24])/(float(IC_2020[4])+float(IC_2020[5])+float(IC_2020[6])+float(IC_2020[7])+float(IC_2020[9]))

- 2021 年计算全部成本费用总利润率的表达式为 G3：

float(IC_2021[24])/(float(IC_2021[4])+float(IC_2021[5])+float(IC_2021[6])+float(IC_2021[7])+float(IC_2021[9]))

在写入 Excel 区域时，编辑好的表达式为[G1,G2,G3]，使用英文逗号","隔开，将其横向写入单元格。

（4）全部成本费用净利润率的计算公式如下：

全部成本费用净利润率＝净利润÷成本费用总额

- 2019 年计算全部成本费用净利润率的表达式为 H1：

float(IC_2019[26])/(float(IC_2019[4])+float(IC_2019[5])+float(IC_2019[6])+float(IC_2019[7])+float(IC_2019[9]))

- 2020 年计算全部成本费用净利润率的表达式为 H2：

float(IC_2020[26])/(float(IC_2020[4])+float(IC_2020[5])+float(IC_2020[6])+float(IC_2020[7])+float(IC_2020[9]))

- 2021 年计算全部成本费用净利润率的表达式为 H3：

float(IC_2021[26])/(float(IC_2021[4])+float(IC_2021[5])+float(IC_2021[6])+float(IC_2021[7])+float(IC_2021[9]))

在写入 Excel 区域时，编辑好的表达式为[H1,H2,H3]，使用英文逗号","隔开，将其横向写入单元格。

（5）完整的表达式如下：

[[E1,E2,E3],[F1,F2,F3],[G1,G2,G3],[H1,H2,H3]]

6）流程模块 6：自动计算与填写销售获现比率指标

自动计算与填写销售获现比率指标，设计流程如表 10-6 所示，操作过程如图 10-13 所示。

表 10-6 流程模块 6——设计流程

流程	序号	使用组件	层级	属性设置
自动计算与填写销售获现比率指标	1	写入 Excel 区域	一级	已打开的 Sheet 对象：jyylnl_sheet。 区域起始行号：66。 区域起始列号：D。 写入内容—编辑表达式：编辑好的表达式如图 10-14 所示

56　　写入Excel区域　在 jyylnl_sheet Sheet页以 "D" 66 为起始单元格的区域写入 [[float(AC_2019[4])/10000,float(AC_2020[4])/10000,float(AC_2021[...

图 10-13 流程模块 6——操作过程

[[float(AC_2019[4])/10000,float(AC_2020[4])/10000,float(AC_2021[4])/10000],[float(IC_2019[3])/10000,float(IC_2020[3])/10000,float(IC_2021[3])/10000],[float(AC_2019[4])/float(IC_2019[3]),float(AC_2020[4])/float(IC_2020[3]),float(AC_2021[4])/float(IC_2021[3])]]

图 10-14 编辑好的表达式（3）

说明：

（1）销售商品、提供劳务收到的现金（万元）：取自现金流量表。

- 2019 年计算销售商品、提供劳务收到的现金的表达式为 I1：

$$float(AC\_2019[4])/10000$$

- 2020 年计算销售商品、提供劳务收到的现金的表达式为 I2：

$$float(AC\_2020[4])/10000$$

- 2021 年计算销售商品、提供劳务收到的现金的表达式为 I3：

$$float(AC\_2021[4])/10000$$

在写入 Excel 区域时，编辑好的表达式为[I1,I2,I3]，使用英文逗号","隔开，将其横向写入单元格。

（2）营业收入（万元）：取自利润表。

- 2019 年计算营业收入的表达式为 J1：

$$float(IC\_2019[3])/10000$$

- 2020 年计算营业收入的表达式为 J2：

$$float(IC\_2020[3])/10000$$

- 2021 年计算营业收入的表达式为 J3：

$$float(IC\_2021[3])/10000$$

在写入 Excel 区域时，编辑好的表达式为[J1,J2,J3]，使用英文逗号","隔开，将其横向写入单元格。

（3）销售获现比率的计算公式如下：
　　　　销售获现比率=销售商品、提供劳务收到的现金÷营业收入
- 2019 年计算销售获现比率的表达式为 K1：
　　　　float(AC_2019[4])/float(IC_2019[3])
- 2020 年计算销售获现比率的表达式为 K2：
　　　　float(AC_2020[4])/float(IC_2020[3])
- 2021 年计算销售获现比率的表达式为 K3：
　　　　float(AC_2021[4])/float(IC_2021[3])

在写入 Excel 区域时，编辑好的表达式为[K1,K2,K3]，使用英文逗号","隔开，将其横向写入单元格。

（4）完整的表达式如下：
　　　　[[I1,I2,I3],[J1,J2,J3],[K1,K2,K3]]

7）流程模块 7：自动计算与填写用于进行同行业公司销售获利能力比较的相应财务指标

自动计算与填写用于进行同行业公司销售获利能力比较的相应财务指标，设计流程如表 10-7 所示，操作过程如图 10-15 所示。

表 10-7　流程模块 7——设计流程

流程	序号	使用组件	层级	属性设置
自动计算与填写用于进行同行业公司销售获利能力比较的相应财务指标	1	写入 Excel 区域	一级	已打开的 Sheet 对象：jyylnl_sheet。 区域起始行号：93。 区域起始列号：D。 写入内容—编辑表达式：编辑好的表达式如图 10-16 所示
另存为分析报表	2	保存 Excel	一级	已打开的 Excel 对象：mb_excel。 保存方式：另存为。 另存为文件路径："经营盈利能力分析报表.xlsx"文件的存储路径。 是否增加文件名后缀：否
关闭模板	3	关闭 Excel	一级	已打开的 Excel 对象：mb_excel。 关闭时是否保存：否

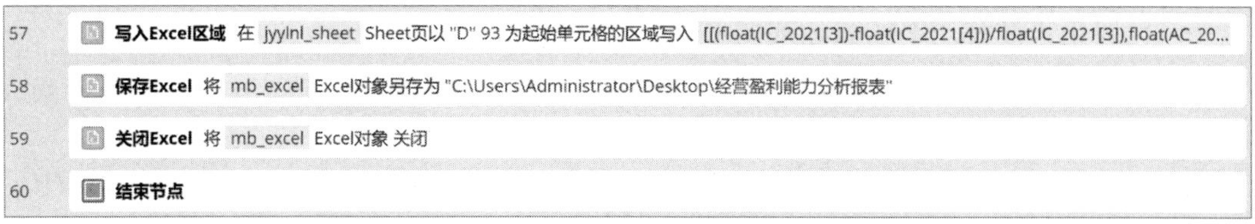

57　　写入Excel区域　在 jyylnl_sheet Sheet页以 "D" 93 为起始单元格的区域写入 [[(float(IC_2021[3])-float(IC_2021[4]))/float(IC_2021[3]),float(AC_20...

58　　保存Excel　将 mb_excel Excel对象另存为 "C:\Users\Administrator\Desktop\经营盈利能力分析报表"

59　　关闭Excel　将 mb_excel Excel对象 关闭

60　　结束节点

图 10-15　流程模块 7——操作过程

```
[[(float(IC_2021[3])-float(IC_2021[4]))/float(IC_2021[3]),float(AC_2021[4])/float(IC_
2021[3]),float(IC_2021[26])/float(IC_2021[3]),float(IC_2021[26])/float(IC_2021[3])-
(float(IC_dbgs1[26])/float(IC_dbgs1[3])+float(IC_dbgs2[26])/float(IC_dbgs2[3])+float(IC_dbgs3[2
6])/float(IC_dbgs3[3])+float(IC_dbgs4[26])/float(IC_dbgs4[3]))/4],[(float(IC_dbgs1[3])-
float(IC_dbgs1[4]))/float(IC_dbgs1[3]),float(AC_dbgs1[4])/float(IC_dbgs1[3]),float(IC_dbgs1[26]
)/float(IC_dbgs1[3]),float(IC_dbgs1[26])/float(IC_dbgs1[3])-(float(IC_2021[26])/float(IC_
2021[3])+float(IC_dbgs2[26])/float(IC_dbgs2[3])+float(IC_dbgs3[26])/float(IC_dbgs3[3])+float(IC
_dbgs4[26])/float(IC_dbgs4[3]))/4],[(float(IC_dbgs2[3])-
float(IC_dbgs2[4]))/float(IC_dbgs2[3]),float(AC_dbgs2[4])/float(IC_dbgs2[3]),float(IC_dbgs2[26]
)/float(IC_dbgs2[3]),float(IC_dbgs2[26])/float(IC_dbgs2[3])-(float(IC_2021[26])/float(IC_
2021[3])+float(IC_dbgs1[26])/float(IC_dbgs1[3])+float(IC_dbgs3[26])/float(IC_dbgs3[3])+float(IC
_dbgs4[26])/float(IC_dbgs4[3]))/4],[(float(IC_dbgs3[3])-
float(IC_dbgs3[4]))/float(IC_dbgs3[3]),float(AC_dbgs3[4])/float(IC_dbgs3[3]),float(IC_dbgs3[26]
)/float(IC_dbgs3[3]),float(IC_dbgs3[26])/float(IC_dbgs3[3])-(float(IC_2021[26])/float(IC_
2021[3])+float(IC_dbgs1[26])/float(IC_dbgs1[3])+float(IC_dbgs2[26])/float(IC_dbgs2[3])+float(IC
_dbgs4[26])/float(IC_dbgs4[3]))/4],[(float(IC_dbgs4[3])-
float(IC_dbgs4[4]))/float(IC_dbgs4[3]),float(AC_dbgs4[4])/float(IC_dbgs4[3]),float(IC_dbgs4[26]
)/float(IC_dbgs4[3]),float(IC_dbgs4[26])/float(IC_dbgs4[3])-(float(IC_2021[26])/float(IC_
2021[3])+float(IC_dbgs1[26])/float(IC_dbgs1[3])+float(IC_dbgs2[26])/float(IC_dbgs2[3])+float(IC
_dbgs3[26])/float(IC_dbgs3[3]))/4]]
```

图 10-16 编辑好的表达式（4）

说明：

（1）以分析主体公司（安平市融创建材制造有限公司）为例进行说明。

- 计算营业收入毛利率的表达式如下：

    (float(IC_2021[3])-float(IC_2021[4]))/float(IC_2021[3])

- 计算销售获现比率的表达式如下：

    float(AC_2021[4])/float(IC_2021[3])

- 计算销售净利润率的表达式如下：

    float(IC_2021[26])/float(IC_2021[3])

- 计算销售净利润率差异的表达式如下：

float(IC_2021[26])/float(IC_2021[3])-(float(IC_dbgs1[26])/float(IC_dbgs1[3])+float(IC_dbgs2[26])/float(IC_dbgs2[3])+float(IC_dbgs3[26])/float(IC_dbgs3[3])+float(IC_dbgs4[26])/float(IC_dbgs4[3]))/4

（2）以对标公司 1（安乐市贝卡建材制造有限公司）为例进行说明。

- 计算营业收入毛利率的表达式如下：

    (float(IC_dbgs1[3])-float(IC_dbgs1[4]))/float(IC_dbgs1[3])

- 计算销售获现比率的表达式如下：

    float(AC_dbgs1[4])/float(IC_dbgs1[3])

- 计算销售净利润率的表达式如下：

    float(IC_dbgs1[26])/float(IC_dbgs1[3])

- 计算销售净利润率差异的表达式如下：

float(IC_dbgs1[26])/float(IC_dbgs1[3])-(float(IC_2021[26])/float(IC_2021[3])+float(IC_dbgs2[26])/float(IC_dbgs2[3])+float(IC_dbgs3[26])/float(IC_dbgs3[3])+float(IC_dbgs4[26])/float(IC_dbgs4[3]))/4

（3）使用相同的方法计算对标公司 2~4 的相关财务指标，此处不再赘述。

3．流程运行

扫描右侧的二维码，可以观看本任务的商品经营盈利能力分析助手机器人的动态运行流程。

任务十一

发票开具机器人

知识目标： 1. 熟悉开具增值税发票的系统操作。
2. 熟悉发票开具机器人的财会应用场景。
3. 掌握发票开具机器人的设计流程与开发方法。

能力目标： 1. 能够梳理开具增值税发票的操作流程并绘制流程图。
2. 能够在开发前识别本任务潜在的问题并找到解决方案。
3. 能够持续跟踪机器人的运行状态，及时发现异常并提出优化方案。

素质目标： 1. 具备良好的归纳、总结、举一反三的能力。
2. 遵守税收法律法规，秉持依法纳税的职业道德。
3. 具备严谨求实的工作作风。

扫一扫

德技并修： 小发票牵出亿元大案

一、任务情境

安平市融创建材制造有限公司是增值税一般纳税人，因为销售频率高、销售规模大，所以公司决定在每周的固定时间统一为客户开具发票。小乐是公司的开票人员，在开票日，他需要登录增值税发票开具平台，然后根据预先下载的"发票信息汇总表.xlsx"文件中的内容，将客户需要的开票信息逐一填写到平台上的相应字段中，单击"确认"按钮，保存并生成发票。由于每张发票中的内容都不尽相同，因此小乐在开票过程中需要仔细核对发票信息，包括发票类型，购买方名称，购买方纳税人识别号，地址、电话，开户行及账号，货物或应税劳务、服务名称，规格型号，单位，数量，单价（不含税），金额（不含税），税率，税额，等等，确保发票信息准确无误。本任务使用的增值税发票开具平台为融智国创科技有限公司的增值税发票开具仿真平台，如图11-1所示，登录用户名为"刘东"，密码和证书口令均为"12345678"。本任务使用的"发票信息汇总表.xlsx"文件中的内容如图11-2所示。

◎ 任务十一 发票开具机器人

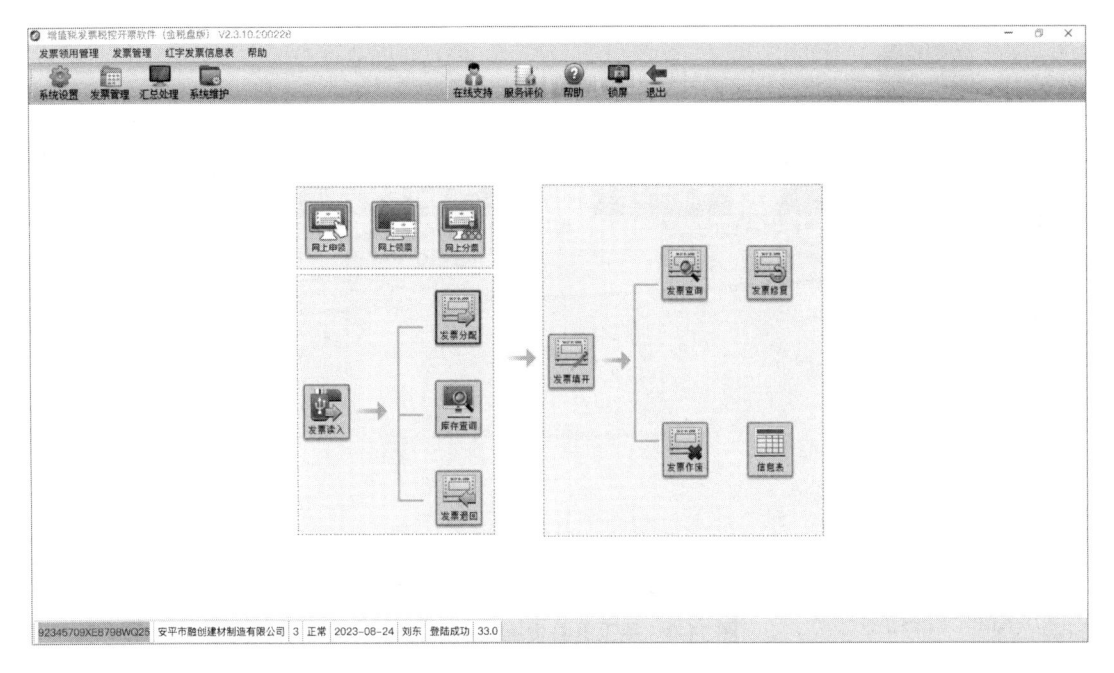

图 11-1 增值税发票开具仿真平台

图 11-2 "开票信息汇总表.xlsx"文件中的内容

二、任务痛点

手工开具发票的操作流程如图 11-3 所示。首先打开"开票信息汇总表.xlsx"文件，然后登录增值税发票开具仿真平台，单击"发票填开"按钮，根据客户要求选择开票类型，如图 11-4 所示；再依次填写购买方信息、商品或服务信息、税率、税额及合计金额等内容；最后单击"打印"按钮，打印并保存发票，发票模板如图 11-5 所示。

• 229 •

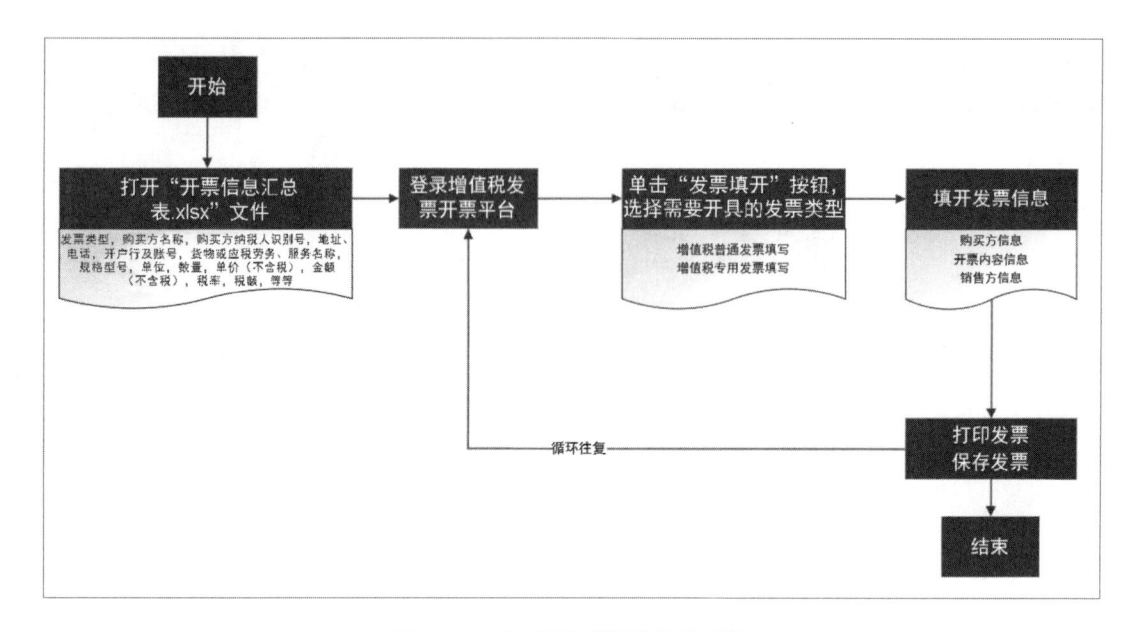

图 11-3　手工开具发票的操作流程

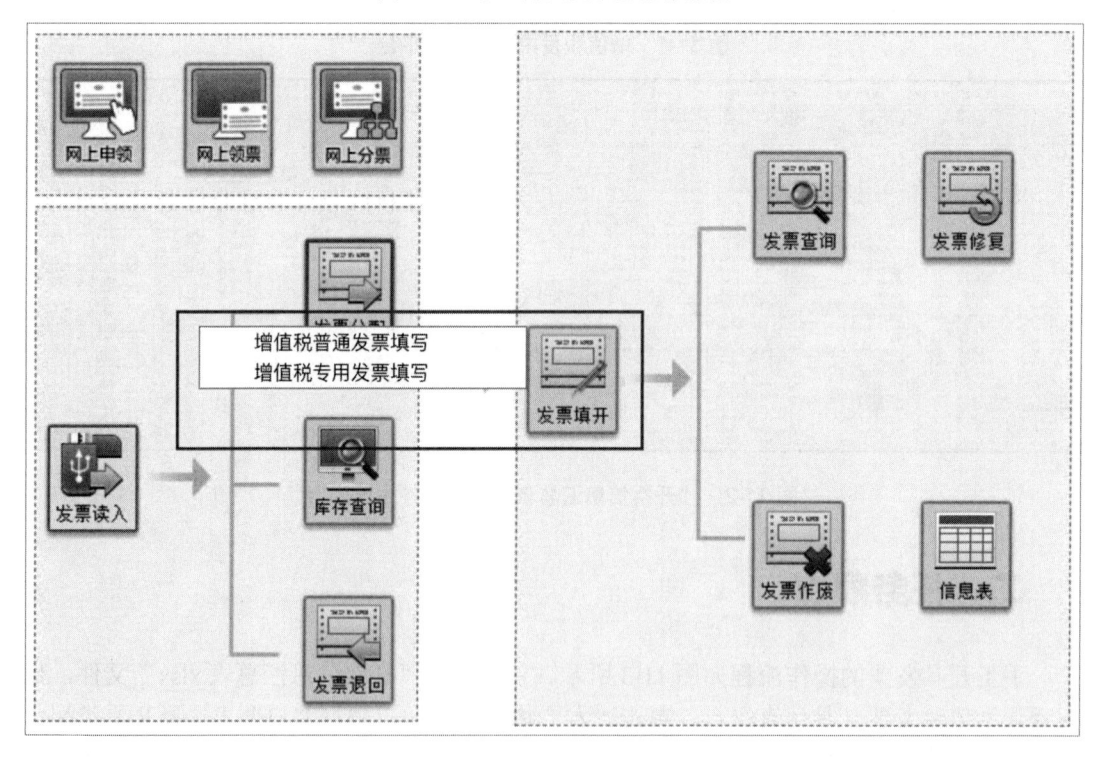

图 11-4　选择开票类型

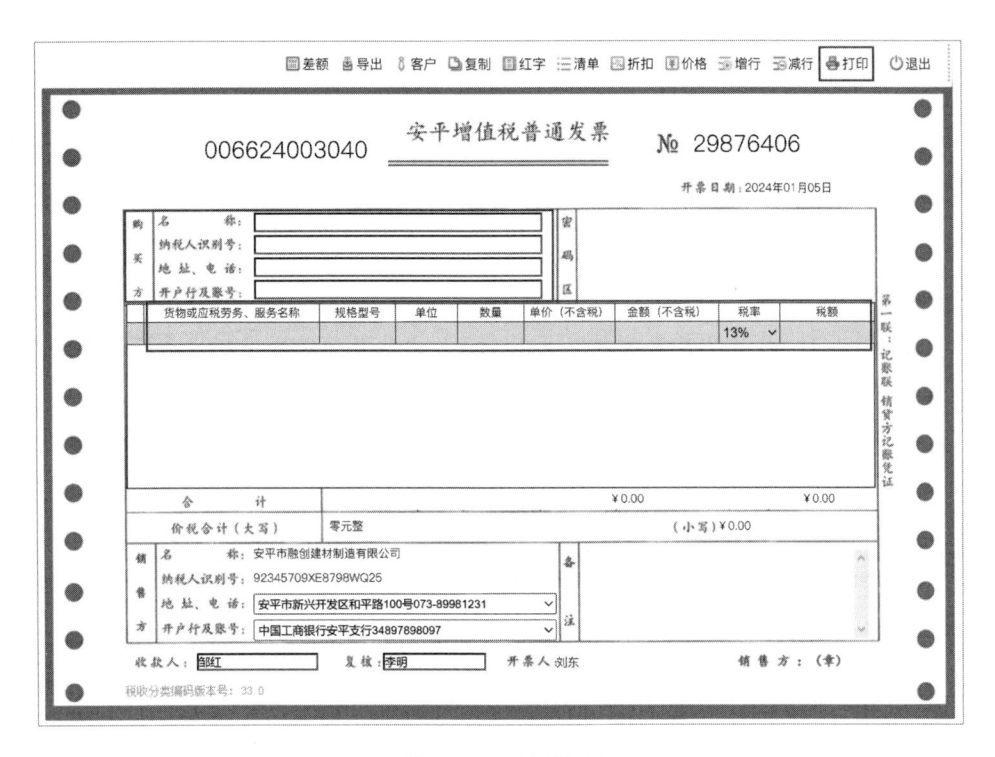

图 11-5　发票模板

任务痛点如下。
- 手动填写各个字段中的内容，耗时且烦琐。
- 人工操作容易出现输入错误，导致发票信息不准确，可能引发税务问题。
- 在开具发票频率较高时，需要多次重复操作，效率低下。

三、任务描述

设计一个自动开票小助手机器人，使其首先自动登录增值税发票开具仿真平台，然后根据预先下载的"开票信息汇总表.xlsx"文件中的内容，准确选择客户所需的发票类型，并且自动填写各项开票内容，最后打印并保存所开的发票。

四、任务实施

1. 开发难点

本任务的 RPA 开发包含 5 个流程模块，分别是打开"开票信息汇总表.xlsx"文件并登录增值税发票开具仿真平台、读取开票信息并选择开票类型、填写发票购买方信息、填写发票内容栏信息、打印发票并退出增值税发票开具仿真平台。在这些流程模块中，流程模块 1 主要涉及 Web 组件的应用，流程模块 2 主要涉及 Web 组件、循环组件及判断组件的综

· 231 ·

合应用，流程模块 3、4 和 5 主要涉及 Web 组件的应用。其中，流程模块 2 是本任务的开发重点和难点，需要循环读取"开票信息汇总表.xlsx"文件中的内容，并且根据客户要求选择"增值税专用发票"或"增值税普通发票"。为了实现这个目标，可以将【按照次数循环】组件与【获取 Excel 行的值】组件有机结合，实现开票信息的循环读取；将【条件分支】组件与【点击控件（网页）】组件有机结合，实现发票类型的正确选择。

2．开发设计

1）流程模块 1：打开"开票信息汇总表.xlsx"文件并登录增值税发票开具仿真平台

打开"开票信息汇总表.xlsx"文件并登录增值税发票开具仿真平台，设计流程如表 11-1 所示，操作过程如图 11-6 所示。

表 11-1　流程模块 1——设计流程

流程	序号	使用组件	层级	属性设置
打开"开票信息汇总表.xlsx"文件	1	启动 Excel	一级	启动方式：打开 Excel。 Excel 文件路径：选择"开票信息汇总表"存储路径。 是否只读打开：否。 Excel 对象：v_excel_obj_1（默认）。 Excel 文件路径：v_file_path_1（默认）
	2	激活 Sheet 页	一级	已打开的 Excel 对象：v_excel_obj_1。 Sheet 页名称：Sheet1。 Excel Sheet 对象：v_sheet_obj_1（默认）
	3	获取 Excel 的行数	一级	已打开的 Sheet 对象：v_sheet_obj_1。 Excel 行数：v_cell_row_cnt_1（默认）
打开增值税发票开具仿真平台	4	打开新网页	一级	打开网址：http://fz.chinaive.com/fpkj/?username=***（*填写登录用户名）。 浏览器类型：Chrome。 是否等待加载完成：是。 浏览器对象：v_web_obj_1（默认）
	5	激活网页	一级	激活已打开的浏览器对象：v_web_obj_1。 说明：如果网页不可以在后台运行，则添加此步，否则可以省略此步
登录增值税发票开具仿真平台	6	添加变量 1（此处非组件）	一级	变量名称：user。 默认值：刘东
		填写输入框（网页）	一级	已打开浏览器对象：v_web_obj_1。 目标控件：用户名输入框。 请输入用户名... 输入类型：文本。 输入内容：user 变量。 输入方式：覆盖输入

续表

流程	序号	使用组件	层级	属性设置
登录增值税发票开具仿真平台	7	添加变量2（此处非组件）	一级	变量名称：password1。 默认值：12345678
		填写输入框（网页）	一级	已打开浏览器对象：v_web_obj_1。 目标控件：密码输入框。  输入类型：文本。 输入内容：password1 变量。 输入方式：覆盖输入
	8	增加变量3（此处非组件）	一级	变量名称：password2。 默认值：12345678
		填写输入框（网页）	一级	已打开浏览器对象：v_web_obj_1。 目标控件：证书口令输入框。  输入类型：文本。 输入内容：password2 变量。 输入方式：覆盖输入
	9	点击控件（网页）	一级	已打开浏览器对象：v_web_obj_1。 目标控件：按钮登录。  点击方式：左键单击。 模拟点击：是

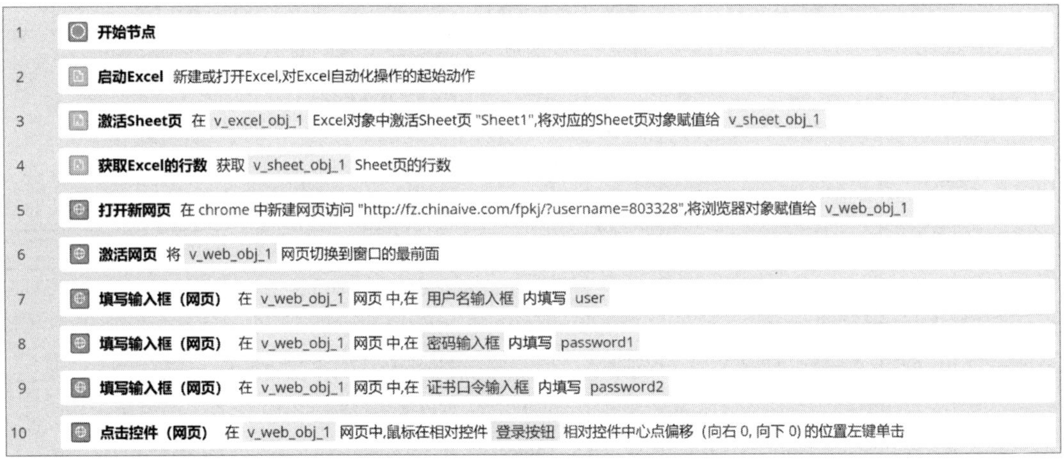

1 开始节点
2 启动Excel 新建或打开Excel,对Excel自动化操作的起始动作
3 激活Sheet页 在 v_excel_obj_1 Excel对象中激活Sheet页 "Sheet1",将对应的Sheet页对象赋值给 v_sheet_obj_1
4 获取Excel的行数 获取 v_sheet_obj_1 Sheet页的行数
5 打开新网页 在 chrome 中新建网页访问 "http://fz.chinaive.com/fpkj/?username=803328",将浏览器对象赋值给 v_web_obj_1
6 激活网页 将 v_web_obj_1 网页切换到窗口的最前面
7 填写输入框（网页） 在 v_web_obj_1 网页 中,在 用户名输入框 内填写 user
8 填写输入框（网页） 在 v_web_obj_1 网页 中,在 密码输入框 内填写 password1
9 填写输入框（网页） 在 v_web_obj_1 网页 中,在 证书口令输入框 内填写 password2
10 点击控件（网页） 在 v_web_obj_1 网页中,鼠标在相对控件 登录按钮 相对控件中心点偏移（向右 0, 向下 0）的位置左键单击

图 11-6 流程模块 1——操作过程

2）流程模块 2：读取开票信息并选择开票类型

选择开票类型，设计流程如表 11-2 所示，操作过程如图 11-7 所示。

表 11-2　流程模块 2——设计流程

流程	序号	使用组件	层级	属性设置
读取开票信息	1	按照次数循环	一级	循环起始值：2。 循环结束值：v_cell_row_cnt_1（【获取 Excel 的行数】组件默认输出的"Excel 行数"变量）。 步长值：1。 每次循环项：v_range_item_1（默认）
	2	获取 Excel 行的值	二级	已打开的 Sheet 对象：v_sheet_obj_1。 行号：v_range_item_1。 取值最大列数：1000（默认）。 行数据变量名称：v_cell_row_values_1（默认）
选择开票类型	3	获取已打开网页	二级	浏览器类型：Chrome。 查找方式：标题。 查找内容：增值税发票开具仿真平台。 查找规则：包含。 浏览器对象：v_web_obj_2（默认）
	4	点击控件（网页）	二级	已打开浏览器对象：v_web_obj_2。 目标控件：发票填开按钮。 点击方式：左键单击。 模拟点击：是
	5	条件分支	二级	—
	6	分支条件-1	三级	分支条件-1："普通" in v_cell_row_values_1[1]
	7	点击控件（网页）	四级	已打开浏览器对象：v_web_obj_2。 目标控件：增值税普通发票。 点击方式：左键单击。 模拟点击：是
	8	分支条件-2	三级	分支条件-2："专用" in v_cell_row_values_1[1]
	9	点击控件（网页）	四级	已打开浏览器对象：v_web_obj_2。 目标控件：增值税专用发票。 点击方式：左键单击。 模拟点击：是
	10	默认分支	三级	—
	11	点击控件（网页）	二级	已打开浏览器对象：v_web_obj_2。 目标控件：选择按钮。

续表

流程	序号	使用组件	层级	属性设置
选择开票类型	12	点击控件（网页）	二级	已打开浏览器对象：v_web_obj_2。 目标控件：确定按钮。 

```
11  按照次数循环 从 2 开始到 v_cell_row_cnt_1 结束,步长 1,每次循环的值赋值给 v_range_item_1
12  获取Excel行的值 获取 v_sheet_obj_1 Sheet页的 v_range_item_1 行的值,并将结果赋值给 v_cell_row_values_1
13  获取已打开网页 在 chrome 中,根据 标题 查找打开的网页,将查找到的浏览器对象赋值给 v_web_obj_2
14  点击控件（网页） 在 v_web_obj_2 网页中,鼠标在相对控件 发票填开按钮 相对控件中心点偏移 (向右 0,向下 0) 的位置左键单击
15  条件分支 根据条件判断结果执行不同的分支
16    分支条件-1 '普通' in v_cell_row_values_1[1]
17      点击控件（网页） 在 v_web_obj_2 网页中,鼠标在相对控件 增值税普通发票 相对控件中心点偏移 (向右 0,向下 0) 的位置左...
18    分支条件-2 '专用' in v_cell_row_values_1[1]
19      点击控件（网页） 在 v_web_obj_2 网页中,鼠标在相对控件 增值税专用发票 相对控件中心点偏移 (向右 0,向下 0) 的位置左...
20    默认分支
21  点击控件（网页） 在 v_web_obj_2 网页中,鼠标在相对控件 选择按钮 相对控件中心点偏移 (向右 0,向下 0) 的位置左键单击
22  点击控件（网页） 在 v_web_obj_2 网页中,鼠标在相对控件 确定按钮 相对控件中心点偏移 (向右 0,向下 0) 的位置左键单击
```

图 11-7 流程模块 2——操作过程

3）流程模块 3：填写发票购买方信息

填写发票购买方信息，设计流程如表 11-3 所示，操作过程如图 11-8 所示。

表 11-3 流程模块 3——设计流程

流程	序号	使用组件	层级	属性设置
填写发票购买方信息	1	填写输入框（网页）	二级	已打开浏览器对象：v_web_obj_2。 目标控件：购买方名称输入框。 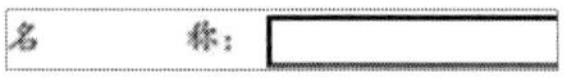 输入类型：文本。 输入内容：v_cell_row_values_1[3]。 输入方式：覆盖输入
	2	填写输入框（网页）	二级	已打开浏览器对象：v_web_obj_2。 目标控件：购买方纳税人识别号输入框。  输入类型：文本。 输入内容：v_cell_row_values_1[4]。 输入方式：覆盖输入

续表

流程	序号	使用组件	层级	属性设置
填写发票购买方信息	3	填写输入框（网页）	二级	已打开浏览器对象：v_web_obj_2。 目标控件：购买方地址、电话输入框。 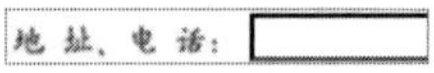 地址、电话： 输入类型：文本。 输入内容：v_cell_row_values_1[5]。 输入方式：覆盖输入
	4	填写输入框（网页）	二级	已打开浏览器对象：v_web_obj_2。 目标控件：购买方开户行及账号输入框。  开户行及账号： 输入类型：文本。 输入内容：v_cell_row_values_1[6]。 输入方式：覆盖输入

23	填写输入框（网页）在 v_web_obj_2 网页中,在 购买方名称输入框 内填写 v_cell_row_values_1[3]
24	填写输入框（网页）在 v_web_obj_2 网页中,在 购买方纳税人识别号输入框 内填写 v_cell_row_values_1[4]
25	填写输入框（网页）在 v_web_obj_2 网页中,在 购买方地址、电话输入框 内填写 v_cell_row_values_1[5]
26	填写输入框（网页）在 v_web_obj_2 网页中,在 购买方开户行及账号输入框 内填写 v_cell_row_values_1[6]

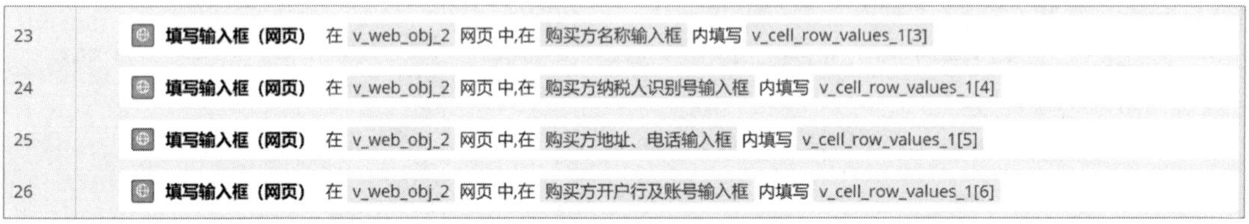

图 11-8　流程模块 3——操作过程

4）流程模块 4：填写发票内容栏信息

填写发票内容栏信息，设计流程如表 11-4 所示，操作过程如图 11-9 所示。

表 11-4　流程模块 4——设计流程

流程	序号	使用组件	层级	属性设置
填写发票内容栏信息	1	填写输入框（网页）	二级	已打开浏览器对象：v_web_obj_2。 目标控件：货物或应税劳务、服务名称输入框。  货物或应税劳务、服务名称 输入类型：文本。 输入内容：v_cell_row_values_1[7]。 输入方式：覆盖输入
	2	填写输入框（网页）	二级	已打开浏览器对象：v_web_obj_2。 目标控件：规格型号输入框。 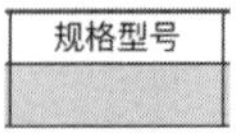 规格型号 输入类型：文本。 输入内容：v_cell_row_values_1[8]。 输入方式：覆盖输入

续表

流程	序号	使用组件	层级	属性设置
填写发票内容栏信息	3	填写输入框（网页）	二级	已打开浏览器对象：v_web_obj_2。 目标控件：单位输入框。 单位 输入类型：文本。 输入内容：v_cell_row_values_1[9]。 输入方式：覆盖输入
	4	填写输入框（网页）	二级	已打开浏览器对象：v_web_obj_2。 目标控件：数量输入框。 数量 输入类型：文本。 输入内容：v_cell_row_values_1[10]。 输入方式：覆盖输入
	5	填写输入框（网页）	二级	已打开浏览器对象：v_web_obj_2。 目标控件：单价输入框。 单价（不含税） 输入类型：文本。 输入内容：v_cell_row_values_1[11]。 输入方式：覆盖输入
	6	点击控件（网页）	二级	已打开浏览器对象：v_web_obj_2。 目标控件：金额输入框。 金额（不含税） 点击方式：左键单击。 模拟点击：是
	7	输入热键	二级	按键组合：{TAB 1}，用于将鼠标指针定位至"税率"选择区域
	8	输入热键	二级	按键组合： {'13%':'{ENTER}','9%':'{DOWN}','6%':'{DOWN 2}','5%':'{DOWN 3}','3%':'{DOWN 4}','减按1.5%':'{DOWN 5}','1%':'{DOWN 6}','免税':'{DOWN 7}'}[v_cell_row_values_1[13]] 注意："开票信息汇总表.xlsx"文件中的"税率"必须采用文本格式

27	填写输入框（网页）	在 v_web_obj_2 网页 中,在 货物或应税劳务、服务名称输入框 内填写 v_cell_row_values_1[7]
28	填写输入框（网页）	在 v_web_obj_2 网页 中,在 规格型号输入框 内填写 v_cell_row_values_1[8]
29	填写输入框（网页）	在 v_web_obj_2 网页 中,在 单位输入框 内填写 v_cell_row_values_1[9]
30	填写输入框（网页）	在 v_web_obj_2 网页 中,在 数量输入框 内填写 v_cell_row_values_1[10]
31	填写输入框（网页）	在 v_web_obj_2 网页 中,在 单价输入框 内填写 v_cell_row_values_1[11]
32	点击控件（网页）	在 v_web_obj_2 网页中,鼠标在相对控件 金额输入框 相对控件中心点偏移（向右 0, 向下 0）的位置左键单击
33	输入热键	执行快捷键 "{TAB 1}"
34	输入热键	执行快捷键 {'13%':'{ENTER}','9%':'{DOWN}','6%':'{DOWN 2}','5%':'{DOWN 3}','3%':'{DOWN 4}','减按1.5%':'{DOWN 5}','1%':'{DO...

图 11-9 流程模块 4——操作过程

5）流程模块 5：打印发票并退出增值税发票开具仿真平台

打印发票并退出增值税发票开具仿真平台，设计流程如表 11-5 所示，操作过程如图 11-10 所示。

表 11-5 流程模块 5——设计流程

流程	序号	使用组件	层级	属性设置
打印发票	1	点击控件（网页）	二级	已打开浏览器对象：v_web_obj_2。 目标控件：填写界面打印按键。 🖨打印 点击方式：左键单击。 模拟点击：是
	2	点击控件（网页）	二级	已打开浏览器对象：v_web_obj_2。 目标控件：打印按键。 打印 点击方式：左键单击。 模拟点击：是
保存发票	3	获取窗口	二级	窗口：另存为。 窗口匹配模式：包含匹配。 窗口对象：v_win_obj_1（默认）
	4	通过剪贴方式输入（窗口）	二级	窗口对象：v_win_obj_1。 目标控件："文件名输入框"。 文件名(N): 输入内容：os.path.join("另存为文件的存储路径",(v_cell_row_values_1[3]+v_cell_row_values_1[12]+'元'+v_cell_row_values_1[3]+'.jpg'))。 注意：另存为文件的存储路径的各级目录需要使用 "\\" 符号隔开
	5	输入热键	二级	按键组合：{ENTER}

续表

流程	序号	使用组件	层级	属性设置
退出增值税发票开具仿真平台界面	6	点击控件（网页）	二级	已打开浏览器对象：v_web_obj_2。 目标控件：填写界面退出按键。 ⏻退出 点击方式：左键单击。 模拟点击：是
退出增值税发票开具仿真平台，关闭"开票信息汇总表.xlsx"文件	7	点击控件（网页）	一级	已打开浏览器对象：v_web_obj_1。 目标控件：主界面退出按键。 ← 退出 点击方式：左键单击。 模拟点击：是
	8	关闭Excel	一级	已打开的Excel对象：v_excel_obj_1。 关闭时是否保存：否

35	点击控件（网页） 在 v_web_obj_2 网页中,鼠标在相对控件 填写界面打印按键 相对控件中心点偏移（向右0,向下0）的位置左键单击
36	点击控件（网页） 在 v_web_obj_2 网页中,鼠标在相对控件 打印按键 相对控件中心点偏移（向右0,向下0）的位置左键单击
37	获取窗口 根据 "另存为" 查找打开的窗口标题,将查找到的窗口对象赋值给 v_win_obj_1
38	通过剪贴方式输入（窗口） 在 v_win_obj_1 中,通过剪贴方式在 文件名输入框 内填写 os.path.join("C:\\Users\\78092\\Desktop\\20210...
39	输入热键 执行快捷键 "{ENTER}"
40	点击控件（网页） 在 v_web_obj_2 网页中,鼠标在相对控件 填写界面退出按键 相对控件中心点偏移（向右0,向下0）的位置左键单击
41	点击控件（网页） 在 v_web_obj_1 网页中,鼠标在相对控件 主页面退出按键 相对控件中心点偏移（向右0,向下0）的位置左键单击
42	关闭Excel 将 v_excel_obj_1 Excel对象 关闭
43	结束节点

图 11-10　流程模块 5——操作过程

3．流程运行

扫描右侧的二维码，可以观看本任务的自动开票小助手机器人的动态运行流程。